現代国際政治私史

――外交官の回想――

上田秀明 著

はしがき

私は、戦争末期の一九四四年生まれで、戦後の日本の復興、高度成長とともに成長し、外交官となって、米国、ソ連に勤務して東西冷戦の最前線を体験した。二十世紀最後の十年間に冷戦の終結、ソ連の崩壊を目撃しながら、日本の国際的地位の上昇を実感したのもつかの間、バブル経済がはじけて日本は停滞の時代に入る。冷戦に勝利した米国にリードされたグローバル化が進み、ドイツが統一され、ＥＵが拡大する一方で、アジア・太平洋諸国、とりわけ中国が勃興してきたのを香港返還に立ち会って実感した。イデオロギー対立が解消して世界は「歴史の終焉」を迎えるという予想が外れ、各地で紛争が多発する厳しい現実に直面した世紀末に、日本外交に「人間の安全保障」という考え方を導入することに携わった。

二十一世紀に入り、大使として、復活するポーランドと繁栄するオーストラリアに赴任し、日本との関係の増進に心がけた。しかし、国際社会はその後も、新しい秩序の形成にもたついており、不安定な状況が続いている。

振り返れば、このような国際政治の動きを外交官として現場で見てきたのは、まことに得難い体験であった。折々にこれらの動きについて感想、見方を備忘録に書き残してきたので、古希を迎えた機会に、それらを整理してまとめてみた。すなわち本書は、私が見聞きした現代国際政治の私的な体験談であり、『現代国際政治私史』とする所以である。本文中で特に引用元を示していない〈〉内の文は、自筆の備忘録の書き写しである。

ここに記した私の歩みが、同時代を生きた人達のみならず、子供達や孫達に伝われば幸いである。

1996年11月8日　最後の香港総督パッテン夫妻と訪日前に公邸で

1997年1月10日　初代香港行政長官董建華夫妻と「日本語を話す会」20周年で

2002年7月12日　両陛下とクファシニェフスキー・ポーランド大統領夫妻を公邸にお迎えして

2006年6月15日　ハワード・オーストラリア首相と日豪交流年写真展で

目次

現代国際政治私史

——外交官の回想——

序章　国際政治への関心

1　進駐軍のジープ

外交官として四十年余を過ごしたのだから国際政治に関心を抱くのは当然であるが、それは一九六〇年代末からのことである。しかし、一九四四年十一月生まれであるので、自分の人生の歩みと戦後史とが完全に同調しているわけである。そこで、外交官生活を始めるまでの国際政治に関する断片的な体験を綴ってみる。（註1）

最も早い体験は、進駐軍のジープである。育ったのは新潟県の農村地帯（旧同県三島郡塚山村、後に同郡越路町、現在は長岡市に合併）であり、家の近くには信越本線を横切る踏切があり、その前に大きなX印の道路標識があった。進駐軍が立てたものでX印にはビー玉のようなガラス玉がはめ込んであり、子供たちはそれを何とかはずそうと試みていたが無理であった。ある時、進駐軍のジープが通りかかり、踏切で止まった。子供たちは日頃のいたずらの咎めを受けるのを恐れ、急いで物陰に隠れ、こわごわと覗くと、乗っていたのは明るいカーキ色の軍服の兵士達であった。それは一九五〇年前後のことであったろう。連合国の占領軍を「進駐軍」と呼んだのは「占領」の感じを薄めるためであったのだろう。子供たちもみんな「シンチュウグン」と言っていた。西日本の数県は英、豪などの英連邦軍が担当したが、そのほかは米軍が担当していたから、私が遭遇したのは米軍兵士のはずである。ソ連のスターリン首相が、北海道の北半分の占領をソ連軍が担当する案を提示したが、米国トルーマン大統領が拒否したという事実を知ったのは、随分後のことである。日本がドイツや朝鮮のように分割占領されなかったのは、日本にとって幸いであった。

2　朝鮮戦争

戦後直後は、日本人の暮らしは一様に厳しい状況であった。我が家は、陸軍准尉であり海南島に収容されていた父が一九四七年に復員し、地元の役場の吏員となっていたが、例外ではなかった。ある食事時に、父が「また戦争が始まったな」と言ったので、なんのことか尋ねたことを覚えている。それは、五〇年六月二十五日の朝鮮戦争勃発時のことで、私は小学校入学前であった。まだ戦後五年目で、多くの日本人が必死に暮らしていた時に朝鮮で戦争が始まったのだから、暮らしへの影響を心配していたのであろう。朝鮮戦争は、冷戦時代に事実上米国と中国が戦った熱い戦争であったわけだが、結局、戦線は戦争前の分割線である北緯三十八度線付近で膠着状態となり、休戦協定が五三年七月に結ばれて、収束したのであるが、そのときの記憶は無い。そして、日本はいわゆる特需ブームで経済復興の道を進むことになったのである。（註２）

3　スターリン死去

小学生時代は、ラジオで『笛吹童子』、『紅孔雀』、『オテナの塔』などのシリーズを楽しみに聴いていたが、ある時、「臨時ニュースを申し上げます。ソ連のスターリン首相が死去しました」という放送があった。記憶している最初の臨時ニュースである。五三年三月のことなので、小学二年生であったが、後に大いに関わることになるソ連という国があるのを知った最初である。

独裁者スターリンの死後、ソ連指導部内の権力争いを経て、ニキータ・フルシチョフが実権を握り、スターリン批判を行う。これに刺激された東欧社会主義諸国で反ソ連の暴動がおこり、五六年にポーランドではポズナン暴動が弾圧された後にゴムルカが政権を執り、ハンガリーではブダペストの暴動がソ連軍の介入により鎮圧されたなどの経緯を知ったのはもちろん随分後のことである。

ところで、新潟県は日本海に面しており、極東ソ連に近いこともあって、中波ラジオでもモスクワ放送の日本語放送が大きな音量で入った。東京の放送局からのスポーツの実況を聴こうとラジオのダイヤルを合わせてもモスクワ放送が入って困ったものである。母の育った直江津に行った際に数名の白人が歩いているのに遭遇した。進駐軍以来の外国人である。母に訊くと、直江津港に入ったソ連船の船員であった。五六年の日ソ国交回復後であろうから五年生の頃であろう。日本海側がロシアに近いことを実感したエピソードである。

4　留守居役

小学五年生の夏休みの自由研究に、「我が家の歴史」として、越後高田榊原藩の家臣であった上田家の歴代を徳川将軍家と榊原家当主と並列に並べた年表を作った。これは、幕末の上田家八代目尚賢が、家康に仕え後に榊原康政に仕えた初代上田次郎兵衛兼明以降の代々の事跡を記した「家譜」を残してくれていたので、親に助けてもらってまとめたのである。尚賢は、幕末には京都留守居役や江戸留守居役を務め、江戸開城後には「赤ゲット」を被って高田に引き上げてきたという人であるが、留守居役というのは今でいえば外交官であると教えてもらった。これが、外交官に興味を持った最初である。

5　日本の評判

父が『文藝春秋』を購読していたので、分からぬままに拾い読みをしていたが、毎号巻末に「日本の評判」として、各国の新聞に掲載された日本関係記事を紹介する記事があった。日本が復興し、国際社会に復帰しつつあった時期なので、好意的な記事を見ると子供心に何か誇らしかったのを覚えている。

五六年のスエズ動乱の時のことだと思うが、新聞に紛争地域の地図が掲載されたのに興味を抱き、切り抜いた。その後しばらく、同様の切り抜きを続けノートに貼り付けた。中学生になって世界地図を手にするようになって、いつの間にか切り抜きを止めたが、今でもとにかく紛争に関する記事は地図を参照しながらフォロウする癖がついている。

6　ケネディ大統領

一九六〇年に新潟県立長岡高等学校に入学した。戊辰戦争で敗れた長岡藩に寄せられた米百俵を基に設立された「国漢学校」を引き継いで明治五年に創設され当時で九十年になるという伝統校である。戦後十五年を経ているのに、連合艦隊司令長官時代の山本五十六の大きな肖像画が講堂に掲げてあった。旧制中学以来のバンカラな校風で、「君子和而不同、小人同而不和」に由来する和同会という生徒会も活発であった。

六〇年といえば、安保改定をめぐり騒然としていた時である。列車で通学する「汽車通」組であったので、高校生活のリズムに慣れるのに手間取っていた頃であり、安保問題について充分な理解はできていなかった。しかしながら、新安保条約の内容を議論するのではなく、ただただ「アンポ反対」と叫ぶ反米闘争には違和感を覚えていた。日米安全保障条約について、東西冷戦下での成立の背景を知り、他の相互防衛条約とは異なり米国の日本防衛と日本の基地提供でバランスしているとの特色を有しており、改定条約では日米の対等性が改善されていることなどを理解するのは、後年のことである。あれだけ騒がれた新安保条約が成立し、岸内閣が退陣した。あとを受けた池田内閣が、忍耐と寛容路線を打ち出すと、世の中は急速に落ち着いて行った。

六一年一月に、ジョン・F・ケネディが米国大統領に就任した。就任演説の原文を入手し、新聞の日本語訳を参照しながら読んだ。もちろん、有名な“Ask not what your country can do for you, ask what you can do for your country”というくだりには、クラスメイトとともに感銘を受けた。

六二年十月には、キューバ危機があった。大学受験の勉強に余念のない頃であったが、米ソ対立の緊迫した様子は、連日大々的に報じられており、無関心ではいられなかった。米国が設けた海上の封鎖線にソ連船が近づいている模様が刻々報じられ、世界中がかたずを飲んだ。フルシチョフ首相が折れてソ連船が引き返し、危機が回避されたのに安堵し、ケネディ大統領の指導力に感銘を受けた。随分後になってから、キューバからのソ連製ミサイルの撤去とトルコからの米国製旧式ミサイルの撤去という米ソの取引の詳細を知り、また、ケネディが通常のように教会のミサに出かけたのを、大統領が開戦を決意して祈りに出かけた、とフルシチョフが誤解し、あわてて譲歩したなどというエピソードを知った。

六三年に東京大学（文科二類）に入学し、東京目黒区に下宿した。十一月二十三日の勤労感謝の日は朝寝坊して十時半頃になってから新聞を取りに階下に行くと、「ケネディ撃たる」の大見出しが目に飛び込んできた。驚いて大家の小母さんの部屋に駆け込むと、ちょうど日米間の衛星放送回線が開始された日で、アメリカより直接ケネディ死去のニュースが送られてきていた。その後の葬儀の模様、とりわけ柩を見送るジャクリーン夫人と令嬢キャロライン（後の駐日大使）、挙手で敬礼する令息ジョン・ジュニアの健気な姿が放映され、多くの日本人の涙を誘ったのである。

7　国際関係論

教養課程を経て、二年生の後半から教養学部教養学科国際関係論分科に進んだ。六四年十月、東京オリンピックの開催時期である。専門課程開始前の休みの期間に、オリンピックの喧騒を避けて勉学に励むと粋がって、学友数名と葉山の宿に泊まり込んでいたのだが、結局開会式をテレビで見るし、葉山の沖合でヨット・レースが行われたのを遠望できて、オリンピック気分を味わうことになった。日本が敗戦から立ち直り、高度経済成長を突き進む画期的な節目であった。

さて、国際関係論コースでは、国際政治の江口朴郎、衛藤瀋吉、齋藤孝、国際法の内田久司、経済学の嘉治元郎などの専任教官が揃い、学外からも国際法で外務省より小和田恆、国際経済学では東京銀行より村野孝などが講師として加わっている錚々たる陣容であった。語学はネイティブの講師が多く揃っていた。ここで国際関係論、国際法、国際私法、国際経済などを学び、様々な国際政治の様相を知ることになった。当時はベトナム戦争が拡大しつつあり、民族解放運動や南北問題について関心が高まっていた。駒場祭で展示するためのグループ研究で、キューバ革命やラオスのパテト・ラオについて少しかじったことを覚えている。ゼミは、村野孝先生の国際経済を採り、南北問題について卒業論文を提出した。今読み返してみると、学問というより南北問題に取り組みたいとの青春の決意を述べているような内容である。後年に（一九九三年から九六年）、外務省経済協力局で直接南北問題にたずさわって、中央アジアの体制変革や民主化支援などに関わる事が出来て、いくぶんか夢が実現したわけである。

8　青雲の志

六六年の秋、外交官試験（外務公務員採用上級試験）を受けて、一次の筆記試験を経て、二次の面接に臨んだ。集団討論の課題が、「北爆、是か非か」であった。当時ジョンソン政権下の米国は、ベトナム戦争に増派してもはかばかしい効果が得られていない中で、ハノイ、ハイフォンへの爆撃（北爆）を続けており、佐藤栄作総理の日本政府はそれを支持していたのだが、ほかならぬ外務省の試験でその是非を問われるとは思いがけぬことで、ストレイトに反対の意見を述べたら不利になるのではないかなどと悩むところだった。後で先輩から、試験官は一貫した説得力のある議論を展開できるか否かを見ていたので、賛否そのものを問うたのではないと聞いたのであった。

さて、何とか外交官試験に合格したが、国家公務員上級職試験（経済職）にも合格し、大蔵省の内定も得ていた。父は、地元の町役場の税務課長として大蔵省キャリアの若手が長岡税務署長を務めているのを目にしていたので、大蔵省へ行くことを勧めたが、やはり初志の通り、外務省を選んだ。

東大教養学科からは、五名も合格したが、法学部からも七名が入り、ほかに京大、一橋、東京外大、慶応、早稲田、上智の各大学の出身者を合わせて合計二十四名の同期であった。六七年四月入省後直ちに、茗荷谷の研修所で研修が始まり、三木外務大臣の講話、諸先輩との懇談、語学研修など盛り沢山のプログラムが続く中で、同期の仲間意識も形成されていった。研修所幹事が、行儀の良くない我々を、「お前たちのような車夫馬丁のような輩では、将来の日本外交が危うい」と口癖に嘆いていたので、同期会は「バテイ会」と名付けられた。

六月四日に三宅研修所長に引率されて大磯の吉田茂元首相邸を訪問した。引退後の元首相は、毎年新入省の外交官の卵にこのような講話の機会を持つのを楽しみにしていた由である。カレー・ライスをいただきながら、講話を拝聴したのだが、上司の言うことに唯々諾々と従ってばかりいるようでは見込みが無いなどと皮肉たっぷりの内容であった。所長が、大学三年中退で入省した阿部信泰君を、「昭和二十年九月生まれで、戦後生まれ外交官第一号です」と紹介したところ、御大が「感無量だな！」と述べたのが印象に残っている。

吉田茂は、その年の十月二十日に死去した。訃報を研修中のハーバード大学で知ったが、〈吉田茂がなくなった。我々が最後に会った外務省組ということになった。考えると、今日の日本の経済的繁栄は、彼の政策のなせる技ではあるが、また一方で、安保、沖縄、中国問題、自衛隊等今後の日本の重要な問題は全てまた彼の政策に由来している。良きにつけ悪しきにつけて、日本の方向を決した人物であった。外交官として太平洋戦争に反対し、早期講和を主張した点は、以て我々の範とすべきところであろう。今、沖縄問題のやかましい時、日本の一時代が終わった感が深い〉と、評価している。

なお、在外研修前の六月十日に、かつて張学良の秘書として活躍し、中華人民共和国成立後は日本で中国の動向について健筆を振るっていた苗剣秋に、同期の天江喜七郎君の義兄蕪城氏の紹介で同期四名が会う機会を得た。各人が色紙を書いてもらったが、私は、「青雲志求天下幸」という一枚が気に入って、その後各任地に持ち歩いて、文字通り座右においている。これから海外に赴かんとして意気盛んな時に、「天下の幸いを求めよ」というのは、浮かれていないで公のことに尽くすために研鑽に励めということだと受け取って、戒めとしてきたのである。

第1章　悩める大国

1　豊かなアメリカ

初めて日本を離れて向かった先は、米国マサチューセッツ州ケンブリッジであった。米国研修の同期六名が、六月二十九日ノースウエスト航空便で羽田を出発し、アラスカ経由でワシントンDCに到着し、日本大使館外交官補として着任手続きを行った。そして七月二日から揃ってハーバード大学のサマー・スクールで英語コースを受けた。キャンパスには全米各地、世界各国より若者が集まっていたが、ハーバード・ヤードの芝生に思い思いにくつろいでおり、明るく自由で開放的な雰囲気であった。ホスト・ファミリーの家でもてなされて、ディッシュ・ウオッシャーがある豊かな生活水準に驚いた。

サマー・スクール中に、同期数名でニュー・ポート・フォーク・フェステバルに行った。〈素晴らしい日だった。ピート・シーガーが野原で歌っているところへ、ショート・パンツ姿のバエズが来て歌い踊り、アルロ・ガスリー、マリーが歌う。全く真のフォークはここにあると思った。夜のステージではバエズが『風に吹かれて』を日本語で歌った。最後は、"We shall overcome"の大合唱、なんともbeyond description!〉と、大変に感激した。この頃は、日本でもフォーク・ブームであったが、ベトナム戦争が拡大しており、反対も強まっている時期であったので、日本とは熱心さが異なる真剣な雰囲気であったことを感じたのである。

八月末には、サマー・スクールの寮で同室であったエドの車（当時流行中のクーガー）に同乗して、カナダのモントリオール万博を見物した後に、イリノイ州ディクソンの彼の実家に滞在した。父は地元の有力な医院を経営する医師であったとは言え、車は三台、地下室にはビリヤード台があり、アッパー・ミドルと言っても裕福であると感じた。鳩撃ちハンティングやミシシッピー河での水上スキーなども体験し、アメリカの豊かさを肌で実感した。

当時の日米の格差を示すエピソードがある。外務省の給与は月額二万七八〇〇円であったが、これでは米国で暮らせないので月額五〇〇ドル即ち一八万円の在外勤務手当がついていた。ある時、学生仲間から日本の外務省から派遣されているというが手当はいくらかと尋ねられたので、五〇〇ドルだと答えると、それは多いという。五〇〇ドルを週給と取り違え、月額二〇〇〇ドル即ち年棒二万四〇〇〇ドルと計算し、ハーバード・ロー・スクール卒業生の初任給相場の年棒二万ドルと比較して、多いと言ったのである。いや月額五〇〇ドル即ち年棒六〇〇〇ドルで、そこから授業料二〇〇〇ドルも払うと説明したら、そんなに少なくてよくやっていられるなと言われ、実は日本にいたら月額七〇ドルに満たないというのは説明しそびれた。これほどの差があったのである。

2　ソ連研究

六七年九月の新学期から同期五人はそれぞれ英語研修のために、ニューイングランドを中心に全米各地の大学に散らばったが、ロシア語研修の私は、ハーバード大学大学院のソビエト連邦プログラムで、ロシア語と共に、ロシア・ソ連の歴史、政治、経済、社会、文化を二年間勉強することになっていたので、ケンブリッジに残った。冷戦時代でソ連研究は、米国として重要な課題であり、ハーバード大学はその中心であったので、全米各大学や世界中から集まった学生がMA（修士）を目指して真剣に学んでいた。このコースを終了し、米国国務省、国防省、中央情報局などに就職する者や、更に博士課程に進む者もいた。こちらは何しろ英語もおぼつかないわけだから、授業について行くのに必死であった。アメリカの大学では各科目に膨大な必読書が指定される。平均すると一日二百ページ以上を読む必要があった。日本の大学入試の際や外交官試験の際も集中して勉強したわけだが、このハーバードの二年間ほどガリ勉した時はなかった。今となっては懐かしい思い出だ。

当時の日本の大学ではまだまだマルクス主義者が相当の勢力を有しており、「米帝国主義」を批判しながら、ソ連型社会主義を理想化する傾向が強かったので、このコースで、メルル・フェインソド教授のソ連政治論、リチャード・パイプス教授やエドワード・キーナン教授のロシア史、アダム・ウラム教授のソ連外交史、マーシャル・ゴールドマン教授のソ連経済などの授業で、共産党独裁（その幹部の独裁）の全体主義国家であるソ連の実態を知るに連れて、正に「目から鱗が落ちる」状況であった。折から、日本では大学紛争が続発している時であったので、社会主義の実情を理解しないまま空理空論に明け暮れて、暴力紛争にまで陥っている日本の学会、学生運動、メディアの底の浅さを痛感しながら勉強を続けていたわけである。（註3）

セミナーでは、ウラム教授のソ連外交史を採り、日ソ国交回復の前段階としての極東共和国について調べて、ペーパーをまとめた。後にソ連でペレストロイカ、グラスノスチが進み、原資料が閲覧出来るようになったことで、このペーパーを基に、追加的な調査をして、八九年に『極東共和国の興亡』という本を出版できた。（註4）

ロシア語を英語で学ぶという二重苦に苦労しながらソ連研究を続けていた頃、「プラハの春」と言われた改革を展開していたチェコスロバキアのドゥプチェック政権を倒すために、六八年八月二十一日、ソ連が率いるワルシャワ条約軍が、戦車を連ねてプラハに侵攻した。所謂ブレジネフ・ドクトリンの実践であるが、米国としては何にも手を出せない状況であった。ロシア史のキーナン教授は、「このケースは必ず歴史に繰り込まれる」と述べていた。

米ソ関係が厳しい中で、日本は米側と思い込んでいたのに、日本が「旧敵国」であることを知らされたエピソードがある。六九年の初めにアーネスト・メイ教授の国際政治学のセミナーを採ることにして、日本占領時の極東委員会や対日理事会での米ソの確執を、日本国憲法制定過程、とくに天皇制や後の九条の問題をめぐる模様についてまとめようと考えて、ワシントンの大使館に勤務していた加藤良三先輩（後の駐米大使）に依頼して、米国議会図書館で原資料を調査する許可を要請したところ、日本は旧敵国なので該当文書は閲覧させられないという返事が来た。ではソ連人には見せるのかと問うと、「然り」とのことで、驚き呆れた。担当者が太平洋戦争の影響で反日であったという背景があるようであったが、やむなく、当時の朝日、プラウダ、ニューヨーク・タイムズの各紙の記事をマイクロ・フィルムで調べて比較し、なんとかペーパーをまとめた。後刻、知己を得た五百旗頭真氏が、七〇年代の初めにこれらの原資料を米公文書館で調べて、占領期についての優れた業績を挙げられたことを知って、私の事例は残念なことであったと思った。

なお、ソ連研究に関連して、中国についてもベンジャミン・シュワルツ教授の中国政治の授業を採り、東洋研究の中心である燕京図書館にも出入りした。そこで日本の新聞雑誌を読み、大学紛争の様子などをフォロウした。駐日大使を終えて大学に復帰していたエドウイン・ライシャワー教授の講演を聴く機会もあって、日米関係についても色々と勉強できた。

ところで、勉強づくめの生活ではあったが、ボストン交響楽団の学生用シーズン・チケットを入手して、年に三、四回演奏を楽しんだ。また、ボストン・レッド・ソックスとニューヨーク・ヤンキーズの試合で、引退間際のミッキー・マントルと三冠王のカール・ヤストレムスキーのプレイを見たのも印象に残っている。

3　ベトナム戦争とアメリカ民主主義

豊かなアメリカは、実はベトナム戦争の泥沼に陥っており、国内では反戦運動が盛り上がりを見せていた。六七年十月には〈ワシントンでは反戦デモが米国史上空前の規模で行われ、ノーマン・メイラーが逮捕された。日本では珍しくないこの種のデモが米国でもついに起こるほど国民の共通の意識が失われているのである。いよいよもってベトナム戦争の将来及び来年の大統領選挙が注目される〉という状況であった。

暗殺されたケネディの跡を継いだリンドン・ジョンソン大統領は、一方で「偉大な社会」を目指しつつ、ベトナムに米軍を増派していた。ベトナム戦争は、ホーチーミンが率いる北ベトナムが主導して、南ベトナムの民族解放戦線と協働した民族自決の戦いであったのだが、米国はこれを冷戦の文脈で捉え、南ベトナムが共産側、社会主義陣営に取られてしまえば、インドシナや東南アジア諸国が次々とソ連・中国圏に入ってしまうという所謂「ドミノ」理論に立脚して、韓国や豪州などの自由主義陣営諸国にも参戦を求めながら、米本国から大兵力を投入した。六四年末では二万三〇〇〇人であった米軍顧問団は、六五年から急増し、六七年末に四六万三〇〇〇人、六八年末で四九万五〇〇〇人、六九年四月には五四万三〇〇〇人と最大になった。戦死者もその時点で四万人にのぼっていた。

この増派の実例で忘れがたい一場面がある。当時米国の大学では、ＲＯＴＣ（予備役将校訓練課程）という制度で軍から奨学金を得て学んでいた者もいたが、六八年初めに大学院一年生には兵役免除がなくなり召集がかかった。日頃は目立つ方ではなかったが熱心に勉強していたK君が、ロシア語の授業の際に軍服着用で出席し、最後に「本日限りで入営します」と、挙手敬礼して教室を去った。学友はみな粛然と見送り、ロシア人の女性の先生は、自らの戦争中の記憶が迫るのか、涙しながら、無事を祈ると言うばかりであった。はたしてK君がどうなったのか、その後のことは知らない。

ハーバード大学でもベトナム戦争反対の集会が行われており、反戦運動が全米で勢いを増し、特に若者の運動が各大学で激しくなっていったのはよく理解できた。この頃、学生寮のサロンでテレビを見ていた際に、「北ベトナムに原爆を使用したらどうか」と発言する出演者がいたので、思わず、「ありえない。絶対許せない」と声を上げたら、「日本人のお前がそういうのは当然だ」と言ってくれた者がいたのを覚えている。六八年三月三十一日、ついにジョンソン大統領は、北ベトナムへの空爆を停止すること、さらに大統領選挙には出馬しないことを声明した。テレビでこれを見ており、〈全く予想できなかったことで驚いた〉が、国内外の反対がそうさせたのである。

この頃は同時に公民権運動も盛んになっていたが、六八年四月四日に、黒人運動の指導者マーチン・ルーサー・キング師が暗殺され、これに反発した黒人による暴動が全米各地で勃発した。四月九日にはハーバード出身のキング師に敬意を表して、全学休校となった。

米国中が騒然とする中で、ジョンソン不出馬を受けて大統領選挙に出馬していたロバート・ケネディ上院議員が、六月五日にロスアンジェルスで演説中に撃たれ、六日に死亡した。おりしも、年に一度ワシントンの大使館に出頭して研修の成果を試験される時期であったので、同期の仲間がボストンに集合した時であった。アメリカは、暗澹とする中で暑い夏に向かっていた。

R・ケネディ死去後の十一月九日の大統領選挙は、民主党ハンフリー対共和党ニクソンで、互角の戦いであった。テレビで開票の模様を見ている間はハンフリー優位であったが、早朝に目覚めたら、結局一般投票では五万票の僅差ではあるものの、選挙人の数で上回るニクソンが勝利していた。六九年一月にリチャード・ニクソンが大統領に就任し、ハーバードの国際政治学教授であったヘンリー・キッシンジャーが国家安全保障担当の大統領補佐官となり、ベトナム戦争の終結、中国との関係樹立など新しい外交を展開していくわけである。実は、六九年はじめからキッシンジャー先生の国際政治の授業を採っていたのだが、二回目からは後に『文明の衝突』で有名となったポール・ハンティントンが代理となったので受講をやめてしまった経緯がある。

六九年の春に、アメリカ民主主義の真髄を見た思いのする体験をした。ハーバードでもROTCの扱いをめぐって急進派の学生が四月九日にキャンパス内のユニバーシティ・ホールを占拠したので、大学当局の要請で出動した警官隊がこれを排除するという事態となり、これに反発した学生、教職員の呼びかけで、一六三六年の創設以降初めての全学ストライキに突入し、三日間授業が一切行われないこととなった。ここまでは、当時の日本で盛んだった大学紛争に似たような推移だったが、四月十四日に、ソルジャーズ・フィールドという大学のスタジアムで学生も教職員も出席できる全学集会が行われた。議長団が、要求（どういう内容か覚えていないが）が貫かれるまでストライキを続行するとの動議を出し、表決が行われた。着席した出席者が自らの信ずるところに従って立ち上がり、それを数えるわけだが、反対の意見の者を周りの者が引きずり下ろすこともなく、整然と数えあげが行われた。それだけでも驚きだったが、表決はストライキ続行支持が二九五五票で、反対が二九七一票という結果で、動議は否決された。六〇〇〇名弱の出席者で賛否の差はわずか一六票だったが、それは有効とされた。さらに、一週間ストライキを継続するという案も否決され、最後に三日間続行して大学当局の出方を見るという案が採択された。結局ストライキは三日後に解除された。

確かにハーバード大学という米国最高の知性の集団であったとはいえ、議論を尽くした上で表決されればそれに従うというルールが当たり前に実施されていることに、“incredible!”と身震いするほど感動した。これがアメリカ民主主義の基本ルールであり、大統領選挙での一般投票においても、数え直しはあっても最終表決には従うという事例などにも見られるわけである。

4　広大なアメリカ

六九年六月十二日には、なんとかＭＡを取得してハーバード大学大学院を終了した。

七月二十日には、アポロ一一号が月面に着陸し、アームストロングが人類として初めて月に第一歩をしるした。これをテレビで見ていて、〈これをもって冷戦でのアメリカの勝利とすると、また米国の独りよがりが続くが、ベトナム戦争に痛めつけられていた米国にとっては良いことだ〉と感じた。

この後、ケンブリッジを引き払い、ワシントンの大使館勤務となった同期阿部信泰君のアパートに居候しながら、三年目の研修地モスクワ行きのビザが下りるのを待つこととした。ビザ取得に時間がかかりそうなので、グレイハウンド・バスの九九ドルの周遊チケットを手に、米大陸を横断する旅に出た。七月末から八月下旬までの間に回ったところは、ワシントンDCから南部を回り、ニューオルリンズ、ヒューストン、サンアントニオ、さらにエルパソからメキシコ側のフアレスにも入った後、西海岸を目指しフェニックス、グランドキャニオン、ラスベガスを経て、ロスアンジェルス（ハリウッド、ディズニーランドなども見学）、サンフランシスコ、オークランドを見て、折り返して、中西部をソルトレイクシティ、シャイアン、デンバー、カンサスシティ、セントルイスと回り、そこでビザが下りたのを知り、ピッツバーグをへてワシントンに戻った。ひたすらバスに揺られて米大陸の広大さ、多様性を肌で感じ、その豊かさ、力を実感したのであった。

九月には、モスクワへの転勤直前に、沖縄返還交渉に訪米した愛知揆一外務大臣の記者会見の手配などを手伝い、実務の一端を経験出来た。

二十一年後に、ワシントン大使館勤務となり、米国で再び暮らすわけだが、最初の外国生活をアメリカで体験できたのは、まことに幸いであって、その後の外交官生活において物の見方に大きく影響したと思えるのである。

第２章　虚構の大国

１　情報のコントロール

六九年九月二十二日にロンドン経由で、モスクワに着任した。英国で研修していた同期の天江喜七郎君、一期下の語学研修生大江菊二君、Ｎ君と一緒であった。

ソ連が武力でプラハの春を潰した翌年で、東西関係は厳しい頃であった。フルシチョフの後をついで、レオニード・ブレジネフが共産党書記長として権力の中心におり、アレクセイ・コスイギンが首相として政府を率い、ニコライ・ポドゴルヌイが最高会議幹部会議長として元首の役割を果たしていた。

研修の三年目で、モスクワ大学歴史学部の研究生となった。クレムリンに接する革命五十周年記念広場に面する古い校舎で、ソ連現代史の授業などを聴講した。私達四人は、別途ロシア語の特別授業を受けた。研究生は大学院レベルであるので、ソ連史が専門のククーシキン教授が指導教官となり、週一回ほど個別指導を受けた。ロシア語のレベルがまだ不十分であったので、ハーバード時代にまとめた極東共和国についての英文のペーパーをロシア語に翻訳し、語学教官にチェックしてもらい、それをククーシキン教授に見てもらうことにした。ソ連史の授業の中身は共産党の正史に沿うもので、革命時のトロツキーなどの貢献は全く否定されているものであったが、極東共和国についてはソ連でもほとんど研究されていないので、研究対象として認めてもらったものである。

研究生として、モスクワ南西部のレーニン丘に聳え立つモスクワ大学本館の一角に位置する寮に入った。寮から歴史学部までは、バスや地下鉄を利用して通った。外国人留学生も入寮している学生寮はなかなか厳しい管理下にあった。体験と思って勧められるままに寮の衛生委員となった。二人組で各部屋を点検して回るのだが、非常に不衛生にしているロシア人学生の部屋があり、何回か注意したが無視され続けた。やむなく学生集会で指摘したところ、当人は必死に弁明したが、ほどなく退寮処分となった。何か後味が悪かったが、寮の当局が、外国人に指摘されたのを恥と思って厳しい措置を取ったのかもしれない。その頃の寮では、ベトナムからの留学生が二人部屋に四人も入りながら、皆が真剣に学んでいた。北ベトナム政府が、戦争の真最中にもかかわらず、将来を考えて、有為の若者を海外に留学させていたのである。ちなみに、後に各任地でベトナム、ラオス、カンボジアの同年代の外交官と接した際に、英語よりもロシア語がよく通ずることが度々あった。彼等はこのようなソ連留学組であったのだ。

寮の部屋には、有線放送のスピーカーが取り付けてあり、モスクワ放送のニュースなどを流していた。ロシア語の勉強には役立ったが、内容はプロパガンダである。新聞を読み、テレビを見るにつけ、伝えられる情報はかなり偏っており、コントロールされていることはすぐ分かった。ソ連最大の新聞は、共産党機関紙のプラウダであり、ついで政府機関紙のイズベスチヤであった。プラウダは真実という意味であり、イズベスチヤはニュースということであるので、大いなる皮肉として、「プラウダにプラウダ無く、イズベスチヤにイズベスチヤ無し」というのが、もはや格言になっていた。

語学研修用に、ロシア語のタイプライターを入手して、寮の部屋で使用していたが、ある時それを携行して外出しようとしたら、寮の門番に止められた。タイプライターは、個人で自由に持ち歩いてはいけない規則なのだ。当局が問題視するサミイズダッド（自家出版という意味）を阻止する為である。タイプライター一台あれば、カーボン紙をはさんで何部か複写することができるからである。また、当時アメリカや日本で急速に普及していたゼロックスなどのコピー機は、レーニン図書館には置いてあったが、複写は許可制であり、自由には利用できなかった。知り合いとなったロシア人から、サミイズダッドらしき文書のコピーを大使館のコピー機でしてくれないかと依頼されることがあったが、反体制派との連絡の証拠とされる巧妙な罠かもしれないので、断ることにしていた。ロシア人とこんな風にしか付き合えないのは、残念なことであった。アメリカでは学生が電動タイプを使い、ゼロックスがどこでも利用可能な時に、情報のコントロールのために、このような規制をしているようでは、人間の自由な創意に基づく社会の発展は到底望めないわけで、ソ連の体制の限界を示すものであった。

2　アンバランスな暮らし

モスクワの街は、ローマ、コンスタンチノープルに次ぐ第三のローマということで建設されてきたので、建物は重厚であり、通りも広く堂々たる大都会であり、さすが米国と並ぶ大国の佇まいではあった。しかし、街を歩いて目に入ってくる消費生活は、決して豊かなものではなく、質量とも米国にはるかに及ばず、〈五〇年代の日本のような感じ〉であった。乏しい生活物資や食料品が、時折街の専門店やデパートに出ると、たちまち長蛇の列が出来る。もしかして何かの売り出しに出くわす幸運があるかもしれないので、人々は常にメッシュの「もしか袋」を持ち歩いていた。忍耐強く待っても、自分の前の人で売り切れればそれで終わりである。売り手は日本的なサービス精神などは皆無なので、素っ気なくむしろ売ってやるという尊大な態度である。一人で多量に買う者がいたり、列に割り込みをする者がいたりすると、刺々しい口論になる。一般庶民はこのような哀しい生活を送っているのだが、共産党幹部など特権階級（ノーメンクラツーラと言われる階層）は、別途の割り当てがあり、また、外貨で支払う外国人用で一般庶民が入れない「ベリョーシカ（白樺）」という特別店も利用していた。

西側との生活水準の差は歴然としており、庶民ももはやその事実を認識しているようであった。庶民は、それでも宇宙開発の成功や強力な軍事力など社会主義の成果を誇りにしていた。厳しい時代を生き延びてきた革命世代は、社会主義によって住宅、教育、医療などが一応保障されていることを多としており、「大祖国戦争」（第二次大戦をスターリンがこう呼んで、国民の士気を鼓舞した）を戦った世代は、多大の犠牲を払って得た勝利を誇りにしており、その成果たる戦後体制の保持を目指す外交政策を支持していた。戦争で犠牲が多かったためもあり、女性の社会進出は西側に比して進んでいた。これらの庶民の律儀さによって社会規律は保たれており、概して治安は良かった。もっとも、スピード違反取締りの警官には、免許証に五ルーブル札をはさんで手渡せば、目こぼしをしてもらえることが多かった。日本製の名刺大のカレンダーで裏が水着女性のものならば、なお効果大であった。

その頃、トヨタと日産の日本車もフィンランドのディーラーから購入できるようになり、モスクワ市内でもボツボツ見かけるようになった。駐車してある赤い日本車の周りを回って珍しげに見ていた中年のロシア婦人が、「ああ、これは我が国製ではないわ」とつぶやいて去っていったのを目撃した時には、誇りを傷つけられた庶民の悲哀を感じて複雑な気持ちになった。

このような乏しい消費生活なのだが、同時にクラシック音楽やバレー、演劇などの芸術生活が豊かなのには驚かされた。チケットもそう高価ではなく、世界一流の演奏が楽しめた。モスクワ音楽院で、イーゴリー・オイストラフのバイオリン、スビャトスラフ・リヒテルのピアノ、ムチスラフ・ロストロポービッチのチェロの三重奏を聴いたのはよく覚えているが、バイオリンのレオニード・コーガン、ピアノのエミール・ギレリスなども印象に残っている。チャイコフスキー・コンクールでの世界の若者の熱演も忘れられない。ボリショイ劇場でのバレーやオペラも随分楽しんだ。演劇は現代劇には制約があったが、チェーホフの古典などはモスクワ俳優座で見ることができた。どこでも特権階層とみられる人々だけでなく、慎ましい身なりの老婦人など一般庶民が多数詰めかけており、日頃の暮らしの息苦しさから一時解放されて、心から楽しんでいる様子であり、こちらも何かホッとする感じだった。

ちなみに、オイストラフやロストロポービッチは、ユダヤ系である。ソ連にはかなりの数のユダヤ人が暮らしていたが、キリスト教社会のユダヤ人差別が隠然として存在した。ロシア革命の立役者たちには、トロツキーやジノヴィエフなどユダヤ人も多かったのだが、ことごとくスターリンによって粛清されていた。戦後にイスラエルが建国された際には、ポーランド他の東欧諸国からナチスによる虐殺を逃れた多くのユダヤ人が移住したが、ソ連は、イスラエルを認めず、ユダヤ人の出国を許さなかった。差別のある中で、ユダヤ人は、芸術や科学の分野に活路を見出して行った。後に、ソ連が崩壊し、ユダヤ人の出国が自由になって、ようやくイスラエルへ移住した者も多かった。

そもそも、ソ連では民族平等という建前であったが、共産党の支配を通じて、要所はロシア人が抑えており、ユダヤ人のみならずバルト三国、中央アジア、コーカサス、シベリア各地の少数民族は、二等市民的立場に置かれていた。もっとも、バルト諸国は別として、社会主義の導入によって、中央アジアなどでは教育、医療、女性の地位などの社会進歩がある程度達成されたのも事実であった。

また、共産党により、「宗教は阿片だ」として弾圧されていた。第二次大戦の際に国民統合を図るために、ロシア正教の存続は認められたとはいえ、その後も共産党員は無宗教であるはずだが、これにも建前と本音があった。ロシア正教の復活祭の儀式を教会で見学していた時のことだが、明らかに党員と分かる者が何人も参列し、十字を切って祈りを捧げた後、そそくさと立ち去っていった。仮面をかぶって生活するロシア人の実像を見た思いがした。

このように庶民に物質面でも、精神面でも犠牲を強いながら、自称ＧＮＰ世界二位のソ連の富は、軍事部門や宇宙開発に回っていたのである。アメリカに先駆けての人工衛星スプートニクの打ち上げ、ガガーリン少佐の乗った初の宇宙船ボストークの成功などは、目覚しいものであった。着任して最初の革命記念日十一月七日には、街頭で軍事パレードを見た。ピカピカの軍用車両が延々と続き、何十台もの戦車が地響きをたてて通過する。そして、大陸間弾道弾ロケットを牽いたトレーラーが通った際には、その巨大さに圧倒され、思わず身震いがした。日頃舗装が悪くデコボコの道路だが、戦車やＩＣＢＭが通っても大丈夫なように頑丈に作ってあることが分かった。要するに、資源配分が全くアンバランスに行われているわけだが、やはりこの強力（に見える）な軍事力の威圧感は並々ならぬものであった。日本としては、ソ連の軍事力の威嚇に屈しないために、米国との同盟関係を維持していく必要があることをつくづく感じた。しかしながら、ソ連は、軍事力によってのみ米国に拮抗しているので、とかく軍事力を重視して、戦前のような軍事強国ではなくなっていた日本の経済力、技術力は軽視していたのである。

3　ロシア語要員

研修を終え一九七〇年七月より、中川融大使率いる大使館で三等書記官として勤務することになった。七月末に大使館参事官・防衛駐在官で空将補の中川謙淑・敏子夫妻の次女恵美と結婚し、モスクワ市内のボリシャヤ・ペレヤスラフスカヤ通りの外国人用住宅に入った。新婚で張り切って勤務に就いたわけだが、ソ連外交をフォロウする外政班に配属となり（後に儀典班兼任）、プラウダ他各紙の対日論評や中ソ関係などの記事を要約、分析し、本省に報告するアジア担当となり、忙しくなった。（註5）

ソ連の報道だけでは偏るので西側の報道により世界の動きを知る必要があり、政務班では高性能の短波ラジオにより英国ＢＢＣの海外放送を聞いていたが、日本の放送は聴取できなかった。また、通信社のテレックス・サービスが三台設置してあり、ソ連の国営通信社タスの露文と英文およびフランスのＡＦＰの英文を入手していた。東京からは、邦字各紙の報道を報道課がまとめた「一般情報」が毎日電信で送られてきていた。

その夏から日航の東京―モスクワ直航便が就航を開始し、日本各界の要人が続々とやって来て、正に千客万来の感があり、そのアテンドで、通訳に当たることも多かった。おかげで、モスクワ市内の有名レストラは木戸御免の状態になった。

七一年三月からは、国連大使に転任した中川大使に替わり、新関欽哉大使が着任した。日ソ国交回復交渉でも活躍したロシア語の大先輩で、折に触れて、戦前から戦中にかけてのソ連のこと

やベルリン陥落の様相など貴重な体験を聴くことができた。（註６）

ロシア語はまだまだおぼつかない状況であったが、日本側要人にはロシア語の知識はまず無いので、なんとか通訳をこなしていたものの、ロシア語の先輩である新関大使に随行した場面での通訳は、やりにくく冷汗ものであった。公明党の竹入委員長が、空港でソ連側の出迎え者に、「飛行してきたシベリアはいかにも広大である。これに比べたら、北方領土はノミの糞だ。これを日本に返還してもソ連にとってはなんでもない」と発言した。とっさに「ノミの糞」の直訳が出てこなくて、「取るに足らない些細なもの」と訳したが、後で大使に「苦労していたな」と指摘された。

美濃部東京都知事が訪ソした際には、モスクワ大学日本語科のストレジャク講師が先方通訳で、ロシア語の同じ表現でも、場面に応じて、「お会い出来て欣快に存じます」としたり、「会えて嬉しいです」としたりして使い分ける巧さに恐れ入った。同人には、後年経済協力局時代に、中央アジア・ミッションに同行してもらった。日本語もロシア語も一般的ではない言語で、双方に通訳がつくわけだが、適当な訳語がとっさに出てこない時などは、通訳同士が助け舟を出すこともあり、立場は異なるが、奇妙な同志愛的な関係にもあるのである。当時のソ連外務省の通訳は、ルドヴィグ・チジョフ書記官の場合が多く、この同志愛に助けてもらったこともあった。後年、同氏が駐日大使であった時に旧交を温めたのはもちろんである。

また、ユダヤ人に「命のビザ」を発行したことで知られている杉原千畝氏は、この頃、日本とソ連の貿易に携わっており、モスクワに来ると政府系のソビエツカヤ・ホテルに滞在していた。

大使館の上司に命じられて、同氏に封筒に入ったものを届けたことが二度ほどある。おそらく情報提供の見返りの報償費の受け渡しであったと思われる。杉原さんは、温厚な紳士で、にこにこと大使館幹部にお礼の伝言を頼まれた。世上では、杉原は戦後に訓令違反の咎で外務省を免職になり、外務省との関係は良くなかったとされているが、吉田茂による外務省の大幅削減の際に辞職したが、その後もこのように外務省との関係を保持していたのである。

日本文化の紹介も重要な仕事であった。「フォト・ヤポーニア」というロシア語版のグラビア広報誌を各方面に配布するのだが、その内容、部数について文化省や外務省と折衝する必要があった。日本映画祭をモスクワと地方都市で開催することで合意があったが、その内容についても検閲があった。反ソ的、反社会的内容のものをチェックするという建前だが、ソ連の人々に自由で豊かな日本の生活の実態が伝わることを快く思っていなかったのであろう。その年はモスクワと中央アジアのタジキスタン共和国の首都ドゥシャンベで開催された。栗原小巻主演の『愛と死』を上映したが、ストーリーもさることながら、未来都市を見るような東京の首都高速の様子などに館内でどよめきが起きたのを覚えている。

4　デタント

七一年七月十六日、ニクソン大統領が七二年五月までに中国を訪問することが合意された旨の電撃的発表があった。所謂「ニクソン・ショック」である。ベトナム戦争の終結を計るため、中ソ対立を念頭におきつつ、米中関係の正常化へ踏み出すものであり、キッシンジャー大統領補佐官が、秘密裏に二回も北京を訪問して合意に至ったものである。私も、〈歴史は変わる、世界は動く。ショックな出来事であった。日本は大混乱の様子である〉と記すほどの感慨を持った。七一年八月には、米ドルと金との交換を停止するとの発表があり、国際為替市場が混乱した。これもニクソン・ショックまたはドル・ショックと言われた。

七二年二月に、ニクソン大統領が訪中し、米中関係が動き出し、十月には中華人民共和国が中華民国に替わって「中国」を代表して安全保障理事会の常任理事国となった。

ソ連としても、手をこまねいているわけにいかず、対米関係の改善を図る。また、日本にも秋波を送り、七二年一月十一日から十九日まで訪ソした河野謙三参議院議長とポドゴルヌイ最高会議幹部会議長が会談し、一月二十三日から二十八日にはアンドレイ・グロムイコ外相が訪日し日ソ外相定期協議を行うなど、日中関係改善の動きを牽制した。ポドゴルヌイやグロムイコとのこれらの会談に随行する機会を得たのが、私がソ連の指導者と直接会った始めとなった。

米ソ両国は、六九年から開始されていた戦略兵器制限交渉をまとめ、ニクソン大統領が七二年五月二十二日から二十九日に訪ソし、ブレジネフ政権との間で戦略兵器制限条約（ＳＡＬＴＩ）とミサイル制限条約（ＡＢＭ条約）が調印され、様々な文書が発出された。これらのフォロウに日本大使館も多忙を極めたが、六八年のチェコ侵攻以来、厳しい対立関係にあった米ソ関係が、相互の政治体制、勢力圏を認め合いつつ、戦略兵器の際限のない拡充競争は停止することで合意したわけで、ニクソン・キッシンジャー・コンビの現実主義的外交政策によるものである。この現象は、デタント（緊張緩和）と言われた。

同時期には、西ドイツのユーリー・ブラント首相がソ連との関係正常化を計っており、ドイツ・ソ連条約とドイツ・ポーランド条約により、ドイツの東部国境がオーデル・ナイセ河の線で確定した。

この動きが、後に七五年七月にヘルシンキで開催された全欧州安全保障協力会議の合意事項として、①（ソ連が戦中戦後に相当領土を拡張していたのだが、それを固定する）欧州の国境の確定　②経済、科学技術、環境の分野での東西間の交流　③人権の尊重と人物、情報、文化の交流が合意された。これにより、東西間の文化交流が進み、ソ連国内でサハロフ博士など人権の擁護と自由を求める運動が起こるのである。

モスクワ勤務の間に、七一年三月にはポーランド、チェコスロバキア、東ドイツ、西ベルリンに出張し、七二年のニクソン訪ソ後には、ブルガリア、ルーマニアと回った。ソ連の衛星国と言われた東欧諸国であるが、東ベルリンはもとよりワルシャワやプラハの生活水準がモスクワより良いのがすぐ分かった。ベルリンの壁をチャーリ・ポイントで通過して西ベルリンに入った時には、東西の格差に今更ながら驚き、西側で東からの脱出の模様についての展示を見て、東側が人民を力で押さえ込んでいる現実に暗澹たる気持ちになった。ポーランドでは、アウシェビッツと同様のマエダネクの収容所跡で、ユダヤ人虐殺の史実を見学し、戦慄を覚えた。

ところで、デタントの流れの中で、アジアの共産国であったモンゴル人民共和国との国交が樹立されることになった。日本とモンゴルは、日ソ国交回復後の五六年末に国連に同時に加盟していたのだが、両国間の国交はなかったのである。七二年二月十八日に合意が成立し、二十四日に日本大使公邸で交換公文の署名が行われた。式場の準備をし、卓上に両国の小国旗を用意した。モンゴルのツェレンツォドル駐ソ大使が駐日大使を兼任し、東京へ信任状奉呈に赴くことになり、日本での儀式についていろいろと説明した。日本側も新関大使が駐モンゴル大使を兼ねることになったので、八月の信任状奉呈に私が随行する予定であったが、七二年八月一日付けで帰朝命令を受けたので、随行できなかった。後日談だが、その後四十年にわたりモンゴルへは行きそびれ、ようやく二〇一二年七月に「民主主義共同体」の運営委員会に出席して、念願のモンゴル訪問を果たすことが出来た。

ニクソン訪ソの直前、七二年五月十五日には、「核抜き本土並み」での沖縄の日本復帰が実現した。佐藤栄作総理は、「沖縄復帰なくして日本の戦後は終わらない」として、米側と交渉し、実現にこぎつけたのであって、今日の北東アジアの情勢を見るに、あの時点で沖縄返還が実現したことの意義は大きく、佐藤内閣の功績はより評価されて然るべきである。

この後、佐藤内閣は退陣し、七月五日には、田中角栄内閣が成立し、日中国交回復へと動き出すのである。私の実家は、旧新潟三区にあり、両親とも田中後援会・越山会の会員でもあり、私も田中首相、大平正芳外相、中曽根康弘通産相という陣容に期待した。

八月一日付で帰朝命令を受けていたが、日本からの訪問者が多いことが予想されたので、帰国は延期されていた。出産に備えて四月から帰国していた妻が八月二十一日に長男を出産したので、モスクワで大喜びしたが、その一週間後の二十八日に、モスクワから帰国後に航空自衛隊実験航空隊司令として岐阜県各務原市で勤務していた義父中川謙淑が、五十三歳の若さで急逝するという悲劇があり、帰国延期を取りやめて大急ぎで九月一日に帰国した。

第3章　喧騒の日本

1　田中訪ソ

七二年九月に帰国して、欧亜局東欧第一課（現在のロシア課）に配属になり、大木浩課長、古川清首席事務官の下で勤務することになった。長男の誕生、義父の死去という緊急事態の中で初めての本省勤務に就いたわけで、無我夢中の状況であったが、目黒区東山の宿舎に入った。

田中総理、大平外相が、九月二十五日から中国を訪問し、毛沢東共産党主席と会見し、周恩来国務院総理との間で国交正常化交渉を行い、二十九日に日中共同声明が発出され、日本と中華人民共和国との国交が樹立された。ハーバード大学で同時期に研修していた中国語の先輩たちが総理と外相の通訳として活躍するのをテレビで見て、応援する感じであった。ニクソン・ショックに端を発したとはいえ、日本外交にとっての一大転換であった。三十日に帰国した田中総理は、次は日ソ関係に取り組むことを示唆していた。

日本での生活になれつつあった頃、十一月二十八日にモスクワのシェレメーチェボ空港で日航機が離陸直後に墜落し、七十六人搭乗中六十二名が犠牲となる大事故が発生した。体制が異なり、英語も通じないソ連での事故であるので地域課が中心となって対応し、日本からの家族関係者の渡航、歯型などによる犠牲者の身元確認の作業などに追われた。

さて、日ソ間の最大の懸案は、北方領土問題である。周知の通り、五六年の国交回復時には、領土問題で合意が成立しなかったので、平和条約は締結されず、ひとまず日ソ共同宣言で国交が回復された。批准条約である共同宣言で、歯舞群島と色丹島が平和条約の締結後日本に引き渡されることに合意された。そして平和条約締結交渉の継続が合意されており、そこでは、松本・グロムイコ書簡によって国後、択捉の帰属問題が扱われることは当然であった。しかしながらソ連は、六〇年の安保条約改定後に一方的に態度を後退させ、日本からの外国軍隊の撤退を二島の返還の前提条件にし、さらに六一年九月のフルシチョフ首相の書簡で、領土問題は解決済みとして一層後退していた。

米中関係に続き日中関係が動き出す中で、中国と対立していたソ連も日本との関係改善を図る方向に動いてくる様子がうかがえた。七二年一月にグロムイコ外相が急遽訪日し、平和条約交渉を行うことを提案し、日本側も合意した。しかし、日中国交正常化が先行したので、十月に訪ソした大平外相とグロムイコ外相の交渉では、進展は見られなかった。

ところが、十二月二十一日のソ連邦結成五十周年記念式典の演説でブレジネフ書記長は、「来年には重要な日ソ交渉が行われるはずです。その目的は、第二次大戦当時から残された諸問題を

解決し、両国間の関係を条約の基礎の上に据えることです」と述べた。（註７）

当時ＧＮＰが世界二位となっていた日本は、田中総理の「列島改造論」による経済拡大期であり、経済界はエネルギー源の多角化を図るためにソ連のエネルギーに着目していた。ソ連側もシベリアのチュメニ油田やヤクーチャの天然ガスの開発に日本の技術と資金を取り込むことに関心を有していた。

折から七三年一月に新井弘一課長が就任し、対中関係が正常化されたこの機会に、対ソ関係を改善し、未解決の北方領土問題解決への突破口を開くべきとの戦略的思考をめぐらして、全力投球を開始した。ここから田中訪ソに至る経緯、対処方針の策定、各方面の動き、交渉の模様については、後年（二〇〇〇年）新井氏がその著作『モスクワ・ベルリン・東京』で詳しく記述している。（註８）

新井課長の下、野村一成首席事務官がまとめる若手事務官が、総理官邸との連絡や省内調整に張り切って勤務しており、秘密保持のためにプレス関係者の課内立ち入りを厳しくチェックしたりして、「東欧一課少年探偵団」と言われていた。

新井課長の発案が了承され、七三年三月に田中総理よりブレジネフ書記長あてに、「未解決の諸問題」（未解決なのは領土問題だけであるとの観点から、前述のブレジネフ演説の未解決の諸問題を単数とするもの）を解決し日ソ関係を条約の基礎の上に据えるための平和条約の早期締結と、日ソ関係全般の発展を強く希望し、同時にシベリア開発については「互恵の原則」に基づく協力をすすめる用意があるとする内容の親書を発出することとなり、新井課長自らがモスクワに携行の上、三月六日に新関大使からブレジネフ書記長に直接手交された。その際ブレジネフは、年内に平和条約交渉に応ずる用意があるとし、田中総理の訪ソへの期待を表明し、またシベリア開発協力を互恵の基礎で進めたいとした。三月二十八日には田中総理の訪ソを歓迎するとの返書が来た。

総理訪ソの段取りをめぐっては、経済協力を重視するソ連側の働きかけ、これに応じる経済人の動き、あるいは思惑からの政治家の動きなど、まるで百鬼夜行の有様であったが、結局、七三年九月末からの総理の仏、英、西独への訪問に引き続き、十月七日から十日に行われることになった。

新井課長が、内外の様々な動きの中で、戦略を練り戦術を凝らし、平和条約は四島返還なしには締結しないこと、経済協力協定には領土問題が解決されない限り応じないとの基本方針が最高レベルで確認された。また、シベリア開発については、プロジェクトが技術的、経済的に実行可能であること、民間契約を政府間合意で保証すること、特に石油・ガスの大プロジェクトについては第三国（米国）の参加を得るとの三原則が了承され、関係省、財界もこれを支持していた。さらにコミュニケについては、首脳会談の内容次第であり、発出しない場合もありうるとの構えであった。

ソ連側は、経済協力協定の他にも、文化取極、科学技術協力協定など多くの実務協定の締結を提案してきたので、少年探偵団も様々な事務的準備に大わらわになった。私は、準備の手始めに北方領土問題の経緯をまとめた「われらの北方領土」の改訂版を担当した。北方領土について説明する際に、田中総理の出身地新潟県の佐渡島や大平外相の出身地香川県との面積比較を入れるなどの工夫を凝らした。また渡り鳥条約を担当し、数回の交渉の結果合意に達した。なお同条約は署名されたが、後刻北方領土に生息する絶滅種の扱いをめぐって批准が遅れることになる。

さて、首脳会談での厳しい応酬について、前掲の『モスクワ・ベルリン・東京』によって要点のみ記せば次の通りである。まず、九月末から東京でコミュニケ交渉が行われたが、ソ連案は厳しいもので、時間切れでまとまらなかった。十月八日午前の第一回首脳会談で、田中総理より日本側の基本的立場を述べたのに対し、同日夕刻の第二回会談でブレジネフ書記長がシベリア開発について高圧的な長広舌を続けた。これを受けて田中総理より、「経済協力大いに結構、しかし自分の今回の訪ソの目的は、日ソ間に未解決な領土問題を解決するためである」と述べ、この会談を終えた。人数を絞った九日午前の第三回会談では、ブレジネフのみならずコスイギン首相も領土返還については硬い態度で進展は見られず、また領土が絡む安全操業問題についても進展は見られなかった。同日午後外相間で行われたコミュニケ交渉も進展なく中断された。そこで新井課長が「最後の切り札」として示し大平大臣の了承を得て、「第二次大戦の当時から未解決の問題を解決して平和条約を結ぶ」という文言を中核とする案を九日深夜から十日未明にかけて準備したところ、十日未明にソ連側から非公式なルートでほぼ同様の線でまとめられないかとの打診があった。そこで十日朝のコミュニケ交渉で日本案を提示したのに対し、ソ連側もこれに応ずる構えを見せた。

それでも、十日午後の最終会談では、コスイギンより、「未解決の諸問題」とする修正提案が有り、田中総理より「領土問題」という文言は入れられないかとすると、コスイギンが応じない。ブレジネフに「『未解決の諸問題』と複数にする理由は何か。日ソ間に未解決の問題というのは領土問題しかないではないか」と述べると、「漁業とか経済協力とかがある」との答え。そこで田中総理より、「では、この『未解決の諸問題』の中に、四つの島が入っていることを確認されるか」と質したに対して、ブレジネフは「ヤ　ズナーユ（私は、知っている）」と答えた。さらに「もう一度はっきりと確認願いたい」と迫ると、ブレジネフは、「ダー（然り）」と答えた。そこで会談が終了した。

実に、国交回復以来十七年ぶりに、ソ連側が北方四島の返還問題が未解決であることを認めた画期的な合意であった。コミュニケは、「共同声明」とされ、「双方は、第二次大戦の時からの未解決の諸問題を解決して平和条約を締結することが、両国間の真の善隣友好関係の確立に寄与することを認識し、平和条約の内容に関する諸問題について交渉した。双方は一九七四年の適当な時期に両国間で平和条約の締結交渉を継続することに合意した」と明記された。（註9）

泊まり込んでいた私は、電話で新井課長からこの文言を聞き取り、直ちに法眼外務次官、三木副総理他の関係者に連絡した。関係者は、領土問題で一歩前進を見たことを、異口同音に評価していた。

ところで、田中訪ソは、実に際どいタイミングで行われた。すなわち、直前の十月六日に第四次中東戦争が勃発し、エジプトとイスラエルの間で戦闘が続いていた。ソ連の支持するエジプトが劣勢であり、首脳会談の最中にもコスイギンやグロムイコに連絡が入ったりして慌ただしい雰囲気であった。この後に、アラブの産油国を中心にＯＰＥＣ（石油輸出国機構）が結成され、石油価格が高騰した。ソ連は、ＯＰＥＣのメンバーではなかったが、世界有数の産油国であったので、労せずして莫大な利益を得ることになり、日本からの資金に期待する度合いが低下したのである。しかし、会談中はそのような状況になることは予想されておらず、ソ連としては、日本の資金、技術に期待し、経済関係の進展を必要とするところがあったので、政治面で北方領土問題が未解決であることを認めるという対応に出たものであろう。後に、石油収入で余裕がでたソ連は、日本側に譲歩する必要はないと判断したものと見え、再び態度を後退させた。チュメニ油田開発については田中訪ソの後になって、パイプラインによる供給を変更して、貨車による輸送とし第二シベリア鉄道の建設と抱き合わせた案を提案越した。これについてはフィージビリティ・スタディの結果否定的な結論となり、財界もこれを断念した。ヤクチャ・ガス・プロジェクトについても米国企業の参加が得られず、立ち往生となった。

さらに、ソ連は一九七八年八月に日中平和友好条約が調印され、反覇権条項が含まれたことに反発し、北方領土に軍隊を再配備し、領土問題は解決済みと言うようになった。そして、奇しくもまたも十七年後の一九九〇年四月に、ゴルバチョフ大統領が訪日した際の合意で、歯舞、色丹、国後、択捉の四島名を明示して帰属問題が未解決であることが確認されるまで、ソ連は領土問題について解決済みとの態度をとり続けた。

2　漁業交渉

漁業関係は、領土問題が絡む難しい案件であり、また関係業界にとっては死活問題であった。時には、目先の利益の観点から、対ソ融和的な言辞を弄する者も出ることがあった。二百海里水域の設定以前で、北方領土周辺の安全操業問題があり、また毎年、西太平洋の公海におけるサケ・マス、カニその他の漁獲量の交渉が行われていた。外務省、水産庁からなる代表団の一員として通訳も兼ねて交渉に加わった。使用する網の目の大小を議論するなど細かいやりとりが続く中で、専門用語に詳しくなったが、北海道の漁業組合からお歳暮として新巻鮭が宿舎に届き、水産庁勤務かと誤解される一幕もあった。

モスクワのホテルに長期間滞在している組合関係者が、いよいよ漁獲量の詰に入る頃に、日本の留守方と電話で、「○○トンが、ギリギリです。不満でしょうが、これでまとめざるを得ません」などとあえて高めの数字をやりとりして、ソ連側に盗聴させておいて、○○トンより一段と低いが実はまずまずの線でまとめるという手もよく使われていた。

良い漁場である北方領土周辺では、日本漁船がソ連警備艇に拿捕される事例も頻繁に発生した。その都度厳重に抗議し、釈放を要求するが、北方領土や樺太に抑留される者も少なからずいた。ソ連側は、対日関係改善のゼスチャーとして、漁船員を釈放することもあった。七四年五月には、漁船員を引取りに、樺太の真岡（ソ連名ホルムスク）に出張した。日本は南樺太がソ連領であることは認めていなかったので、旅券ではなく渡航証明書を携行し、巡視船「幌内」で稚内から一夜かけて真岡に到着した。真岡の街は、日本時代の建物が大部分で、ほとんど発展していないように見えた。巡視船の船長とともに、国境警備隊サハリン地区司令ヴァシリエフ大佐、ホルムスク地区隊長マロゾフ大尉他の先方官憲から2名の漁船員の引渡しを受けて、稚内に戻った。その帰路に札幌で道庁の関係者と打ち合わせた後、さらに根室に赴き、北方領土を遠望した。実際に厳しい現場を体験し、領土問題と漁業問題の重要性を痛感した出張であった。

日本は、七三年の石油ショックの後の狂乱物価が続いて何かと騒がしい時期であったが、七四年三月二十五日に次男が誕生しており、家庭は賑やかになっていた。

3　国会対応

七四年の八月九日には、ニクソン大統領が、ウオーター・ゲート事件の処理をめぐり、弾劾に直面して辞任し、フォード副大統領が昇格した。外交で点数を挙げたニクソンが、国内でその秘密体質により足をすくわれて辞任したのは、国際政治にも影響を与えるものであった。

また、八月十五日には、韓国の朴正熙大統領を狙った狙撃事件が発生し、陸英修大統領夫人が死亡した。犯人は、在日韓国人の文世光であり、田中総理が陸夫人の葬儀に参列した。朴大統領は、軍事政権ではあったが、日韓国交樹立を成し遂げ、韓国の経済発展を進めたのだが、七九年に暗殺された。その長女朴槿恵が、二〇一三年に大統領となり、厳しい対日姿勢を示したが、一七年春に弾劾裁判で失職したのは、冷酷な歴史のエピソードである。

　そんな中で、七四年八月二十六日付で大臣官房総務参事官室（後に官房総務課）に異動となった。外務省の機構に関すること、省内各局にまたがる案件の調整、国会対応などの雑多な案件が切れ目なく続き、業務は極めて多忙であった。

　七四年秋には、いわゆる田中金脈問題が、文芸春秋で取り上げられ、年末に田中首相が辞任し、三木武夫総理に代わった。七六年七月には田中前首相が、ロッキード事件で逮捕されるという激震が走り、その年末には、三木も退陣し、福田赳夫総理になった。

　このような政治の動きの中で、長い時間を取られ体力も消耗するのが、国会対応であった。国会での外交論争は、安全保障問題を中心に、与野党のイデオロギー対立を反映して、予算委員会、外務委員会などで連日行われた。総理や外相の答弁用の資料を準備する作業は、総務課の国会班が質問取りをし、私が担当課を割り振って、各課に資料を用意してもらい、まとめてから総理秘書官や大臣秘書官に届けるもので、連日深夜まで続く非生産的なものであった。また総理答弁の担当をめぐって、通商産業省や農林水産省などと積極的又は消極的な所管争いが決着せず、内閣参事官室に裁定してもらうこともあった。

　法律と予算で仕事をする国内官庁とは異なって、外務省の所管の法律は多くないが、ほぼ毎年、大使館や総領事館の設置を定める在外公館名称位置法の改訂が必要であった。大蔵省や行政管理庁と在外公館の増設や人員増について折衝した上で、予算上の手当を行うとともに法律の改訂を行う。

国際情勢の変化に応じて、在外公館にも変動がある。ニクソン政権がベトナム戦争終結のために北ベトナムと合意した七三年一月のパリ合意の際から予想されていたこととは言え、北ベトナムはベトナム統一を進め、七五年四月には南ベトナムのサイゴンが陥落した。これをふまえて、まず七五年十月にはハノイに日本大使館が開設された。やがて七六年一月には南北ベトナムが統一され、在南ベトナム大使館は閉鎖となった。

石油ショックやハイジャック事件などで、それまで手薄であった中東地域の在外公館網の拡充が急務であるとの認識で、七五年三月にアラブ首長国連邦、カタール、クウェートの湾岸地域に出張した。この結果カタールの出張駐在官事務所を大使館に格上げすることになったのだが、クウェート滞在中にサウディアラビアのファイサル国王の暗殺事件が発生し、宮澤喜一外務大臣が葬儀に参列することになり、周辺国に特別機の上空通過許可を取る作業を大使館で手伝ったりした。

4　NPT批准

条約の承認案件は、二国間の条約・協定に加えて実務的な多数国間条約・協定が毎年相当な数に上っていた。安保条約のような与野党の対立構造になる案件はそう多くなく、政府与党間で優先順位を付け、野党側とも調整しながら、承認されていた。党派を超えて賛否が分かれる珍しい事例がＮＰＴ（核不拡散条約）であった。核兵器保有国と非保有国の現状を固定する不平等な側面がある内容であり、政府は七〇年に署名していたが、核兵器の非保有を義務付けられることに自民党の一部に異論があり、批准が遅れていた。七五年春に国会承認を求めようとしたが、結局断念され、七六年春に三木内閣がようやく国会承認を求めることになった。与党内で賛否が分かれるが、他方で野党の社会党などは賛成であったので、議員全体の賛否の予測表（星取表）を作成した。さらに、ＮＰＴを批准することが、日本外交にとって取るべき選択であることを解説する詠み人知らずのペーパーを作成し、議員に配布した。ペーパーの主なポイントは次のようなもので、外務省独特の用語をなるべく避けて、ややジャーナリスティックにした。

現実の国際社会は米ソの核の均衡によって平和が保たれており、核戦争の危険を出来るだけ防ぐためにはこれ以上核保有国を増加させないことを目指したほうが現実的である。日本への核の脅威に対しては日米安保条約で米国の核兵器の傘の下に入っている現状に変化はない。日本が核兵器を保有するためには、狭い国土で研究、開発、実験、貯蔵をしなければならず、現実的には可能とは考えられず、しかもこれが国内政治経済上の大問題になることに加えて、国際政治上、米、中、ソ関係の真只中にあり、地形的にも核攻撃に対する脆弱性を運命付けられている日本の立場を考えれば、広い意味での安全保障の確保にとってマイナスにこそなれ、決してプラスにはならない。けだし、「核のオプション」を振りかざしてみても、所詮世界の目には、竹光と映ずるに過ぎない。

批准を遅らせれば、日本が核のオプションを持ちたいとの下心を有しているのではないかという疑念を抱かせる。世界、特にアジア諸国にこのような印象を与えることは、日本の平和外交の推進にとって致命的な阻害要因になる。また、日本が批准しない場合、米国内で日本が核のオプションを温存したいのなら、米国の核の傘に下に日本を入れてやらなくても良いとの議論が出てこない保証はなく、日米関係、日米安保体制にヒビが入らないという保証はない。

核の平和利用を円滑にすすめるためにも批准が必要であり、ＮＰＴ再検討会議を前にしてこの時点で批准すべきである。

このような働きかけがどのくらい効果があったのか不明だが、ともかく国会承認が得られて、日本は七六年六月にＮＰＴを批准した。

5　過激派対策

「日本赤軍」という極左集団による航空機ハイジャックなどへの対応も業務の大きなウエイトを占めた。七四年八月三十日、この一派は三菱重工ビル爆破事件を起こし、死者八名負傷者多数を出した。さらに、十月にはこの一味がオランダにあるフランス大使館に侵入し、人質を取るという事件（ハーグ事件）も発生した。国際的なテロ事件に対応する省内体制は未整備であったので、組織としての領事担当部局の強化を図るとともに、会議室に官邸や警察との直通電話などの設備を入れて、オペレーション・ルームとなるように整備した。

七七年十月には、日航機ハイジャック事件が発生した。ダッカ事件である。日本赤軍が、シンガポールで日航機をハイジャックして、バングラデシュのダッカに強行着陸し、日本で収監されている仲間や関係のない殺人犯などの釈放と六〇〇万ドルを要求した。福田赳夫総理は、「人命は地球より重い」として、この要求に応ずることとして、超法規的措置で収監者を釈放し、六〇〇万ドルも支払うことになった。事件発生後二日ほど徹夜に近い状況で対応していたが、石井一運輸政務次官を団長とする救援チームの一員として現地に赴くことを副団長の橋本恕領事移住部参事官から打診された。「命令」ではないのだが、断りにくく、了承した上で準備のために自宅に戻り、幼稚園に通っていた長男と次男の顔を見てから、救援機でダッカに向けて出発した。

ダッカに到着し、団長ほか若干名がバングラデシュ側の責任者マームード少将等とともに空港管制塔の上部から犯人側との交渉にあたり、私はほかの要員とともに空港ビルの二階の一室に陣取って、交渉をモニターしつつ、日本との連絡に当たった。この最中に、バングラデシュ軍の下士官、兵士の一部が待遇改善を求めて反乱を起こす事態が発生した。日本側連絡室にも銃を構えた兵士が乱入してきた。ホールドアップしながら日本大使館だと説明して事なきを得たが、廊下では日本側との連絡にあたっていた将校が射殺されていた。折から団長へ東京からの連絡が入ったので、廊下に横たわる死体をまたぎ、銃声の中を身をかがめながら、管制塔の外階段を上がり降りもした。やがて、正規軍部隊が空港を囲み、次第に反乱部隊が駆逐され、最後は連絡室の窓の下で両手を挙げて降伏している兵士たちが全員射殺されて事態は収束した。私がホットラインで東京にこの次第を伝えたのが、日本の新聞に、「バングラデシュでクーデター」と大々的に報じられ、バングラデシュ大統領から福田総理に抗議が来る一幕もあった。

結局、収監者と六〇〇万ドルを入手した犯人側は、かなりの乗客を釈放したものの男性乗客を人質にしたままダッカを飛び立ち、イランのテヘランを経由し、アルジェリアのアルジェに着陸した。救援機も後を追いかけて、アルジェに着いたが、既に犯人どもは、アルジェリア当局が受け入れて、人質を解放した後、何処かへ消えていた。やむなく救援機は解放された乗客と共に帰国した。

日本に革命を起こすという妄想にかられ、しかも目的のために卑劣なテロ、ハイジャックを行う日本赤軍の異常さに大いなる憤りを覚えたが、同時に犯人の要求に屈したとして国際的に非難された日本政府の対応にも、大いに疑問の残るところであった。

官房総務課勤務は、三年半になり、東京勤務も五年半になった。この間に、内閣は、田中、三木、福田と交替し、石油ショックの影響での「狂乱物価」もあったが、経済成長は続いており、日本国内は活気があった。また、上記の過激派の活動があり、ロッキード事件、つづく田中角栄逮捕があり、世の中は騒々しい時代であった。

また、国際的には、中国で七五年に周恩来総理、七六年に毛沢東主席が死去し、文化大革命が収拾されて、やがて鄧小平が復活して、改革開放政策をとることになったのである。

第4章　ラッキー・カントリー

1　距離の暴虐に悩むラッキー・カントリー

官房総務での勤務が三年半になったところで、七八年一月に、加藤良三氏の後任として在オーストラリア大使館一等書記官に発令となり、二月に幼稚園児の長男、次男を伴って家族四人で首都キャンベラに着任した。

出発前に前々任者からブリーフを受けた時には、キャンベラには交通信号が一ヶ所しかないという話だったが、確かにラウンド・アバウトが多くて、青赤の信号機は数カ所しかなかった。中心部でも樹木が多く、街全体が公園のようで、車で郊外に入ったと思うままに進んでいくと、いつの間にか通り過ぎてしまうほどであった。

オーストラリアは、一七七〇年のキャプテン・クックの探検以来、英国の入植地となり、ニュー・サウスウエールズ（首都シドニー）、ヴィクトリア（メルボルン）、クイーンズランド（ブリスベン）、タスマニア（ホバート）、サウス・オーストラリア（アデレイド）、ウェスタン・オーストラリア（パース）がそれぞれ英国直轄の植民地となっていたが、一九〇一年にこれらが合同して英連邦内の自治領（dominion）たるオーストラリア連邦（Commonwealth of Australia）が成立した。ただし、連邦の権限は、外交、防衛、貿易などに限られており、各州は、直轄植民地時代と同様に、それぞれ総督、首相と議会を有しており民生に関わる権限を保持している。シドニーとメルボルンの間で連邦の首都を争い、その中間の内陸部のキャンベラに首都を建設したものである。着任当時で人口は二〇万人あまりで、政府機関と国立大学があるだけの人工的な計画都市であった。

オーストラリアは、羊毛、小麦、砂糖などの農産物の対英本国輸出で発展し、ついで金、銅、石炭、鉄鉱石、ボーキサイト、ニッケルなどの鉱物資源が無尽蔵に埋蔵されていることが分かった。このように天の賦与が豊富なので「ラッキー・カントリー」と言われた。しかし、豪州大陸は古い大陸のため平坦で大山脈も大河もなく、降雨量が少ないので、内陸部は広大な土漠、砂漠である。このため、人間が生活できるのは海岸沿いに限られており、人口も増加できない（七〇年代末で一七〇〇万人、二〇〇五年で二一〇〇万人）。しかも各州の州都に人口が集中しており、都市と都市の間は、人口が希薄である。シドニーからメルボルンまでも八〇〇キロあり、西海岸のパースへは三〇〇〇キロ以上ありジェット機で五時間もかかる。石炭は東海岸にあり、鉄鉱石は西海岸（しかも州都パースから数百キロ北北東の内陸部の無人地帯）にある。西から東へ鉄鉱石を輸送して東海岸のニューカッスルの製鉄所で鉄鋼を生産していたが、東西両岸から大型の専用船で北の日本に運んで八幡で製鉄する方が、コストが安いのが実情であった。これが豪州の泣き所で、「距離の暴虐」と言われていた。（註10）

2　日豪経済関係

官房長として仕えた大河原良雄大使（任期後半の半年弱は、黒田瑞夫大使）の下で、経済班に配属となった。通商産業省、農林省、大蔵省、科学技術庁からの各省アタッシェと外務省二名からなる混成部隊である。

豪州政府は、自由党のフレーザー首相と国民党のアンソニー副首相兼貿易資源相が率いる連立政権であった。経済班は、主として貿易資源省、第一次産業省と折衝しており、外務省日本課とも連絡していた。頻繁に接触した貿易資源省の日本課長グレック・ウッド（後に外務貿易省副次官、駐カナダ高等弁務官）や外務省日本課長アシュトン・カルバート（後に駐日大使、外務貿易省次官）とは、家族ぐるみの付き合いをすることになる。

オーストラリアは初めてであったが、ハーバード時代にマサチューセッツ州の有名な保養地ケープコッドで日本と豪州の大学院生や若手研究者が集まって開催された日豪シンポジウムに参加したことがあった。日本側は、ちょうど東大時代に習った嘉治元朗先生がリードし、豪州側は、中国研究のロス・テリルなどが主要参加者であった。その時以来、豪州が日本への鉄鉱石、石炭、ボーキサイト、ニッケル、銅その他の鉱産物資源、ならびに小麦、砂糖、牛肉等の農産物の一大供給国であり、日本からは自動車、電気製品その他の工業製品が輸出されており、日豪が重要な経済パートナーであることは認識していた。着任してみると、この関係が両国にとって欠くことのできない相互補完関係であることを強く認識した。日本は、豪州にとって第一位の貿易相手であり、豪州は日本にとって、米国、韓国に次ぐ貿易相手国であった。

豪州経済は、英本国への第一次産品の輸出で発展してきたが、英本国が第二次大戦で疲弊し、さらにスエズ動乱以後には、スエズ以東のアジアより撤退し始めていたので、英豪経済関係も発展が見込めない状況となった。おりから、日本は戦後復興を果たしつつあるので、日本との経済関係を発展させることが豪州にとって有益であるという考えが出てきた。当時の保守党ロバート・メンギス首相がこれを推進した。日本も新たな資源の供給先として豪州に期待した。五七年七月、箱根富士屋ホテルにおいて、岸信介首相兼外相と豪州のマッキュエン貿易相とが、日豪通商協定に署名した。同年十一月から十二月に岸首相は豪州を訪問し、メンギス首相との間で、日豪経済関係を促進することに合意した。豪州国内には、農産品輸出はともかく鉱物資源の対日輸出には異論もあったが、メンギス首相、西豪州のチャールズ・コート首相らが反対を抑えて推進したのである。これらの大局にたって日豪経済関係を推進した指導者の決断無くしては、今日の日豪経済関係は無かったといえよう。着任してまもなく、七八年五月にメンギス元首相が逝去し、国葬が営まれた。

その後も、両国関係を強化する努力は続けられ、七三年に日本を訪問し奈良を訪れた労働党ウイットラム首相と田中首相との間で交渉開始が合意された日豪基本条約（Nippon Australia Basic Relations Treaty　いわゆるＮＡＲＡ条約）が、七六年に署名されていた。七八年六月には、両国間の閣僚会議がキャンベラで行われ、日本側からは、園田外相、中曽根通産相、中川農相、宮澤経済企画庁長官という重量級の顔ぶれであった。宮澤長官と三十代ながら既に蔵相であったジョン・ハワードとの個別会談にノート・テイカーとして同席したが、通訳なしで行われ、専門用語も飛び交うので、ノートを取るのに苦労した。

3　資源輸出

日豪通商協定の締結後、対日資源輸出に踏み切ったことで、西豪州の鉄鉱石と東海岸のニュー・サウスウエールズ州とクイーンズランド州の石炭の開発が進んで、豪州経済の発展が促された。七〇年代末で、日本の鉄鋼原材料の対豪依存度は鉄鉱石四〇％、原料炭二五％に達していた。そこで輸出価格は、日本の製鉄業界がリードして決定されることになっており、新日本製鐵の担当常務の動向が豪州の経済新聞の一面トップを飾ることも珍しくなかった。

西豪州のマウントニューマン鉄鉱石採掘場を見学したが、その規模の大きさに驚嘆した。直径数百メーターの巨大なすり鉢型の野天堀で、中を走っている多数の百トンダンプカーが小さく見える。ダンプカーから貨車に移された鉄鉱石は、長く連結された列車で港に運ばれ、そのままべルトコンベーヤーで専用船に積まれて日本に輸出される。東海岸の石炭鉱山も長大な短冊形の野天掘が主で、同じく専用船で日本に輸出される。鉄鋼原料の他に、ボーキサイト、ニッケル、銅などの対日輸出も大掛かりであった。

着任した七八年当時には、これらに加えて、エネルギー資源の対日輸出が懸案となっていた。電力用の一般炭の輸出は、ちょうど増加し始めていた。新たに、西豪州北西大陸棚の天然ガスを開発し、ＬＮＧとした上で日本に輸出するプロジェクトが協議中であった。開発には莫大な資金が必要であるので、安定した供給と需要が確保されることが前提だが、日本側のガス会社や電力会社が大口需要者となり、輸出入銀行の資金も期待されていた。また、北部準州のレンジャー地区のウラン鉱山の開発、対日輸出も課題であった。

八〇年四月には、土光敏夫経団連会長を団長とし、平岩東電社長ほかが参加した大型の経団連代表団が来豪し、豪州側の政府、経済関係者と話し合うとともに、現地視察も行った。大使館経済班からこの代表団に同行し、小型機に分乗して、レンジャー地区を上空から視察もした。

これらの案件は、いずれも大型のプロジェクトであり、当事者間の交渉は難航したが、八〇年代に合意に達し、実現の運びとなった。これにより、日本は、エネルギー資源でも対豪依存を高めることになったのである。

4　牛肉とマグロ

双方の利害が一致する資源関係に比して難しかったのは、牛肉、酪農製品などの農産品の問題であった。日本は、小麦、砂糖とともにこれらの農産品を豪州から輸入しているが、国内産業保護のため、牛肉や酪農製品には高関税や輸入割り当てを行っていた。豪州側は、これらの輸入制限措置の撤廃を求めていた。また、漁業については、二百海里時代に入って、日本漁船による豪州周辺での南マグロの漁獲の問題が喫緊の課題であった。

七八年二月はじめに着任して三週間目に、有力農水議員の鈴木善行前農相が訪豪し、アンソニー副首相兼貿易資源相、シンクレアー第一次産業相と会談することになり、英語の通訳を務めた。ロシア語の通訳とは異なり同席している人達が英語を解するし、慣れぬ専門用語もあって四苦八苦であったが、日本の畜産振興事業団による牛肉価格統制の緩和について豪側から強い要請があったものの日本側の態度は硬かった。その後紆余曲折を経て牛肉輸入が拡大して行き、今やオージー・ビーフが日本国内消費の四割を占めるに至っているのは、隔世の感がある。

鈴木訪豪を受けて、漁業協定の交渉が七九年に開始された。農林省のアタッシェとともにこれに参加した。北洋漁業交渉から南マグロ漁業交渉になったわけだが、同じく外務省、水産庁、業界団体（日本鰹鮪漁業協同組合連合会）の面々が、相当長い期間キャンベラに滞在した。自宅でのバーベキューに招いた日鰹連の代表が、見事な包丁さばきで魚を料理してくれたのに感心した一幕もあった。北洋漁業と同じく日本側の過剰漁獲が問題となったが、これに加えて、豪州側にはマグロの買い上げ価格について対日不信感があった。豪州でもマグロを獲っていたが、釣り上げて船上で直ちに血抜き処理をして冷凍する日本式漁法ではなく、船上で暴れるままにしておくので、生食用にはならず缶詰向けになっていたので、価格が安いのである。豪州側は日本が買い叩いていると非難していたが、漁法の違いを説明して理解してもらった。

何回かの交渉を経て協定がまとまり、日本漁船の操業が安定したが、豪州側もその後日本業界の技術指導を受けて漁法を改善し、さらには、マグロの養殖も行うようになり、今や相当の量の冷蔵ないし冷凍マグロが豪州から日本へ輸出されるに至っている。

5　カウラ

豪州は、英連邦の一員として英本国との特別な襟帯で結ばれており、第一次大戦、第二次大戦とも英連邦軍として参戦した。第一次大戦では、トルコのガリポリ戦線に向かう豪州兵の乗った輸送船を日本海軍の巡洋戦艦伊吹が護衛したというエピソードがあるが、第二次大戦では、日豪はニューギニアやマレー戦線で激戦を繰り返した。ボルネオ島のサンダカン死の行軍では二〇〇〇名の豪英兵の捕虜が移動させられるうちに大部分死亡し、生存者はわずか六名のみであった。それどころか、オーストラリア本土が、シドニー湾への特殊潜航艇の攻撃とダーウィンへの海軍航空隊による爆撃という直接の攻撃に晒されたのである。従って、戦後には国民の対日感情は厳しいものがあった。七〇年代末の時点でも、大河原大使に同行してクイーンズランド州に出張した際に、州政府の閣僚で日本大使とは握手しないという人がまだいた。さらに、大使が加入したロイヤル・キャンベラ・ゴルフ・クラブには、退役軍人のメンバーが多く、日本大使にそっけない者もかなりいたほどであった。

第二次大戦の南方戦線で豪州軍の捕虜となった日本兵は、ニュー・サウスウエールズ州の内陸部のカウラという小さな町に設けられた捕虜収容所にイタリア兵などとともに収容されていた。日本兵が増えて一〇〇〇名にものぼっており、四四年夏に豪州当局は、下士官と兵を分離し、兵七〇〇名をさらに西方二九〇キロのヘイ収容所に移動させることとした。これに反発した日本兵は、投票の結果集団脱走を図ることとし、八月五日未明に決起した。しかしながら、監視兵により鎮圧され、二三一名もの死者を出した。豪州側にも四名の犠牲者が出た。（註11）

豪州が、双方の犠牲者を埋葬する墓地を整備し、さらにダーウイン攻撃の際に撃墜された日本海軍のパイロットの遺骨など日本人の遺骨をここに埋葬した。日本側もこれを多として、慰霊碑を建立するなど整備に協力してきた。カウラの人達は、この墓地をよく維持管理してきたが、アルバート・オリバー町長は、カウラに日本庭園と日本文化センターを建設し、日豪友好のシンボルとすることを発案した。豪州側の資金に日本側の万博基金や企業、個人の寄付も加わって、第一期工事が完成し、七八年十一月十二日にカウラで完成式典が行われた。豪州側からアンソニー副首相ほか、日本側からは生き残りの元捕虜の方々も参加した。大河原大使夫妻に従い私達夫妻も他の大使館員とともに参列したが、当時輸出入銀行のシドニー駐在員であった島津久永・貴子夫妻（今上陛下の御妹君）も参加しておられた。その時には降雨量の少ない内陸部に回遊式の日本庭園を維持して行くのはなかなか容易ではないだろうとの印象を持ったのだが、その後、ドン・キブラー氏やトニー・ムーニー氏などの地元の方々の努力で順次整備が進み、今では見事な日本庭園が維持されており、日豪友好の聖地のようになっている。今上両陛下は、皇太子時代に同地を訪問され植樹を行われている。

6　環太平洋協力

豪州勤務も二年となる八〇年一月に大平正芳総理の豪州訪問が行われた。岸信介総理（五七年）、田中角栄総理（七四年）以来の日本国総理の訪問であった。日程は、シドニー、キャンベラ、メルボルンを訪れ、ニュージーランドに回ることになり、私はロジステック全般とメルボルン部分を担当した。

キャンベラの戦争記念館の無名戦士の碑への献花の後に、その頃は屋外に置かれていたシドニー湾を攻撃したものの沈没した日本海軍の特殊潜航艇の残骸にも総理が頭を垂れて敬意を表したのが印象的であった。ちなみに、豪州海軍が、攻撃を受けたにも拘らず、引揚げた二艇の乗組員（松尾大尉、中馬大尉、大森一曹、都竹二曹）を勇者として弔う海軍葬を挙行し、遺骨は交換船で帰国した河相達夫初代駐豪公使に抱かれて日本に帰還したという経緯があった。

大平総理は、フレーザー首相との首脳会談において、ＡＳＥＡＮや豪、ニュージーランドなどの環太平洋国家の政治、経済の交流や自由な貿易を発展させるという、環太平洋連帯構想を提案し、フレーザー首相もこれに賛同した。ついで、メルボルンの美術館で行われた昼食会の席上、大平総理が演説し、この構想にふれて、「各国の文化的独自性と政治的自主性を理解し、信頼しつつ行われる地域協力であり、かつ地球社会時代にふさわしい開かれた地域協力である」と述べた。（註12）

メルボルンでこの演説を聴きながら、いつの日かこの構想が実現することを期待したのを憶えているが、大平総理はこの年に急逝されたものの、この環太平洋連帯構想が日本と豪州が中心となって進められ、やがて八〇年代に民間のＰＥＣＣ（太平洋経済協力会議）が創設され、さらに八五年に政府間のＡＰＥＣ（アジア太平洋経済協力会議）へと発展していったのである。後に、九五年のＡＰＥＣ大阪会議を事務局長として担当し、また二〇〇七年のシドニーＡＰＥＣに駐豪大使として係わることになったことに何かしらの縁を感ずるところである。

7　カンガルーと鯨

豪州と日本との間は相互補完関係で、対立要因は無いのだが、唯一の例外が捕鯨問題である。そもそも豪州は英国の捕鯨基地だった歴史があり、鯨油とペチコートの支柱のための髭をとるために、大いに捕鯨が盛んであった。その後それらの需要が無くなり、捕鯨はすたれた。今はもっぱらホエール・ウォッチングが観光の目玉の一つとなっており、愛すべき鯨を捕獲する日本の調査捕鯨は許せないと非難しているのである。日本が、南氷洋ではミンク鯨が増えており、餌のオキアミの減少から食物連鎖のバランスが崩れ、魚類の減少につながっているので、この実態を明らかにするための調査を行っているものであるとの正論を説明しても全く聞く耳を持たない。

日本で漁業者がイルカを捕獲しているとのニュースが流れ、大使館に抗議が殺到したことがあったが、イルカは漁民にとって漁網を損傷して漁獲の妨げになっており、それはちょうど豪州の牧場で牧草を食べてしまう野生のカンガルーを処分するのと同じことではないか、日本ではカンガルーは愛すべき動物と見られており、牧畜業を守るためにカンガルーが殺されていると知ればショックであろうと反論し、ある程度の理解が得られたことがあった。

物事の一面のみを見て一方的な主張をするのは、往々にして情報が統制されている国々で見られるが、オーストラリアのような先進民主主義国家でも、このような偏執狂的な反捕鯨運動が見られるのは、理解に苦しむところである。

8　オーストラリア生活

キャンベラは、こぢんまりとした人工都市で繁華街などの大都市に特有の魅力には欠けるところだが、緑が多くゆったりとした住宅地が広がっており、子供たちを育てるには良い環境であった。同期で先にキャンベラ勤務になっていた阿南惟茂君の夫人ヴァージニアさんが探しておいてくれた庭付きの住宅を借りたが、大使館から一〇キロも離れていたものの車で十分ほどで大使館に通勤出来た。子供達も現地校に通ったが、英語のネイティブではない生徒には英語の特別クラスが用意されていたので徐々に英語にも慣れてきて、学校生活を楽しんだ。また、毎週末に地域のスポーツ大会に参加したり、水泳教室や乗馬クラスも体験した。

大使館の同僚と家族ぐるみで各地の公園でバーベキューを楽しんだり、ニュー・サウスウエールズ州の東海岸へ魚釣りに出かけたりした。また、車で西に向かいヴィクトリア州の海岸沿いを走り、フィリップ島で海からペンギンが上がってくるのを見物したり、オーストラリア大陸を東西に走るインデアン・パシフィック鉄道のアデレード・シドニー間にも乗車した。この他に出張で西豪州と北部準州も視察したので、広大なオーストラリアを体感できた。

七九年四月六日に三男がキャンベラで誕生した。しかし、その後間もなく五月二十六日にかねて癌で治療中であった父武治が六十三歳で亡くなった。私は、葬儀に参列するために飛行機を乗り継ぎ、成田から大宮経由で、完成したばかりの上越新幹線を利用して故郷に帰り着き、かろうじて出棺に間に合って挨拶した。よく言われることだが、外交官として海外勤務中なので、義父といい、父といい、文字通り親の死に目に会えないことになった。

第5章　老害大国

1　停滞するソ連

豪州勤務が二年半となった一九八〇年八月に、在ソ連大使館に転勤となった。八年ぶりのモスクワ勤務で、魚本藤吉郎大使、新井弘一公使の下で、政務班長としてソ連の政治外交全般をフォロウすることになり、中でも日ソ関係とソ連内政を担当した。

別天地のオーストラリアで暮らしている間に、ソ連をめぐる情勢は大きく変わっていた。ソ連の南の隣国のイランでは、七八年から七九年にかけて革命により王制が倒され、ホメイニ師の指導する宗教色の強いイスラム国家が樹立されていた。また、同じく隣国アフガニスタンでは、七三年の王制打倒以来、国内政治が安定せず頻繁に政権が交代していたが、七九年十二月にソ連軍が突然侵攻した。アフガニスタン政府からの要請に基づくという説明であったが、ソ連軍の後ろ盾で、親ソ的なカルマル政権が樹立された。ソ連が社会主義圏の外に初めて出兵したもので、ワルシャワ条約諸国の主権は実質的にソ連の下に制限されるという所謂ブレジネフ・ドクトリンをも超えるものであった。ここから、ソ連軍と対抗するアフガニスタンの武装勢力との戦闘が十年も続くことになるのである。

米国を始め自由主義諸国はもちろん非同盟の国々も、他国への武力干渉であるとして、一斉にこれを非難した。イラン革命で親米のパーレビー国王が追放され、在テヘランの米国大使館が学生若者によって占拠されたままになっており、米国のカーター政権は国内外で苦境に立たされていたのだが、このソ連の軍事行動に対して、ソ連への穀物・技術輸出を制限し、議会に提出してあったＳＡＬＴⅡの批准案を引き下げるなど、厳しい制裁措置をとった。ニクソン政権が進めてきた米ソ間のデタントはここで終焉し、再び冷戦時代に逆戻りした。そして、西側諸国は、八〇年八月に開催されたモスクワ・オリンピックをボイコットすることになり、大平総理の決断で、日本もこのボイコットに加わった。着任したのは、その変則的なモスクワ・オリンピックが閉幕した直後であった。

ソ連指導部は八年前とほとんど同じ顔ぶれであった。ブレジネフが共産党書記長兼最高会議幹部会議長としてトップにおり、コスイギン首相、アンドレイ・グロムイコ外相、ミハイル・スースロフ書記などの面々も変わっていなかった。安定しているといえば、聞こえがいいが、ほとんどが七十歳代後半で高齢になっていた。七〇年代初めには精力的にニクソン大統領やブラント首相と相対していたブレジネフは、すっかり老いて歩行も緩慢で言語もやや不明瞭になっていた。同人はスターリンほどのカリスマ性に欠けているので手前味噌的なやり方で権威付けが行われ、第二次大戦時からの業績をことさら持ち上げるなど粉飾気味な個人崇拝が進められていたものの、国民の間の人気は高くはなかった。

老齢の指導部は、内外の山積する課題に対して、新しい政策を打ち出すことが出来ず、社会は停滞ムードであった。党が政府を支配する統治構造は保持されていたが、いずれも組織が肥大化し、官僚主義がはびこっていた。経済面では、既に西側では情報革命が始まっていたが、思想の自由も表現の自由もなく、コピー機やタイプライターすら制限している体制下では、この方面での進展は到底期待できないところであった。デタントの時代に、西側との経済交流、科学技術交流を通じて第二次産業の近代化を図るとの目論見は、結局のところ非能率な中央統制計画経済の壁を打ち破ることは出来ていなかった。また、食糧生産も資金不足、技術革新の欠如により、不振が続いていた。国民の消費生活は、相変わらず質量とも西側に比して大きく劣っていた。

ソ連経済は停滞していたのだが、世界的に高騰した石油、天然ガスの輸出によって、なんとか支えられていたのである。いわば、オイル・マネーによる一時しのぎの継続で、抜本的な改革は行われないまま、党中央の政策は旧態依然たるものであった。八一年二月に行われた第二十六回ソ連共産党大会でおいても、指導部の人事異動は行われず、表面上の安定ぶりにもかかわらず、後継者選びのルールがないまま老齢化が顕著となっていた。政策面でも目新しい施策を打ち出せないでいた。

ところが、アフガニスタンではイスラム勢力による抵抗に手こずっており、戦死者もかなり出ている有様で、母親たちの間で徴兵反対の運動が起きていた。また、デタントで西側との文化交流が行われたので、情報がいくらか入ってきており、国民は西側とのますます拡大する格差を認識していた。さらに、極めて限られたものではあったが、サハロフ博士や作家のソルジェニーツェンなどによる自由・人権を求める活動も知られるようになっていた。

社会も活力が薄れている感じであった。革命世代、大祖国戦争世代は、乏しい年金生活に入っていた。若い世代は、社会主義体制の優越性を信じておらず、ただただ西側社会に憧れていた。西側製品を入手できるノーメンクラツーラ（特権階層）と市民との生活格差が目立ちつつあり、革命世代の律儀さが失われ、社会の規律が緩んで来ていた。

2 日ソ関係

外交面では、アフガニスタンへの出兵は短期に解決する見込みが立っておらず、ポーランド情勢は予断を許さない状況になっていた。中ソ対立は依然として厳しいものがあり、さらに決定的なのは、八一年一月に米国にロナルド・レーガン大統領が登場し、厳しい対ソ政策を出して来ていた。これに対して、ソ連は、デタントの再構築を図ることとポーランド情勢の沈静化を図るという困難な二兎を追うことを目指していた。

この状況下で、ソ連は西側陣営を切り崩すことを狙って、米国と日本や西独を離間させようと働きかけを活発化した。第二十六回党大会においてブレジネフは、「日本が、米、中からの影響を脱し、先見性と自己の利益への理解を示すことを期待する」として、日ソ関係の「改善」は「現実的な基礎」の上に進められなければならないとの枠をはめつつ、「恒久的な真の善隣関係を支持する」と述べ、「極東信頼醸成措置」提案を行った。（註13）

これは日本国内に日ソ関係の修復、アフガニスタン制裁再検討論が出てくることを狙ったものであり、現に日ソ善隣条約や長期経済協力協定などについてしきりにアドバルーンが揚げられた。実務面では、懸案であった北方領土周辺の昆布漁について合意が成立するなど一定の成果もあったが、肝心の北方領土問題については、七三年の合意から一方的に後退しており、八一年の日ソ国交回復二十五周年の記念論文などで、北方領土ソ連帰属論を展開して、領土問題は解決済みとの態度を続けた。

これに対して日本は、政経不可分の方針を貫き、ソ連側からの働きかけには是々非々で実務的に対応しつつ、日米離間策には乗ぜられなかった。グロムイコ外相と日本側要人との会談にも何回か同席したが、内容的に特筆すべきようなものはなく、全体として八〇年代前半の日ソ関係は、表面的な動きに終始して、実質的な進展はなかった。

もともとソ連の体制は、外国人とソ連の一般人が接触することを制限しており、また、モスクワに暮らす外国人の動向を監視していた。大使館、大使公邸はもとより、館員の住宅は当然盗聴されていることが前提であり、日本大使館でも壁に埋め込まれた小型マイクが相当数発見されたこともある。外国人は当局の指定する専用住宅に居住することになっており、クツーゾフ大通りの住宅に住む日本人の外交官、特派員、商社員の部屋は、二階、五階、八階、十一階に並んでいたのは、電話の盗聴を容易にするためであろうと考えられていた。そのような厳しい環境の中で、西側各国の政務担当官の情報交換は活発に行われていた。有力国（米、英、仏、西独、伊、日、豪、加）の大使館には、「ハコ」と言われた盗聴防止装置のある特別の部屋が設置されており、機微な情報はハコの中でのみ交換されることになっていた。それを使用しての定期的な政務班長会議が持ち回りでおこなわれていた。ちなみに、西側ではないがソ連に関して独自の情報を有する中国、ユーゴスラビア、ルーマニアなどと情報交換する際は、広い部屋の中央や屋外で話すなどの工夫を行っていた。

大使館員への個別の働きかけも行われており、所謂ハニー・トラップや闇の外貨交換等の誘惑をかけられることがあり得るので、若手館員には十分注意するように指導もし、また女性問題が絡む時には早めに異動させるなどの対策も採っていた。政務班長たる私にも、ノーボスチ通信（TASSと並ぶ国営の通信社）のP記者がしきりに接触を図ってきた。ソ連の国内事情や外交方針について、それなりに役立つ情報を提供してくれる一方、こちらから日中関係などについて聞きたがっていた。食事を共にしながら情報交換をする際には、こちらは複数で付き合うようにしていたのだが、ある日、モスクワ郊外のレストラン「ルスカヤ・イズバ」（ジェフリー・アーチャーの小説『悪魔の選択』に出てくるロシア料理の有名レストランでなかなか予約がむつかしい）で、二人で会おうとの誘いが来たので、政務班の同僚に事情を話した上で赴いた。ウオットカが相当入っている中で、何か困ったことはないか、古いイコンは要らないかなどとアプローチがある。案の定であるが、適当にかわしながらなんとか切り上げて帰宅したのは深夜を過ぎていた。今でもＫＧＢ（国家保安委員会）のファイルのどこかにこの時の記録も残っているであろう。

３「終わりの始まり」

八〇年から八一年にかけては、アフガニスタン情勢と並んでソ連外交の課題は、ポーランド情勢であった。着任早々の八〇年九月一日のプラウダの小さな記事が目に付いた。それは、ポーランドにおいて「政府と自由労働組合との間に合意が成立した」というものであった。ポーランドでは、統一労働者党のギエレク政権下で一時的には好転したかに見えた経済が、ソ連と同じく停滞しており、港湾都市のグダンスクやシュチェチンの造船所を中心に、社会主義圏ではあり得なかった党・政府から独立した労働組合が結成されて、労働者の待遇改善を求める運動を展開していた。それまでもポーランドでは、ポズナン騒動があったりしており、党の支配は磐石ではなかったのだが、カニヤが新しい指導者となり事態収拾に当たって、自由労組の活動を認めるが政権は党が保持し続ける、ということで妥協したもので（グダンスク合意）、この後自由労組は「ソリダルノスチ（連帯）」という名のもとに全国規模で活動することになる。

一党独裁の社会主義国において、党から独立した組織が党側と合意に達したというのは、実質的には二重権力状況が出来たというわけで、それまでは全く考えられなかった驚くべき事態であった。しかも、それをソ連共産党機関紙のプラウダが報じたということは、ソ連としてもこれを認めた（認めざるを得なかった）ということを意味していた。この報道ぶりを、「終わりの始まり」かもしれないと思い、その旨東京に報告した。

その後、ポーランドでは、グダンスク造船所の電気工レフ・ワレンサを議長とする連帯運動がいよいよ勢力を得ていき、カニヤ政権の統治能力が低下していく状況になっていった。ソ連から見ると、ポーランドは地政学的にはソ連と西ヨーロッパの間にあって軍事的に重要であるし、経済的にも社会主義圏で二位の規模を有しており、そこが不安定になることは避けたいところであった。いよいよとなれば、かつてハンガリーやチェコに軍事介入したように、ポーランドにも軍事介入するのではないかと様々な観測が行われていた。

ポーランドは、ハンガリーやチェコに比して大きな国であり、軍事介入には抵抗も予想され、ポーランドの混乱は、欧州情勢ひいては世界情勢に重大な結果を招く可能性があることから、米国、西独を中心に西側大使館の間で頻繁な情報交換が行われており、中でも米国大使館からは人工衛星で観察したソ連軍の動向についての情報が同盟国側に提供されていた。

これらを参考にして、八〇年十二月四日には、〈ポーランド情勢が再び緊迫している。党のコントロールはなくなり、介入する理由はある。ソ連は軍事介入の準備を整えたが、当面は国境外での示威行動で心理的圧力をかけつつ、カニヤが妥協しつつ秩序回復に努め、ジワジワとソリダリティの過激分子を抑圧しながらなし崩し的解決を図るものとみられる〉と分析している。十二月九日には、〈ポーランド侵入への物理的準備が整い、ワルシャワ条約首脳会議で東欧のコンセンサスも得たということで、緊張感が高まっているが、カニヤ政権に国内での強権による収拾を図らせるだろうというのが大方の見方〉としている。

八一年に入ってからは、〈米国にレーガン政権が登場し、ソ連に対して厳しい政策を出してきた。ソ連としては、アフガニスタン侵攻以来冷たくなった西側との関係を再構築することを願いつつ、ポーランド支配も確保したいという二兎を追っている。軍事介入にはコストがかかるのみならず、西側との関係は完全に崩壊してしまい、それにより相当西側経済ともつながっていたポーランドを経済的に独力で支えなければならなくなることから、コストがかかりすぎるので、とにかくカニヤ政権に圧力をかけつつ事態の収拾をはからせる方針であるとみられる。結局のところ、ポーランド側もこのようなソ連の立場を知りつつ、党による支配は維持し、ワルシャワ条約にはとどまると約束して、ソ連軍の介入を避けて来た〉と見ていた。

八一年後半には、ポーランド情勢はいよいよ厳しくなって来た。九月二十一日には、〈連帯の全国大会が反ソ的であり、これをポーランド政府が取り締まっていないとソ連が強硬な声明を発出していること、ポーランド国境近くでの大規模軍事演習終了後も部隊が帰還していないことから緊迫しているが、現段階では依然として連帯を威嚇し、足並みの乱れを誘うとともに、ポ政府に対し強行措置をとるように迫っているもので、ソ連として直ちに介入するとは見られない〉と分析しており、九月二十三日には、〈ポ危機が始まって以来、これは終わりの始まりかもしれないとの感じを有していたが、党から独立している労組が、国会の自由選挙、工場自主管理を堂々と主張し、ソ連・東欧の労働者に皮肉にも「万国の労働者団結せよ」と呼びかけるに至っていることは、その見方を裏付けるものと言える。逆説的ながら、ポ党に対し対ソ折衝を行わせることにより、非「党」の「連帯政権」が可能になっているとも言える〈軍事力と警察力は有していないが〉〉と記している。

このような事態の中で、カニヤの後を継いだ国防相のヤルゼルスキー将軍が、八一年十二月十三日、全土に戒厳令を発動し、ワレンサ以下連帯幹部を拘束した。ソ連の介入をさせずにポーランド人の手で事態を収拾したのであるとの説明と、ソ連に強要されたためであるとの別の見方があった。日本大使館では、ちょうど年末恒例のピンポン大会の最中であったが、TASS通信のテレックスをチェックしていたK書記官が戒厳令発動に気付き、政務班員はそのまま一斉に事態の把握に努めた。ワルシャワと西側、日本との電話、テレックスなどの通信網は遮断されたが、ワルシャワ・モスクワ間は通じていたので、モスクワ大使館が在ポーランド大使館よりの電話、テレックスによる情勢報告を東京に中継した。八二年二月には在ポ大使館が応援を必要としていたので、S書記官を派遣した。S君は戒厳令下のワルシャワへ赴くというので、モスクワの外貨ショップで食料品を買い込んで行った。ところが、到着後のS君と電話連絡すると、確かに街角に戦車が警戒しているので物々しいが、街の商店にはモスクワよりはるかに物資がそろっているということであった。ソ連と東欧の生活水準の差を示しているエピソードであるが、ソ連から見れば、ソ連の国民生活を犠牲にして東欧に高い水準を与えているわけで、ポーランドの勝手は許しがたいということでもある。

戒厳令により連帯運動は弾圧され、ポーランド情勢は鎮静化した。ソ連から見て一安心の状態になったが、西側は一斉に反発し、ヤルゼルスキーのポーランドとの交流を制限することになり、日本もこれにならった。

八二年十月には、ワシントンでソ連に関する日米協議が行われ、東京から丹波實ソ連課長と佐藤俊一分析課長が出席し、モスクワから私が出張した。国務省、ＣＩＡなどの米側の考えをまとめれば、①ソ連は七〇年代に西側との経済交流で得た余力を軍事力の増大に使い、アフリカ、中米、アジアに進出し、ついにアフガニスタンに武力進出し、ポーランドの自由への動きを弾圧している　②ポーランド事件を契機として東西関係、東西経済関係のあり方につき西側の足並みを整える必要がある　③軍事力に直接結びつくものはもとより、ハイテク、信用供与に基準を作る④さらにエネルギーの面で対ソ依存度を高めるのはまずく、それによりソ連に余力を与えるのはまずい　ということであった。その帰路に、ワルシャワに立ち寄ったが、戒厳令から十ヶ月で市民の日常生活は落ち着ているように見えた。

この後、三、四年してほとぼりが冷めてきた頃、ポーランド国内では連帯の指導者が釈放されるなど、徐々に事態が正常化して来た。背景には、ソ連でのゴルバチョフの登場やポーランド出身のローマ法王ヨハネ・パウロⅡ世の影響力があるが、八九年には連帯運動が再び力を盛り返し、党・政府と連帯関係者による円卓会議の結果に基づいて自由選挙が行われ、ポーランドに非共産主義のマゾヴィエツキー政権が成立した。この経緯を振り返れば、八〇年八月末のグダンスク合意がやはり「終わりの始まり」であったと言える。

4　老指導者の退場

ソ連では、権力の継承についてのルールがなかった。共産党一党独裁であるので、選挙による政権交代はなく、指導部の交代は、権力争いで失脚した時か病気か死亡の際に限られていた。八〇年の着任の頃には、ブレジネフ書記長兼最高会議幹部会議長、コスイギン首相、スースロフ書記などの最高指導部は、いずれも七十歳代後半で既に十五年以上にわたって権力のトップを占めていた。党中央委政治局のメンバーは七十歳代が大半で老害が目立っていたが、例外は、一九三一年生まれで八〇年に政治局員になっていたミハイル・ゴルバチョフ書記であった。同年十一月の革命記念日祝賀会に出席し、言葉を交わした新井臨時代理大使は、「ゴルバチョフに注目すべし」と東京に報告していた。

八〇年十月二十三日にコスイギン首相が病気のために辞任し〈後任はチホノフ〉、ほどなく十二月十八日に七十六歳で死去した。八二年一月二十五日には、長らくイデオロギー担当の書記であったスースロフが七十九歳で死去した。赤旗に被われた棺を黒い喪章を付けた老いた指導部が見送るシーンは暗い未来を感じさせるものであった。

当然のことながら、内外のクレムノロジストは、しきりにポスト・ブレジネフについてあれこれと憶測していた。私の分析は、〈権力の継承のルールは定まっていないが、党政治局と書記局を抑えた党官僚出身者で、党の実務官僚に支持される人物が後任となろうが、政権についても権力を確立するまでに二、三年かかるので、その間の政策は保守的なままとなろう〉というものであった。

八二年十一月十日には、とうとうブレジネフが死去した。発表は十一日に行われた。十一月七日の革命記念日にはレーニン廟の上でパレードを観閲していたので、意外な感もあった。確かに十日の夜のテレビ番組は、クラシック音楽などに変更されていたし、クレムリン周辺では赤旗の飾り付が行われていたので、また誰かが死亡したと推測できたが、ブレジネフ死去の情報は、在北京大使館から公式発表より早く東京に届いていた。私達もブレジネフ死去は間違いなかろうと判断したが、国家元首の死去になると陛下からの御親電が発せられるので、公式発表を待って公電を発出した。〈一九六四年以来十八年にわたってソ連、国際政治をリードして来た同人の死去は、一時代の終わりを意味する〉ものであった。

後任には、長らくＫＧＢ（国家保安委員会）議長であったユーリー・アンドロポフが就任した。ブレジネフの末期にはその秘書長的役割を担っていたコンスタンチン・チェルネンコが後継者になるとの見方もあったのだが、そのチェルネンコの推挙で、アンドロポフがトップに坐ったと発表された。アンドロポフは、かつて書記だったことがあり、スースロフの死後再び書記になっていたが、ブレジネフとは必ずしも親密ではないと見られており、しかも長らく秘密警察のボスであったので、意外な感じもあった。西側では、英語も解する開明派という見方もあったが、既に六十八歳でしかも病気がちであり、結局一年三ヶ月後の八四年二月に死去し、チェルネンコが七十三歳で後継の書記長となった。ところがチェルネンコも八五年三月に死去したので、ゴルバチョフが書記長に就任した。この間の二年半はブレジネフ時代の政策が継続されることになったのである。

ブレジネフの葬儀には、日本から鈴木善幸総理と桜内義雄外相が参列することになり、その受け入れ準備に駆け回った。諸外国から多数の要人が参列するので、錯綜することが予想された。大使館は、総理一行用に外国人用のインターナショナル・ホテルを手配したが、ソ連側の申出で政府賓客用のソビエツカヤ・ホテルに滞在することになった。アメリカから参列したジョージ・ブッシュ副大統領（後の大統領）と鈴木総理の会談はソビエツカヤで行われたが、米側のシークレット・サービスの面々がソ連のホテルをチェックしに来たのは何か滑稽であった。心配した交通は、結局ソ連当局が、環状線の内側を全て交通止めにして要人用車輌のみが通行できるようにしたのでスムーズに行った。赤の広場で行われた葬儀に参列したが、クレムリンの壁側の埋葬場所に棺が下ろされる際に、場違いに大きなドスンという音がしたのを覚えている。

葬儀に参列した外国要人とアンドロポフ新書記長との会談、所謂葬儀外交が行われていた。日本も鈴木総理とアンドロポフとの会談を申し入れたが、元首級に限るという説明なので、やむなくチホノフ首相との会談を申し入れた。ところが返事が引き延ばされ、なかなかセットされない。実は、鈴木総理は、既に退陣を表明した後であった。駐ソ大使は八二年三月より高島益郎前外務次官が就任しており、小和田恆公使が補佐していた。小和田公使からフリュービン外務次官に申し入れを続け、私も外務省第二極東部や最高会議事務局に再三掛け合うが、埒があかない。大使に動いてくれるように頼んでも、「レームダックの指導者に会うことはしないよ」となかなか腰を上げない。周知のように、鈴木総理は、八一年五月の訪米に際して共同声明の扱いや「同盟」

という用語の使用などをめぐって外交当局に不満を漏らし、これに嫌気がさした伊東正義外相が辞任した。高島次官も同時に辞任したが、後に駐ソ大使に就任していた経緯があったのだ。大使は、公邸での夕食会の後に、ついに総理のホテルに足を運ぶことはなかった。

それにしても、日本国総理に対する扱いとしては納得がいかないので、申し入れを続けたが返事が来ない。この状況を鈴木総理に説明したところ、「撃ち方やめだな」と言われた。結局、総理とソ連要人の会談は実現しなかった。ソ連側が、日本の総理とは言え辞任が確定している政治家との会談を設けないのは、高島大使の言うとおりで、国際政治の冷徹な一面を示すものであった。ちなみに、一年半後のアンドロポフ死去の際は、中曽根康弘総理が参列し、後任のチェルネンコと会談している。

5　厳しいモスクワ生活

二度目のモスクワ勤務で、クツーゾフ大通りの外国人用住宅の十一階で歴代政務班長が入居していたアパートに入った。実は、かつて中川家が入っていた防衛駐在官用の住居の隣であった。モスクワ生活は慣れているとは言え、家族で生活するのはなかなか厳しい環境であった。とにかく、石鹸やシャンプー、歯ブラシや歯磨き粉、果てはトイレット・ペーパーにいたるまで生活用品の品質が劣悪であるのみならず、そもそも不足しており入手困難であった。食料品も品薄で冬場には生鮮食品は入手できなかった。そこで、毎週ストックホルムに往復する外交クーリエが、大使館員の注文に応じてホテルに届けられるデパートや食料品店からの物資を持ち帰るシステムが出来ていた。また、ヘルシンキのデパートやコペンハーゲンの外交官用の専門店に注文し、モスクワに列車で届く物資を受け取る方法もあった。これらを組み合わせて、生鮮ミルクや肉、魚、野菜、子供の衣料から学用品まで一切を国外に注文して入手し、大型の冷凍庫にかなりの備蓄を行って暮らしていた。

子供たちは、アメリカン・スクールと同じ建物に同居するモスクワ日本人学校に通った。大使館員、報道関係者、商社員など日本人駐在員は、学校を中心にまとまり、運動会や学習発表会などに積極的に参加した。しかし、何といっても監視下にある息苦しい生活環境であり、冬も長いので、休暇には家族で西側に出たり、日本への休暇帰国をモスクワからパリ、ロンドン、ニューヨーク、ロスアンジェルス、東京、モスクワの世界周遊の旅程で行ったりした。列車で国境を越えてフィンランドに入った小さな駅で、朝食のスナックとともに「自由」を味わった感触は忘れがたい。

西側との生活水準の格差は甚だしく覆い隠せるものではなかったが、ソ連の社会主義制度の下で、教育、医療、公共交通、住宅などが低廉で確保されている点は、それなりに評価しておいて良いであろう。ロシアの冬季は厳しく、モスクワでは氷点下二十度以下になると日本人学校も休校になるが、地域暖房が行われており、外国人用のアパートでは冬でも室内ではシャツ姿で過ごせるほど暖房が効いていたので、この点だけは日本の冬より過ごしやすかった。

第６章　日本の防衛

1　防衛庁の体制

指導者の交替があっても依然として老人支配が続くソ連での勤務が二年半となった八三年初めに帰朝となり、二月一日付けで外務省から防衛庁に出向し、防衛庁書記官・防衛局運用第二課長に任命された。なお、前回と同様に目黒区東山の宿舎に入った。

防衛庁は、他国の国防省に相当するわけだが、歴史的経緯から日本特有の仕組みを有していた。これは、二〇〇七年に防衛省になってからも基本的には変わっていない。六本木の本庁には、全国各地の自衛隊の部隊を束ねる制服組からなる陸、海、空の各幕僚監部と、非制服の事務官（文官）からなり、防衛、経理、人事教育、装備などの局に分かれている内局及び外局の防衛施設庁、調達実施本部があった。自衛隊の最高指揮官は総理大臣であり、国務大臣の防衛庁長官がこれを補佐し業務を統括しているが、その指揮を受けて防衛政策を策定し、予算を獲得し、装備を整えるのは内局の仕事であり、政府内の各省庁との連絡調整、国会対策、政治家、プレスとの接触なども全て内局の担当であった。内局の文官は、防衛庁参事官（局長級）、防衛庁書記官（課長級）、防衛庁部員（課長補佐級）と事務官という階級に分けられており、参事官が戦前の軍事参議官のような機能を有しており、参事官会議（十名弱の参事官と陸、海、空各幕僚長と統合幕僚会議議長が出席する）が長官を補佐する仕組みであった。陸、海、空の自衛隊は、夫々幕僚長をトップとして各部隊に編成され全国各地の駐屯地に配置されているが、中央の各幕僚監部は、内局の各部局に対応した組織を有し、内局との調整が日常業務となっていた。

戦前の歴史から、軍人の暴走を防ぐことを重視して来た経緯によるもので、防衛政策は政治がリードして総合的に策定されていくようにするために、制服組と政治家やメディアとの係わりを極力避けるという慣行などは分からぬでもなかったが、制服組を一切表に出さないというのは、ソ連や米国、豪州と比較して奇妙な感じもした。

防衛局内では、防衛課が防衛政策全般を担当する最重要な課で、運用第一課が防衛出動、治安出動、災害派遣など自衛隊の実働に関することを担当し、運用第二課が訓練に関することを担当していた。実際のところ、陸、海、空の各部隊は、毎日訓練に明け暮れているわけで、大掛かりな演習の準備、その実施、訓練のための空域や海域の設定など自衛隊の日常の全てに関わる広範な所掌業務である。そこで、実際には防衛局長の所掌から外して、教育担当参事官が人事教育局の教育課と合わせて分掌していた。従って毎週、教育訓練関係課の会議とともに防衛局の局議にも出席し、防衛政策全般や国際軍事情勢などについても見聞を広めることができるのは非常に有益であった。一年半ほどして組織改編が行われ、運用第二課は新設された教育訓練局に移り、訓練課と名称が変更となった。警察出身の大高時男局長の下で初代の訓練課長になったのだが、防衛局から離れたのでその方面の情報がやや乏しくなった経緯がある。

外務省出身者が運用二課長に就くのは前任者に次いで二人目であったが、後述のように日米共同訓練が実施され始めた頃であったので、在日米軍との連絡、総理官邸、外務省、警察庁、運輸省などとの連絡調整や国会対策などで、外務省の経験が何かしら役立つことがあったためであろう。ただし、この分野はいわば自衛隊の日常活動の全てであるので、外務省ポストとして固定化はされず、私の後の外務省からの出向者は他の課長ポストに就いた。

さて、私にとって幸いであったのは、内局には国際担当参事官に新井前在ソ連大使館公使が就いており、後任も同じくロシア語の先輩の古川清参事官であったことと、幕僚監部には一回目のソ連大勤務時代の義父の同僚あるいは後任の防衛駐在官であった渡辺敬太郎陸上幕僚長と森繁弘航空幕僚長が就いており、両者は相次いで制服組トップの統合幕僚会議議長を務めていたことであった。ソ連勤務という同じ体験を共有した人たちがトップにいることは何かと心強かった。

防衛大学校を卒業して各自衛隊の現場を体験した後に各幕に配属され、運用を担当する制服組の人たちと付き合ったわけだが、使命感あふれる新時代の武人というべき人材が多かった。現に大方の人はその後幕僚長を務めている。彼らと日本の防衛、外交をめぐり様々な議論を交わすのは充実した時間であった。その一つに「制服を着た市民」という話題があった。制服組は背広で出勤し庁内で制服に着替えて勤務しているのだが、欧米では軍人が制服を着てごく普通に街に出ているわけで、日本でもミリタリー・アレルギーが解消されて、制服を着た市民として認知されることが望ましいとの議論である。

防衛庁に出向して一年半ほどの時点で、日本の防衛態勢について気付いた問題点として、以下の点を列挙した。

【航空自衛隊】①航空警戒能力（とりわけ地上および空中での移動警戒能力）②要撃管制能力③空中給油能力　④対地支援能力　⑤防空ミサイルの能力　⑥以上の諸点につての米軍とのインターオペラビリティ

【海上自衛隊】①対潜哨戒能力（P3－Cの充実とその防護、空のE－2Cとの連接）②艦艇の対潜能力　③艦艇の対空能力（ターターミサイル）④艦艇の対艦能力（ハップーンミサイル）⑤機雷敷設能力　⑥通信能力（衛星通信、データー処理能力）⑦米軍とのインターオペラビリティ

【陸上自衛隊】①防空能力（ミサイル）②着上陸阻止能力（対戦車ミサイル）

そのうえで、何よりも陸海空の統合運用が必要である。

これらの諸点については、その後様々な改善が図られているが、十分と言うことはなく、変化する国際情勢に合わせて、一層の改善が望まれるところである。

2　訓練の現場

陸海空の自衛隊は、訓練用の経費や装備は十分とはいえず、燃料や弾薬も潤沢ではない中で、日夜訓練に明け暮れているわけで、その視察のために北は北海道から南は沖縄まで全国各地を訪れた。まず自衛隊内部で運航されている航空便で赴き、現地では訓練、演習を視察し、戦車、艦艇、航空機などにも実際に搭乗し走行する機会を得た。最新鋭のＦ－15戦闘機の訓練用複座機に茨城の百里基地で搭乗し、戦闘機戦闘訓練（ドッグ・ファイト）を体験した時は、事前に立川基地で、メディカル・チェックを行い、チェンバーという密閉室で低酸素状態への適性を検査してから搭乗できたのだが、音速で飛行しながら急旋回を繰り返す激しい訓練に緊張した。

こうして得た訓練の問題点として痛感したのは、実戦ならば当然必要となる陸海空各自衛隊の連携、協力、統合運用の訓練が十分とはいえなかった点である。各自衛隊は夫々熱心に訓練しているのだが、陸自の行う地上戦闘訓練に空自の航空機が支援するケースや陸自部隊が海自の艦艇で輸送されてから上陸作戦を行う、海自の艦艇を空自の戦闘機が護衛するなどの訓練はほとんど行われていなかった。陸海空は縦割りの組織となっており、全国における部隊配置も別々に行われていた。しかも指揮命令系統をどうするかという根本の点を始めとして、統合して運用するための要領が整備されてなかった。統合運用の必要性は認識されてはいたが、それに向けての運用要領の検討は緒に就いたばかりであり、訓練はほとんど行われていなかったのである。

実態上の問題点としては、訓練用の演習場や訓練空域が手狭であり、騒音問題など様々な制約が大きかった。日本の狭小な国土でかつ軍事的な事象へのアレルギー反応が存在する中では無理もない面もあったが、これに加えて、まだまだ政治状況が「保守対革新」と言われていた中で、地方の首長選挙への影響を避けるべく、政治的配慮を加えて調整せざるを得ない事例も少なからずあった。

訓練に必要な演習場や訓練空域の確保の問題でも地元との調整が必要となるが、航空管制でも地元や運輸省航空局との調整が必要となった。北海道の千歳空港は、空自の飛行場を民間も共用していたのだが、夫々使用頻度が高くなり、新たに民間専用の新千歳空港が建設され完成間際であった。運輸省側はその新空港の管制を航空管制官が行うと提案してきたが、隣り合わせの千歳飛行場と一体で管制しないと危険であるので、空自が担当するのが当然であるとする防衛庁との間で調整が行われていた。課長レベル、局長レベルとあげても双方とも譲らず、大臣レベルに上げられた。結局ソ連機の領空侵犯に対して二十四時間スクランブルをかける必要のある中で、夜間管制に制約のある運輸省の管制は不適であるとして、空自が両飛行場の管制を一元的に行うことで了解に達した。厳しい任務の実態を理解してもらった運輸大臣が、防衛庁長官も歴任した細田吉蔵氏であったのは幸いであった。

日常業務で厳しかったのは、訓練中の事故の対応であった。特に航空機事故は、人命が失われ、また機材も失うので被害が大きく、国会でも追及があるなど対応が大変であった。しかも、在任中にはそれまでなかったような大事故が相次いだ。就任早々の八三年四月十九日には、空自の輸送機C－1の二機が、三重県鳥羽市沖の菅島に墜落した。濃霧による視界不良のためであったが、乗員十四名が死亡するという大事故であった。続けて四月二十六日には、海自の対潜哨戒機P

Ｓ－１が岩国基地で訓練旋回中に失速して墜落し、乗員十名が死亡した。八三年十月二十日には、空自の新田原基地所属の最新鋭Ｆ－15戦闘機（複座式）が墜落し、乗員二名が死亡した。アメリカから最初に輸入した四機のうちの一機であった。ＰＳ－１はその後八四年二月二十七日にも伊予灘に墜落し、十一名が殉職した。悪いことは重なるもので、同日に山口県の陸自部隊で射撃訓練中の隊員が同僚に発砲し、市内に逃亡するという事件まで発生した（この件は、人事局で担当してもらった）。

こういう大事故が発生すると事故調査委員会が各幕に設置され、原因究明を行うが、同型機の全機を点検する間、飛行停止となる。自衛隊の任務遂行のために早期に飛行を再開したいところだが、原因究明との兼ね合いでなかなか難しいところであった。たとえば、八二年十一月の浜松航空祭の際に発生した空自ブルーインパルス（松島基地所属曲技飛行隊）のＴ－２の墜落事故の事故原因究明・発表とブルーインパルス飛行の再開の問題に苦慮した。とかく専門用語だらけの発表を極力分かりやすくして、説明責任を果たすように努力した。

3　日米共同訓練

日米安保条約により、日本有事には自衛隊とともに米軍が共同して対応することが前提とされているが、日米共同訓練は、平素から戦術面などの相互理解と意思疎通を深め、相互運用性（インターオペラビリティ）を向上させて、共同対処を円滑に行うために欠かせないものである。

しかし日米が共同して行う訓練は、海自と米海軍の対潜訓練と掃海訓練を例外として、自衛隊結成後三十年を経てようやく開始されたばかりであった。その背景には、一つには自衛隊の実力が世界レベルに上がってきたことと、米側が、ソ連の脅威を全て一手に引き受ける余力に乏しくなり、国際情勢の動向を踏まえつつ、日本との実質的な協力、共同体制を構築することに本腰を入れてきたことがある。すなわち、米国はレーガン大統領の下で、デタント政策は否定され、ソ連の軍事増強に備えて西側同盟の協力を緊密にする政策が実施されており、新冷戦の時代といわれていた。これに協力したのが、英国のサッチャー首相と日本の中曽根康弘総理である。中曽根内閣は、ソ連が中距離ミサイルＳＳ－20を欧州のみならずアジア部にも配備するのに対して、ＮＡＴＯ諸国とともに日本も西側の一員として共同して対処することを明確にした（八三年、ウィリアムズ・バーグ・サミット）。鈴木内閣でギクシャクした日米関係は、首脳間でロン・ヤス関係といわれるほどに緊密となり、防衛協力も先に七八年に策定されていた「日米防衛協力のための指針（ガイドライン）」がようやく運用されることになり、共同訓練が活発に行われるようになったのである。

そこに、大韓航空機（ＫＡＬ）撃墜事件が発生し、現実に日米連携の必要性がはっきりした。八三年九月一日には、国土庁で防災訓練があり、防衛庁を代表して出席した。当日未明にソ連軍機がＫＡＬのジャンボ機を撃墜し、乗客乗員二百六十九名が犠牲となる大事件が発生していたのだ。当初行方不明になり、不時着したなどの情報が流れていた。日米はソ連機が撃墜したことを把握していたのだが、ソ連がそれを認めなかったので、ついに九月九日には日本の陸幕調査二課別室が傍聴していた二機のソ連機パイロットによる交信記録が公表され、世界中が承知することになった。この件は直接には運用一課で担当したが、ロシア語のやり取りの記録なので、私にも読んでみてほしいということで全文を読んだが、軽口をたたきながら民間機にミサイルを撃ち込むパイロットの会話は、空恐ろしいもので、体制保持のためには人命を全く軽視するゆがんだソ連の体質を表すものであった。この記録の公表は、日本と米国が協力しながらソ連軍の動向を把握している事実を明らかにし、日本の傍聴能力を知らせることになるので、自衛隊の現場には異論もあったが、中曽根総理、後藤田正晴官房長官の大局的観点からの判断で公表された。ソ連のアンドロポフ書記長は、あくまでＫＡＬ機は米国のスパイ機であったとの強弁を続けたが、国際社会は日本の示した証拠に納得したのであった。

さて日米共同訓練は、通常、人員を動員せずに指揮官だけが図上演習する指揮所訓練を行って意思疎通を図り、十分な準備を行ったうえで実動訓練を行う。空自は、元来ジェット戦闘機の操縦訓練を米国で開始しており、義父中川謙淑はＦ－86搭乗要員の第一期生として昭和三十年代に米国で訓練を受けている。日本の訓練空域で日米の戦闘機による戦闘訓練はすでに七八年より行われていたが、八三年より指揮所訓練、八四年より防空戦闘訓練を行うことになった。

海自は、五〇年代より米海軍と掃海訓練、対潜水艦訓練を行っており、日本周辺での訓練に経験を積んでいたが、八〇年と八二年にハワイ沖で行われる艦船の大演習リムパック（環太平洋合同演習）に参加しており、八四年の第三回への参加準備を進めていた。

日米の陸上部隊（陸自と米陸軍、米海兵隊）が共同して対処することは大いに想定されるところだが、共同訓練は八一年に方面隊指揮所演習と第一回目の米陸軍との実動訓練が行われたばかりであった。本来最も実戦的と考えられる日米の共同統合演習は、指揮所演習が八五年より、実動演習が八六年より開始された。日米共同訓練の重要性がいよいよ認識されたところで、米軍と各幕が実施案を提案してきて、内局で検討し、外務省の北米局安全保障課やソ連課、北東アジア課などと協議して了解を得ながら、最終的には総理官邸の了承を得ることになる。

日米共同訓練にあたってまず課題となるのが指揮統制の問題である。集団的自衛権の行使が絡む問題だが、自衛隊の部隊は米軍の指揮下に入ることは想定されていない。日米の指揮官はそれぞれの部隊を指揮し、常に調整しながら部隊を動かすことになる。NATOにはこのような場合のために既に定まった運用マニュアルがあったので、日米間でもそれに準じた要領を用意するが、NATOと同一の要領を使用すると言えば、それだけで集団的自衛権の行使を前提としているのではないかと批判される始末であった。特にリムパックでは米海軍の演習であるが、カナダとオーストラリアが参加しており、それこそ集団的自衛権の行使が前提とされているのではないかとの批判があった。さらに三ヵ国の艦艇は米海軍の指揮下に入って作戦に従事しており、日本だけ別であくまで調整しながら行動するとの説明では、野党側はなかなか納得しないところであった。

リムパックへの参加は、官邸の了承が得られたが、様々な案件で連絡すると中曽根総理の秘書官からは直ちに了承が得られたが、後藤田官房長官から了承を得られない事例もあった。津軽海峡は国際海峡であり、ソ連の艦船も航行出来るのだが、いざという際はソ連艦の航行を阻止する必要が生ずることは想像に難くない。そこで津軽海峡に接する陸奥湾で米海軍が航空機で敷設した機雷を海自の掃海艇が掃海するという掃海訓練を行う案が上がってきた。掃海訓練であるが、海峡封鎖の訓練にもなるわけである。当初八三年夏の実施を予定していたが、官房長官に説明に行くと「君たちは何を考えているのかね」と、すげない返事であった。実は九月に北海道知事選挙が予定されており、保革が互角の戦いを進めていたので、論争の火種になるような津軽海峡付近での日米共同訓練は控えておくべきということであった。結局この訓練は延期され、改めて翌八四年七月に実施された。

国内考慮よりも外交的配慮を払った事例もあった。八四年十一月に米第七艦隊が主催するＦｌｅｅｔｅｘ－85への参加問題が議論となった。これは三個空母機動群が参加するので、海自は対潜水艦部隊との訓練のみならず、空母と連携を実施するものであるが、前回のＦｌｅｅｔｅｘ－83の際に、米側はこれがソ連を念頭に置いていると公表しているので、今度はこれに日本が実質的に加わっていくとなれば、ソ連側からは日本がますますＮＡＴＯ化しているとみられると思われた。そこで発表ぶりとしてはＦｌｅｅｔｅｘとは別に日米共同の対潜訓練を行い、その終盤に空母が支援してくれるものであるということにした。

また、八四年九月には東北で陸自と米陸軍の実動訓練が予定され、秋には道東の矢臼別演習場で陸自と米海兵隊の実動訓練が計画された。矢臼別から北方領土は長距離砲の射程内にあり、しかも米海兵隊が初めてソ連支配地に最も近接することになるのであった。八月末に発表することを予定していたが、ソ連課より、九月下旬には国連でグロムイコ外相と安倍晋太郎外相との会談が予定されているので、発表を十月初めまで延期してほしいとの要請があった。現に八月二日に来日したソ連共産党国際部の日本担当コワレンコが、北海道での日米共同訓練を非難していたので、ソ連を過度に刺激しないというのは一理あるのだが、アメリカとの関係があり、結局淡々と大要を発表し、海兵隊のソ連近接という点は、訓練に適当な演習場が矢臼別であるという技術的要因によるものであるということにした。

空自と米空軍の戦闘機戦闘訓練はかなり頻繁に行われていたが、在韓米軍所属のF－16戦闘機が来日し空自のF－15と共同訓練を行うという計画が持ち込まれたが、外務省は九月六日～九日の全斗煥大統領来日をようやく乗り切ったところであり、「日米韓軍事協力」といわれるようなものは避けたいということで難色を示してきた。これには栗原裕幸防衛庁長官も慎重意見を出し、後藤田官房長官から不可とされて結局取りやめとなった。後に、在日米軍三沢基地に配備されたF－16と空自F－15との共同訓練が行われた。

このように日米共同訓練をめぐっては、実施上の諸問題に加えて外交上や内政上の考慮を払うなど様々な角度からの調整が必要であり、なかなか容易ではなかったが、八三年二月から八五年七月までの在任期間中に陸自九件、海自十三件、空自二十七件と飛躍的に増加し、内容も充実してきた。米軍側との連絡は主として各幕が行ったが、時に直接内局から在日米軍に連絡することもあり、また、米軍施設や空母の見学なども行ったのは良い体験となった。

これらを背景に、国会で説明委員として答弁する機会が多くあった。防衛問題は、主として内閣委員会で取り上げられ、大臣、局長はそちらに出席するので、外務委員会などには課長が説明委員として出席したのである。安倍晋太郎外相や小和田条約局長が出席している場で、日米共同訓練などについて答弁するのは、緊張するところであった。

4　日中防衛協力

ソ連を意識しつつ日米の連携を進めることに意義を見出していたわけだが、中国との防衛協力にも関わることになった。八五年五月に行われた夏目防衛事務次官の中国訪問に内局から随行を命じられた。この年から、外務省の三年先輩の加藤紘一氏が防衛庁長官に就任していた。同氏は元来中国語研修でそのハーバードでの下宿先に後で私が入った縁もあり、就任直後には長官室に挨拶に行き、庁内の事情を説明したこともあったが、将来の長官の訪中も念頭において日中防衛交流のレベルを上げることになったという背景がある。実は、防衛庁に出向したら中国を訪れることはなかろうと考えて、八三年二月にモスクワからの帰任の際に家族で北京に立寄ったことがあったので、二度目の訪中となった。ソ連や米国の反応もあり得るので、外務省中国課、ソ連課とも連絡しつつ事前準備に努めた。

出張後に、『朝雲新聞』（五月三十日、六月六日）に寄稿した一文を抜粋しながらその模様を記す。

夏目次官訪中の日程は、五月九日から十一日まで北京に滞在し、張愛萍国防部長、楊得志人民解放軍総参謀長、徐信副総参謀長とそれぞれ会談し、天津近郊の空軍第三八師団と陸軍第一九六師団を視察した。十二日、十三日は西安で史跡などを見学したのち上海に移動し、十四日に東海艦隊駐上海部隊を視察し、十五日帰国した。

要人との会談では、今後の日中防衛交流について原則的に合意し、中国側から然るべき者が訪日することになったが、防衛庁長官の訪中とか練習艦隊の訪問などの具体的案件には触れないで済んだ。視察した部隊は、外国賓客のためのショウウインドウ的な部隊であったと思われる。空軍の実演は天候不良のため実施できず、ビデオでＪ－５戦闘機九機からなる飛行表演隊の展示飛行を見たが、下向き空中開花も含まれており、技量は世界水準とみられた。陸の部隊は各種銃砲の射撃訓練と市街地偵察実演、格闘技訓練を見たが、遊撃戦に強い伝統を継承しているようであった。東海艦隊では、係留中の一六〇〇トンのミサイル護衛艦、六五五トンの掃海艇、四〇〇トンの高速駆潜艇が乗員登舷礼で歓迎してくれたが、塗装が側面は水色がかった灰色で上甲板は黄土色であったのは、黄土色の長江などの大河川と沿岸を主要行動範囲とする中国海軍の特色が出ていた。人民解放軍は、鄧小平の改革開放が進行中で、文革時代の混乱を経て近代化の緒に就いたところであり、例えば新しい制服の着用が開始されていたが階級章はまだつけていないという過渡期であった。

次官には日本語の通訳が随行したが、後ろに従う当方は中国語ができず、先方の渉外担当者の英語はおぼつかないので、試みにロシア語で話すと充分通じた。中ソ対立前にはロシア語は必須であり、さらにソ連に留学した者もいたのである。日中の防衛当局者が対象国のロシア語を共通語にして意思疎通するというのは奇異な光景であるが、妙な親近感がわいてきたのも事実である。

日中の防衛協力はその後も続けられ、一定の役割を果たしてきたが、近年の中国軍の増強とともに相互の信頼感が生まれにくくなっているのは残念である。

第7章　東欧との関係

1　東欧課長

防衛庁への出向が二年半弱となった八五年七月十五日付で、外務本省に戻り、欧亜局東欧課長を命じられた。担当する国は、ソ連圏の社会主義国たる東ドイツ、ポーランド、チェコスロバキア、ハンガリー、ルーマニア、ブルガリアの六ヵ国と、社会主義体制をとりながらソ連とは別の路線をとるユーゴスラビアとアルバニアの計八ヵ国であった。日本とこれらの東ヨーロッパの国々との関係は、政治面はもとより貿易経済関係も希薄であったが、他方歴史的にはいずれの国とも良好な関係を保ってきており、共産圏に入ったとはいえ、日露戦争での日本の勝利に勇気づけられたポーランドや第二次大戦で枢軸国であったハンガリー、ルーマニア、ブルガリアなどむしろ親日的な国が多かった。

東欧課は小ぶりな課ではあるが、それぞれの国の言語を研修し、在勤経験のある担当官がおり、豊富な知見が貯えられていた。課長はこれらの国々の在京大使館との接触を通じて日本との関係の懸案処理に当たるので、結構多忙であった。上司の西山健彦欧亜局長は、ソ連および英、仏、独などの西欧との関係への対応で多忙であり、東欧外交は課長レベルに任されていた。局長どころか大臣、総理の関与がある米国、ソ連、中国、韓国などを担当する課に比して東欧課長はやりがいのあるところであった。

そこで、在京の各国大使館と付き合うわけだが、各国によって対応が異なるのが興味深かった。特命全権大使は、本来ランクからいえば、大臣、次官、外務審議官を相手にすべきで、半歩譲って局長とは付き合うが、課長とは付き合わないとの態度をとる人もいたが、日本外務省の実情をわきまえて実質的な関係強化を目指すためにはランクにこだわらず課長を相手にするとして頻繁に接触してくる人もいた。こちらも人の子であるので、日ごろから意思疎通の良い国との案件はやはり身を入れて対応するようになる。この点は、自分が後に総領事や大使となった際に気をつけて、ランクを重んずべき場合と実質的進展を目指す場合とを意識しつつ、相手国政府の担当者と付き合った。

2　東欧との対話、ハンガリー首相の来日

東欧諸国のおかれた国際環境は変化の兆しが見え始めた頃であった。ソ連では八五年三月にゴ

ルバチョフが共産党書記長に就任し、制度疲労で行き詰まっていた国の立て直しを図るべく動き出したところで、ブレジネフ時代からの硬直した人事を刷新し始めていた。一方東欧各国では、ポーランドのヤルゼルスキーを除くと、東独のホネッカー、ハンガリーのカーダール、チェコスロバキアのフサーク、ブルガリアのジフコフ、更にルーマニアのチャウセスクが夫々長期にわたりトップにあって独裁体制を敷いており、いずれもソ連の動向を注視しているという状況であった。

その中で、八五年九月にハンガリーのカーダール政権のナンバー2であるラーザール首相が公賓として来日した。共産圏から公賓を迎えるのはあまり例がないところであった。カーダール政権下のハンガリーは、五六年のハンガリー動乱以来、ソ連との関係に腐心してきたが、六八年以来「新経済機構」という名の下に社会主義国では初めて市場経済原理を導入し、企業に大幅な自由裁量権を与えていた。カーダールはこの改革を漸進的に時間をかけてソ連の意向に常に注意を払いながら実施してきた。上からの改革であるが、一定の成果を収め、国民の支持も得られていた。西側からみると、ソ連圏にあって市場経済原理を導入して成功してきており、政治面でも限定的ながら八五年以来複数候補者制度を国政地方選挙で導入しており、西独、オーストリアなどがこれを支援するという対応であった。日本としては短期的に目に見える外交上の得点をあげるというのではないが、経済面での互恵関係を発展させ、政治対話を継続し、文化、人的交流を重ねて自由主義の価値観を理解せしめることを念頭に置いて、来日の準備を進めた。

ラーザール首相が来日して九月十七日に行われた中曽根総理との会談は、〈国際情勢で、軍縮については東西の軍事バランスを極力低いレベルにするという総論では一致したが、ＳＤＩ（米国の戦略防衛構想）に関しては、宇宙への軍拡だとするハンガリーの立場とレーガン大統領の言うように核廃絶につながるものとして理解するとの中曽根総理の立場の相違が目立った。最も興味深かったのは、中曽根総理より、「日ソ関係は北方領土問題があるが、対話の拡大を目指す」と述べたのに対し、ラーザール首相より、「第二次大戦後の事象は領土問題も含め既に出来上がったものであり現実であるから、改変の必要はないと考える。ハンガリーは第一次および第二次両大戦で領土の三分の二を失ったが、その国の首相の言う言葉として受け入れていただきたい」との発言があった。プレス・リリースでは詳細に触れなかったが、明らかにソ連の立場を意識した発言である。二国間関係では、産業協力に期待する発言に加えて、具体的にはビザ取得の簡素化、食物、食肉検疫の取決め、留学生交換、文化交流について言及があった〉。

その後、ラーザール首相は、日本記者クラブでの記者会見に臨んだ。ゴルバチョフの経済政策の動向に関してハンガリー型モデルの導入の可能性について質問があったのに対し、「各国により社会主義経済の運営方法は異なるのは当然であり、モデルになるというよりも、コメコン内で相互に経験を学び合うことが約束されている」と答え、更に、ハンガリーは、西側との経済交流なくしては立ち行かない旨、また各企業に大幅に裁量権を与えている旨強調して、日本との協力に期待している旨述べていた。なお、ブレジネフ・ドクトリンについての質問には、笑いながら、「ハンガリーは六八年より経済改革を導入し、ブレジネフ・ドクトリンなるものがあったという時代を通じて実施してきており、そのようなドクトリンなるものは存在していなかったことが分かる」と述べていた。その後、新幹線で関西方面に赴き、松下電器のビデオ工場を視察したが、オートメーションの様子を熱心に見て回っていた。ラーザール首相は、物静かではあったが、さすが一国の首相の風格があるという印象であった。

3　東欧との対話、各国との協議

ラーザール訪日を終えて九月末には担当地域に出張した。東ドイツ、ユーゴスラビアおよびポーランドで外務省の次官や局長と会談し、東欧情報の観測地点のウイーンで東欧通のジャーナリストとの意見交換を行った後、十月初めにスペインのマドリッドでソ連東欧大使会議に出席した。共産圏内では機微な話は出来ないのでこの大使会議は英仏など西側にある公館で開催することになっていたが、この年はスペインで開催された。会議ではソ連のゴルバチョフ新政権の動向についての議論が行われたが、東欧諸国との関係については、「日本を含む西側諸国が東欧諸国との関係を推進することは長期的にはその経済・社会の多様化と変容を促す要因ともなり、西側全体の利益に繋がるものである。日本はグローバルには東西関係の観点から東欧諸国にはより積極的な政策を展開すべきである。ユーゴスラビアとは積極的に関係強化を図る」との提言がなされた。

続いて、十月十九日から二十八日には中曽根総理の国連総会出席の際に行われたユーゴスラビアのヴライコヴィッチ幹部会議長との会談に同席するために出張した。会談では、科学技術協力、南北問題、軍縮問題などと共に、総理に対してユーゴスラビア訪問招請が行われた。その後、ワシントンで国務省のクチェル東欧部長と意見交換したが、概ね考えていることは同じであることを確認し、大変有益であった。

東欧諸国との間で対話を行う場としては、次官級の合同委員会が設けられており、十一月十三日、十四日には東京で梁井新一外務審議官とポーランドのカラシ外国貿易省次官との間で委員会を行った。先方は新規信用供与を要請したが、日本としては、九月初めに債務繰り延べの交渉を行って合意してあったので、債務の繰り延べを行っている国への新規供与は困難であり、八一年の戒厳令以降の西側横並びで対ポ措置が取られている中での対応は困難であると説明した。ポ側は失望していたが、私としては、なんとか徐々に実現の方向にもっていきたいと考えていた。ポーランドへの信用供与については、ダイハツ工業が現地に自動車工場を取得するとの案件で、輸出入銀行からの融資を実現することが適当であると考えて、関係省庁と協議したが実現しなかった経緯がある。後日談として、ダイハツが断念した案件を韓国のＫＩＡが引き取って進出したのだが、二〇〇〇年に大使としてポーランドに赴任した際に、この案件をきっかけにして韓国が活発に進出しているのを目の当たりにして複雑な気持であった。

続いて、十一月十六日にはチェコスロバキアとの同様の会談に梁井外務審議官と向かったが、フランクフルトで大雪のためにプラハ便が欠航となったため、十七日に急遽車に切り替えて五時間かけてプラハに入るという一幕もあった。十八、十九日の会議では、ココム問題、査証問題などが話し合われた。ちょうどこの時に、ジュネーヴではレーガン大統領とゴルバチョフ書記長の会談が行われていた。持参したラジオの短波放送でBBCを聴いてフォロウした。後で分かったことだが、この会談でレーガンがゴルバチョフを相手にするに足りる男だと認め、冷戦終結への第一歩となる会談であったのだ。出張はさらに続けて、二十一日にハンガリーとの合同会議を行った。食肉の輸入問題などが話し合われた。

この後、私だけ単独で、ブルガリア、ルーマニアを回り、夫々先方の局部長と意見交換した。ルーマニアでは経済破綻の状況であることが実感された。石油産出国でありながら燃料が不足しており、地域暖房が滞っていた。長谷川孝昭大使は、厚手の外套を着たまま執務している有様であり、日本人学校の子供たちも寒さに震えていた。そこで帰国してから関係方面と折衝し、重油の暖房設備を大使館と日本人学校に設置してもらい、ウイーンからタンクローリー車で重油を配るように手配した。この帰路、久々にモスクワに立寄り、経済研究所のボゴモロフ所長と意見交換した。ソ連でも大企業に外国貿易に直接従事する権限を与える方針であるなど、ゴルバチョフの改革の一端を説明していたが、まだまだ確固たる政策が固まっているようには見えなかった。

次の次官級協議は八六年三月十二日に東京で東ドイツのニエル外務次官と梁井外務審議官との間で行われた。軍縮問題やＩＮＦ（中距離核戦力）、ＳＤＩ（戦略防衛構想）等が話し合われたが、新味に乏しかった。さらに八六年六月には、梁井外務審議官に同行し、ユーゴスラビア、ブルガリアおよびルーマニアとの次官級協議を行った。ユーゴでは、ロンチャール副大臣と四時間、ディジャレーヴィッチ外相と四十分会談した。ユーゴ側は独自の路線を説明し、輸出保険などでソ連圏に属する東欧と同様の扱いを受けていることに不満を述べた。ブルガリアでは、ムラディーノフ外相と会談があり、ポポフ外務次官と協議した。ワルシャワ条約機構側の軍縮提案などプロパガンダ臭の強い説明が続いた。別途開かれた官民合同の混合委員会では日本商社駐在員の待遇改善を申し入れたが、ほとんど進展が見られなかった。そして、ルーマニアではヴァドヴァ外相への表敬とポップ外務次官との協議が行われた。ルーマニアの状況は季節のせいでやや良く見えたが、内情は決して改善していないように見えた。

なお、アルバニアとは外交関係はあるが双方とも大使館の実館は設置してなく、日本は在オーストリア大使館が兼轄し、先方は在中国大使館が日本を兼轄していた。八五年八月に、スタモ大使が北京から来日し、貿易取極を締結したいと申し入れてきたので予備交渉を行った。アルバニアは小国だが、クロム鉱が豊富で日本としても貿易関係を樹立する意向はあったが、何しろ極端なスターリン主義を続けており、ソ連圏から離れて鎖国状況であった国で、しかも元来はイスラム教国でもあるので、借入に利子をつけるという概念がないなど、協定交渉は前段階でなかなか進展しなかった。

4　ソ連の動向とチェルノブイリ事故

東欧情勢は圧倒的にソ連の動向に左右されることは言うまでもない。ソ連では、八五年三月十一日にチェルネンコ共産党書記長が死去した後を受けて、ミハイル・ゴルバチョフが五十四歳で書記長に就任した。早速、〈モスクワ大学法学部卒業で革命を体験していない初めての指導者であり、ソ連が世界の大国となった過程を体験している一方で、経済不振の原因も承知しているわけで、今後どういうラインをとってくるか興味深い。ブレジネフのデタントと軍事力強化を進めつつ、国内経済改革は行わず既成勢力を温存するという路線から、経済改革と軍事力（とりわけハイテク技術）の拡充にどのくらい進めるか、国内諸勢力の既得権益ひいては党の支配体制そのものに響かないかどうかが鍵になる。東欧諸国もソ連の力、とりわけ経済力に依存する度合いが低下しており、ブレジネフ・ドクトリンに反発する発言をハンガリーの外務次官が述べたというのも要注意である〉と見ていた。

ブレジネフ政権下では人事は硬直したままで、続くアンドロポフ、チェルネンコの下でも指導部の高齢化が進んでいたので、人事刷新は必要に迫られていた面もあるが、改革を進めようとするゴルバチョフは、人事に手をつけ、まず八五年三月にルイシコフなど三人を新たに政治局員にし（ルイシコフは九月に首相に就任）、更に七月初めに政敵と言われたロマノフ政治局員を解任し、長年ソ連外交を担ってきたグロムイコ外相を最高会議幹部会議長につけて、シェヴァルナゼ・グルジア党第一書記を政治局員に昇格させ外相につけた。また、エリツィンを中央委書記に抜擢していた。（註14）

ゴルバチョフ政権が対日政策で新しい方向を打ち出すかが注目されたが、八六年一月にシェヴァルナゼ新外相が訪日し安倍晋太郎外相と協議した。発出された日ソ共同声明によれば、両国外相は七三年十月の田中訪ソの際に確定した合意に基づいて、日ソ平和条約の内容となり得べき諸問題を含め、同条約に関する交渉を行った。そして外相定期協議の定着化のために安倍外相の年内訪ソが合意された。ソ連側は、領土問題は解決済みとの態度は崩さないが、日本側が提起するのを拒否する権利はないとのラインである。その他、対ポーランド措置の一つとして中断されていた科学技術協定に基づく協議を再開することや、北方墓参について人道的見地から検討することが合意された。これについては、〈対日新路線とまでは言えないが、なんとか今後に繋がる会談であった〉との感想を持った。

ゴルバチョフは、八六年三月初めの共産党大会で更に人事を刷新しながら、「改革（レフォルマ）」を進めるという姿勢を出した。ところが、八六年四月二十六日〜二十八日の間にウクライナのキーエフ北方一三〇キロのチェルノブイリの原子力発電所でメルトダウンを伴う大事故が起き、死者も出て放射能汚染がウクライナ、白ロシアから近隣の北欧、東欧に拡散する非常事態となった。ソ連側は、例によってほとんど情報を出さないので疑心暗鬼を生み、不安感は八〇〇キロ離れているモスクワまで広がった。ソ連課と共に東欧課も対応に当たることになり、ポーランド、チェコスロバキア、ハンガリー、更にはレニングラード、モスクワに在住の日本人の不安感を抑えるために、乳幼児用の新鮮なミルクを日航機に積み込んで配布するというオペレーションを担当した。ソ連の消防士の自己犠牲もあって何とか事態はコントロールされたが、ゴルバチョフ政権は出鼻をくじかれた状況になった。この事故については、〈二重の安全チェックを考えないソ連のシステムの欠陥が出てきたもので、いよいよソ連の自己崩壊の一歩が始まったと見てよいのではないか〉と指摘したが、五年後にソ連邦が解体されるとは想像できないところであった。

五月末には、安倍晋太郎外相が訪ソし、ゴルバチョフとの会談、シェヴァルナゼ外相との外相定期協議が行われた。領土問題では進展はないもののゴルバチョフに初めて日本の外相より直接に領土問題をぶつけ、実質的な話し合いが行われたことが評価された。

5 対東欧政策

東欧課長に就任して一年弱となった八六年七月に、日本と東欧諸国との関係について整理した「東欧情勢（現状把握のためのメモ）」を作成し省内に配布した。冷戦の終了、社会主義体制の崩壊を予測できていないが、その時点ではよく知られていなかった東欧についての政策を提言しており、省内幹部数人から、良く分かるとのコメントをもらった。そのペーパーの結論部分を抜粋再録しておく。

● 現状分析のための諸要素

(1) 社会主義体制の維持

戦後四十年を経過し、ソ連圏に組み込まれた結果として、各国とも体制としての社会主義の維持という点で、ソ連と共通の利益を有する（有させられる）に至っていると言える。これまでの経緯を見て分かるように各国の指導者は夫々国内、党内の権力基盤に立脚して長期に（除ヤルゼルスキー）政権を担当してきた強者であり、言うまでもなく共産主義者であって、究極的に社会主義が勝利することを信じているマルクス・レーニン主義者であり、ソ連の指導者と共通の信念を有している。従って、ソ連としても当該国の党支配の体制が損なわれる惧れが出たり、ワルシャワ条約体制（ＷＰ）の安全保障面での利益を損なうような事態となれば種々介入し、人事にも口を出すであろうが、現時点では、ゴルバチョフに比してベテランであるからといって指導者の首をすげ変えるようなことはないとみるべきであろう。

但し、各国の指導者とも老齢化しており、早晩世代交替が予想され、その際にソ連としてとしてより親ソ派を推すことは充分考えられるが、それらの勢力といえども、やはりまず党内基盤があった上での話であって、程度問題としてのより親ソ派かより民族派かということとみるべきである。

トップリーダーにつぐ支配層は、「社会主義的民主主義」、「民主集中制」という擬似民主制下で、国民を支配しつつ種々の特権を享受出来る現在の社会主義システムの維持を望んでいるのは容易に理解出来る。

更に言えば、国民の大多数も、長年の政治的「飼いならし」とそれなりの生活水準の向上という状況下で、社会主義そのものを否定することなくその体制下での自己の立場の改善を望んでいるといってよい。各国民は底流に反ソ感情は有しつつも（除ブルガリア）ソ連圏内の社会主義体制を離脱することは不可能とあきらめて、現状のなかでの「ベター」を求めているということである。また、一般労働者には、少なくとも失業がなく、厳しい競争にさらされることが少ない現体制の方が安穏に暮らせるとの感も強いと思われる。

国によって、随分状況が異なるが、いずれにせよ西側に比して言論の自由、表現の自由がない（乃至著しく制限されている）状況に対して不満を有し、体制の打破を求める反体制派は極めて少数である。

各国の政権もこれを踏まえて、国民生活の向上にはそれなりに意を用いて来ているが、今後経済不振が続き、生活水準の向上を国民に約束できなくなり、実際に生活水準の悪化が続いたり、また党官僚や首脳部への不信が昂じた場合には、一党独裁制や社会主義体制そのものへの疑問や批判が大きくなって表面化する可能性は大なり小なり各国どこにもあるといえる。どのような形で表れるかは、夫々の国の指導層の対応、国民の動向、ソ連の出方（より現実的には、ソ連の政策決定にたずさわる人物の事態の認識と判断）によるところ大である。

(2)　軍事面でのソ連の圧倒的力

前述のようにソ連は東独、ポーランド、チェコ、ハンガリーに対し三〇個師団五六・五万人の軍を駐留させ、これら諸国軍一一〇万人と共にＷＰ機構軍としてＮＡＴＯに対峙させている。最新鋭主要装備はソ連のみが有していることに留意すべきであるが、かかる軍事面でのソ連の東欧利用（地勢上バッファー乃至前進防衛ゾーンとして利用、通常兵力源としても利用）は、戦後四十年間ほとんど変わっていない。共同演習等は行っているが、指揮権を常にソ連が握っていることはつとに指摘されているところである。

(3)　外交の「自主性」の実態

東欧諸国は、ＷＰとＮＡＴＯの対峙の状況を前提としつつ、自国が戦場となる危険の軽減を重視しており（特に東独、チェコ）、武力対峙よりも東西関係の対話による安定を望んでいるといえる。更に東欧諸国は欧州の一員としては西欧と同様であるとの自負もあり、欧州における東西関係の活発化を望んでいる。但し、東欧が望む活発化は、かつて七〇年代に享受したように経済関係を中心に実利を得ることに狙いがあり、西欧との真の自由な交流、価値観の共有を望んでいるわけではない。

(4)　経済システムとしての社会主義

経済関係においても東欧諸国は社会主義経済体制の維持を基本とし、ソ連および圏内諸国との関係を中心に、西側との関係を補完的に保つことで、全体として国の経済運営に有利たらしめることに腐心しているわけで、「対ソ従属」というアングルのみからみるのは適当ではない。

●我が国との係わり

(1)　我が国との関係についてみれば、遠隔地にあり、体制が異なり、経済関係も少なく（日本にとって対東欧貿易は約一〇億ドル、構成比は〇・四％にすぎない）、重大な国益に係わるような存在ではない。

他方、先方はポーランド人が日露戦争を評価しているのは例外としても、一般に日本に対する感情はよく、最近は日本の経済力、技術力に対する評価が高まり、各国とも我が国との経済関係強化、就中電子工業、自動車工業での産業協力や科学技術協力に熱心である。一つには、これらの国に対してこれまでいかなる歴史的なしがらみも有しておらず、手が汚れていない日本との関係を発展させることが、他の西欧諸国との関係強化とバランスさせることにもなろうという読みもあり、また、ソ連もそれを是としていることがあろう。

(2)　我が国としては、これらの国々に何らかの施策を実施していくことにより「ソ連からの自立を促す」ことが、そう簡単にできるわけでもなく、また自立したからといって夫々の国の社会主義体制が自動的に自由主義体制に代わるわけでもないことをさめた態度でまず認識しておきたい。その上で他の西側諸国とも協調しつつ、これらの国々と経済面では（ココム規制等に留意しつつ）互恵の関係を発展させ、政治面では対話の継続により我が国の立場を知らしめ（わずかながら間接的にソ連に伝わることもひそかに期待して）、文化・人的交流面では地道な活動を積み上げ、自由主義の価値観を少しでも東欧の国民に理解せしめ、日本の成功の秘訣は自由主義の制度下で多元的価値観を尊重してきたことにあることを分かってもらうことを期して、長期的に努力を重ねていくべきであろう。

(3)　それに当たって我が国が何も「人権外交」まがいに東欧各国の内情を批判することもなかろうが、少なくとも亡命を求めてくる人達に政治亡命を認める体制は作っていく必要があるのではなかろうか。物や金を出すことだけではなく、価値観を共有し、それを守る力（軍事力他）を保持し、更にそれを求めて政治亡命を求めてくる人達を庇護出来てこそ、真の西側の一員ではなかろうか。

要は対東欧外交は、「浅からず、深からず、適宜適切に付き合って行く」ということになると考えている。

第8章　報道課長

1　霞クラブ

東欧課長の一年間で各国との政務、経済協議などを活発化して脂がのってきたところで、思いがけず八六年七月二十一日付で大臣官房報道課長に就任した。報道課は、新聞、テレビを通じて外交活動を国内外に伝えるための窓口となる部署で、役所の中では毛色の変わった課であった。当時、中央官庁でメディア担当の課が複数あるのは外務省ぐらいで、組織改編により情報文化局長に代わって新設された外務報道官（就任当時　波多野敬雄、後半　松田慶文）の下に報道課、国際報道課、海外広報課、国内広報課と四課体制で報道広報を担当していた。

日本独特の仕組みであるが、総理官邸、各政党本部、主要官庁にはそれぞれ「記者クラブ」があり、メンバーでないと取材に制限があった。外務省の記者クラブは「霞クラブ」といい、各社とも政治部、経済部、国際部から数名の記者が所属していた。特に、政治部記者にとっては、

「官邸クラブ」、自民党の「平河クラブ」と並ぶ有力コースであった。各社の新米記者は、まず「官邸クラブ」に配属され、総理の周りを取り囲んでメモをとることから始まり、その後「平河クラブ」にまわって、田中派、福田派など各派閥の担当となり、特定の有力政治家との個人的な関係を築くことも多い。そして「霞クラブ」に配属されて外交の現場を知り、外務大臣、外務次官、外務報道官の記者会見、記者懇談に出席し、各局部長の懇談や各課長のブリーフィングを取材して記事にする。若手の記者には、外交問題や国際関係について専門的知識を必ずしも有しておらず的外れな質問や記事もあったが、このコースは一種のトレーニング・コースで、やがて中堅、ベテランとなって再び「霞クラブ」に戻ってきて、キャップ（各社の記者団のトップ）になるとなかなか見識を有する者も少なくなかった。また長年異動せず「霞クラブ」に居続ける長老記者、名物記者もいた。

「霞クラブ」は、外務省内の一室に各社別に数席のデスクが配置してあり、数名の記者がたむろしている。報道課はクラブの隣室にあり、日常業務は大臣などの記者会見や懇談のアレンジをしたり、省内各課からの発表事項の資料を配布したりする。ちなみに、会見は発言者名を明記して引用可能で、懇談は大臣と次官については「外務省首脳」として、局部長は「外務省筋」として記事にしてよいが、オフレコ（off the record）は背景説明で直接記事にはしない、というルールがあった。時折、これが破られて実名で報道されてしまい、外交問題にまでなることもあった。

報道課長は、大臣や次官の会見、懇談の司会をするとともに、各社キャップや本社の政治部長、論説委員級と付き合って情報のやり取りをすることである。要は外交関係の報道が正確な事実関係に基づいたバランスのとれたものになるように気を配るわけで、外国政府や国内官庁を相手にする外務省の各部局の仕事とは毛色の異なるものであった。当時から報道広報の重要性は省内では一般論としては理解されていたが、外交交渉の内容は機微にわたることが多いので、担当部局はとかく防御的、秘密主義的になる。一方記者団はこれを報道したいわけで、会見や発言の内容、タイミングをめぐって様々なトラブルが発生する。

就任直後に、第三次中曽根内閣が成立し、倉成正外務大臣が就任した。就任早々の倉成大臣が記者会見であまりに慎重な対応に終始したので、「霞クラブ」から抗議文が提出されるという一幕があった。報道課長としては、このようなトラブルを極力少なくしつつ外交の成果は報道されるように積極的に売り込むことも仕事であった。そこで、国内各紙の報道ぶりを把握することが必要になる。毎朝自宅で六紙（朝日、毎日、読売、日経、産経、東京）の外交関係、国際関係の記事をチェックしてから出勤し、スクラップをかかえて毎朝次官室で各局部幹部が集合して行われる「新聞ブリーフ」の会議で報告し、対応ぶりを打ち合わせるのが日課となった。インターネットの時代から振り返ると恐ろしくアナログ的であるが、これを海外出張時を除き二年強続けた。

2　総理同行記者団（中曽根総理）

日常業務と並んで重要であったのは総理と外相の外国訪問にあたって同行記者団を編成し、事前の情報提供を行い、現地での取材協力に当たることであった。総理の外国訪問には、官房副長官が同行し、首脳会談の内容をブリーフするのが通例で、総理の内政懇談や副長官の懇談も行われる。同行記者団のメンバーは主に「官邸クラブ」の政治部、経済部、国際部の記者であり、「霞クラブ」の記者が加わることもある。外務報道官と報道課長ほかが同行し、外務報道官は官房副長官の邦人プレスへの対応と並行して外国人プレスへのブリーフィングを行う。そこで、事前の官邸での内容の勉強会や打ち合わせに出席しながら、総理の会談などの日程を見つつ、どのタイミングで会見、発表、懇談を行うかなどの段取りを、日本の新聞の締め切り時間（朝刊午前一時、夕刊午後一時）やテレビのニュース向けの生中継のタイミングなどを勘案しつつ、記者団の幹事と打ち合わせておくことが大切になる。

中曽根総理は就任五年目であり、私の総理同行は、八六年七月から八七年十一月までで次の七回に上った。官房副長官は渡辺秀央衆議院議員で、新潟県選出であったこともあり、何かとやり易かった。

①　八六年九月二十日～二十一日…韓国（ソウル）
②　八六年十一月八日～九日…中国（北京）
③　八七年一月十日～十七日…北欧（フィンランド）、東欧（東ドイツ、ユーゴスラビア、ポーランド）
④　八七年四月二十九日～五月五日…米国（ワシントン）

⑤　八七年六月八日～十四日…G－7サミット（イタリア・ヴェネチア）、スペイン（マドリッド）
⑥　八七年七月十九日～二十三日…国連（ニューヨーク）
⑦　八七年七月二十五日～二十七日…タイ（バンコック）

これだけ総理同行が多くなると、同時期に行われる外務大臣の外国訪問には手が回りかね、首席事務官に同行してもらうことが多かったが、それでも倉成外相の国連総会出席（八六年九月二十二日～二十六日）と中国訪問（八七年六月二十六日～二十八日）には同行した。

八六年九月の総理訪韓は、アジア大会の開会式出席のためであった。中曽根総理は、就任直後に訪韓するなど日韓関係は順調であったのだが、訪問直前の九月初めに、十日発売予定の週刊文春の記事で、藤尾正行文部大臣が、靖国問題、南京虐殺問題などと共に日韓併合については韓国側（高宗）にも責任があると発言した旨報じられることが分かった。報道課は四日に知ったが、各紙は六日に一斉に報道した。八日には韓国から抗議が来たが、藤尾文相は辞任に抵抗したので、結局同日付で罷免することで決着し、総理訪韓は予定通り行われるという顛末があった。微妙な日韓関係を背景とした舌禍事件であるが、自民党の青嵐会系の保守派の考え方を示すものであった。

続いての舌禍事件は、中曽根総理自身の発言であった。倉成外相の国連総会出席に同行してニューヨークに滞在中の九月二十三日に、米国CBSテレビ他が、「中曽根総理が、『米国は日本に比して黒人、プエルトリカン、メキシカンがいるために知的レベルが低い』と発言した」と報道した。これを滞在していたウォドルフ・アストリア・ホテルの自室で直接見たので、直ちに大臣に同行していた松永駐米大使と松浦北米局長に連絡するとともに本省にも連絡し、外務報道官談話を発出してもらい手当てした。米議会で中曽根発言を非難する決議が上程されたが、「心より陳謝する」との総理談話が発出されて、なんとか採決されないで始末がついた。党内の身内向けの気安い発言であったのだろうが、不用意な発言であった。

この頃は、東西関係に動きが出てきており、八六年十月にアイスランドのレイキャビクでレーガン大統領とゴルバチョフ書記長の米ソ首脳会談が行われ、戦略兵器の五〇％削減に加えて運搬手段の上限や中距離ミサイル撤廃について合意ができかかっていたが、ＳＤＩ（戦略防衛構想）をめぐって最終的な合意には至らなかった。

八六年十一月の中曽根訪中は、胡耀邦共産党総書記の招待に応じて、日中青年交流センターの定礎式に出席したもので、日中間で青年交流を大規模に進めるためのセンターを日本が協力して建設するという前向きなプロジェクトであり、日中関係が順調な時期であった。胡耀邦は、鄧小平の推挙で中国を率いていたが、この直後の八七年一月には鄧の信任を失って総書記を解任され、八九年四月に死去した。学生たちによる胡耀邦追悼デモをきっかけに天安門事件が発生したわけで、振り返れば、中曽根訪中の受け入れは胡の最後の舞台であった。

ところで、総理訪中を終えて行われた課内旅行で熱海に滞在中であった十一月十五日に、フィリッピンのマニラで、三井物産の若王子支店長が誘拐される事件が発生した。急ぎ東京に取って返したが、日ごろあまり馴染みのないテレビや週刊誌の社会部記者やカメラマンが多数霞クラブに押しかけ、大騒ぎになった。社会部相手の対応は勝手が違って様々な対応を迫られるが、八七年四月初めに若王子さんが解放されるまで続いた。

八七年正月の北欧・東欧訪問は、日本の総理として初めての東欧社会主義圏訪問であり、東西関係の文脈に日本も加わっていくという意味で意義深いものであった。この訪問には外務報道官が同行せず、私が東欧課長の経験を生かして、各地で現地プレスへのブリーフィングも行った。一月十日に氷点下三二・九度という百二十年ぶりの寒さの中、ヘルシンキに到着した。フィンランドは、コイビスト大統領の下で、ソ連との関係で巧みな外交を展開しており、ポーランドと同様に日露戦争以来の親日国であるが、初の日本の首相の訪問ということで現地プレスも大きな扱いであった。

続いて、十二日に東独ベルリンに入ったが、動員された人々による社会主義国らしい、記者団も面食らうほどの大歓迎ぶりであった。ホネッカー書記長から、日本からの経済面の実利に期待が表明され、外交面では、アジア安全保障会議についてのゴルバチョフ提案を通訳に読ませたのに対し、中曽根総理よりその構想に賛同できない旨を説明した。

十四日にユーゴスラビアのベオグラードに入った。ミクリッチ幹部会議長は、日本との経済、科学技術協力の期待を強調した。総理は、十五日にベオグラード大学でスピーチを行い、その午後に内外記者会見に臨んだ。その司会を担当したが、事前に接触しておいた同行プレスと現地プレスがバランスよく質問してくれて、総理も時間を延長してこれに答えるなど、首尾よくいった。

最後の十五日にワルシャワに入った。「連帯」を弾圧した八一年十二月の戒厳令以来、西側主要国の首脳として初めてのポーランド訪問であったので、ヤルゼルスキー以下の先方は大歓迎であった。この訪問は、〈日本外交の幅を広げたということで成功であったし、同行記者団にも国際政治の厳しいところを知らせたということも言える。中曽根総理だから可能だった千載一遇のことであった〉。

四月末からのゴールデン・ウイークの総理訪米は、公式訪問とされ、日本の経済力が大きくなり米国の貿易赤字が増えドル安が問題となる時期に行われた。ロン・ヤス関係と言われたレーガン大統領と中曽根総理との間で、経済関係の不均衡解消に努めることに合意した。日米が「対等」になったと感じる内容であった。

続いて六月はじめにヴェネチアでＧ－７サミットが行われた。世界に名高い観光地であるが会場やプレスセンターの設営などがギリギリとなって気をもんだが、イタリア側は何となく間に合わせてきた。内容的には、政治面で、中曽根総理の主張でＩＮＦ（中距離核戦力）の問題で西側の結束をうたうものとなり、経済面でも成長のために通貨安定、構造調整をめざすものとなった。

このサミットの前に、外務省首脳が、懇談において、「光華寮問題に関する鄧小平の矢野公明党委員長に対する発言は、日中関係の実態から離れており、鄧は『雲の上の人』になったのではないか」と述べたと報道された。外務省首脳の懇談であったのだが、柳谷謙介外務次官であることも実名で報道された。中国側がこれに抗議し、日本側が遺憾の意を表明するとの一幕があった。日中間の問題であると共に、実名を明らかにしない約束の懇談の扱いをめぐる問題でもあった。従って、六月二十六日～二十八日に北京で行われた日中閣僚会議は、いささか緊張した中で開催された。これに同行したが、鄧小平は、記者団が取材している全体会合の冒頭で、柳谷発言を取り上げ、「『高雲在上』（雲の上の人）と言われ、中国語では『老湖塗』（恍惚の人）ということになるが、自分はまだ恍惚ではない」と述べた。中国側が中曽根政権を牽制しておこうという狙いが見えた事例であった。七月一日付で柳谷次官が退任し、村田良平外務審議官が次官に就任した。当時は、「雲の上」発言のせいであるとの見方が大方で、私もそう思っていたが、後年に出版された村田元次官の回想録によれば、柳谷氏が六十三歳になる時点で交代するのはあらかじめ内定していたとのことである。（註15）

中曽根総理は、九月二十日〜二十一日に秋の国連総会で演説し、ニューヨークでレーガン大統領と会談した。帰路東京にタッチダウンして二十三日〜二十七日に引き続きタイを訪問した。最後の総理外遊で、有終の美を飾るという感じであった。

3　総理同行（竹下総理）

八七年十一月六日には、竹下登内閣が成立した。外相は宇野宗佑、官房副長官は小沢一郎であった。報道課長として在任中に竹下総理の外国訪問への同行はやはり七回になった。

① 八七年十一月十五日〜十七日…日・ＡＳＥＡＮ首脳会議（フィリッピン・マニラ）

② 八八年一月十二日〜二十日…米国（ワシントン）、カナダ（トロント）

③　八八年二月二十四日～二十五日…韓国大統領就任式（ソウル）
④　八八年四月二十九日～五月九日…西欧訪問、伊（ローマ）、英国（ロンドン）、西独（ボン）
⑤　八八年六月三十日～七月九日…国連（ニューヨーク）、英国（ロンドン）、オランダ（ハーグ）、仏（パリ）、ＥＣとＮＡＴＯ訪問（ブラッセル）
⑥　八八年六月十六日～二十六日…Ｇ－７サミット（カナダ・トロント）
⑦　八八年七月一日～五日…オーストラリア（ブリスベーン万博、キャンベラ）

この頃、八七年後半には、米ソ間でＩＮＦについて合意が成立し、十二月にゴルバチョフ書記長が訪米し、調印式が行われており、ゴルバチョフへの評価が米国でも高まっていた。

八七年十一月の竹下総理の初外遊は、マニラで日・ＡＳＥＡＮ首脳会議であった。まだ前任者のような迫力はなく、地味な感じであった。八八年に入ってすぐ一月中旬に、訪米が行われた。日米関係が重要であるがゆえに、レーガン大統領との会談などはシナリオ通りにまとまったというところであった。同行記者団は経世会（旧田中派）担当者が多く、総理を批判する記事はなかった。続いてカナダのトロントで日加首脳会談が行われた。ところが、前年の十一月二十九日に発生したビルマ周辺での大韓航空機爆破事件の犯人としてバーレーンで拘束された「真由美」なる女が、日本旅券を保有していたものの北朝鮮の工作員であったと自白したことがトップ・ニュースとなり、総理訪加はすっかりかすんでしまった。

それでも、国内では竹下政権が経世会を基盤に順調に進んでいたが、世界は動いており、二月にはゴルバチョフが、アフガニスタンからソ連軍を年内に撤退させることを表明した。八年以上も続いたアフガニスタン出兵が成功せず、経済も疲弊した状況下での決断であった。ソ連国内では歴史の見直しが行われており、スターリンに粛清されたブハーリンも復権したということで注目されていた。

二月末には韓国金泳三大統領の就任式に竹下総理が参列した。落ち着いた日韓関係の継続ということであった。小沢一郎官房副長官が同行記者団を妓生パーティでもてなした。街を見ると当時の韓国がその二十年前の日本のように上昇過程にあることを感じた。

ゴールデン・ウイークには、総理の西欧訪問（伊、英、西独）が行われた。G－7サミットを前に欧州の首脳と顔なじみになっておくためのものであった。如何にも地味な竹下流に同行記者団の方もそれまでとは異なる雰囲気が出て来ていた。

五月三十日にはレーガン大統領のモスクワ訪問が行われている最中に、竹下総理が国連軍縮特別総会に出席のためにニューヨーク入りした。総理は、六月二日に総会で演説し、各国首脳と会談した後に、ロンドンに回り、三日にモスクワからの帰路に立寄ったレーガン大統領と会談した。INF全廃条約の批准書を交換し、更に戦略兵器削減交渉を継続するとの米ソ首脳会談の模様を聞いて、日米二国間では、牛肉、オレンジについて解決を目指すとされた。その後オランダで日蘭首脳会談、パリでミッテラン大統領との首脳会談を行い、更にブラッセルに入り、EC委員長およびNATO事務総長と会談し、帰国の途に就いた。

一連の準備の後に、総理は、六月十六日からトロントでのG－7サミットに臨んだ。東西関係が新たな段階に入っていることを念頭に置いた宣言が発出された。帰路にシカゴ、ハワイを経て帰国した。この頃は、同行記者団の慰労を兼ねて、総理訪米の帰路はハワイで休養するのが慣例になっており、まだまだのんびりした時代であった。

竹下総理は、七月にはオーストラリアのブリスベーンで開かれた万博を視察し、シドニー経由キャンベラに入った。私にとっては十年ぶりのキャンベラで懐かしい人たちにも会えた。

帰国後、八月五日付で在ソ連大使館参事官の発令を受けた。任期中総理同行十四回、大臣同行二回に上り、大変多忙な二年間であったが、報道広報の重要性を痛感し、また各社の記者達と知り合いになったのは、非常に有意義であった。その人達の多くは、各社の編集委員、論説委員、さらに経営トップを務め、現在も第一線で各テレビ局の解説者などとして活躍している。

第9章　冷戦の終結

1　ペレストロイカの跛行性

前回モスクワから帰国し日本勤務六年で、またモスクワ勤務となるのはやや意外であったが、武藤利昭大使、川上隆朗公使ともロシア勤務が初めてであるので、ロシア語要員の要として赴任して欲しいということで三度目の在勤となった。八八年九月九日に総括参事官としてモスクワに着任した。コムソモーリスキー広場の住宅に入ったが、次男が高校入試を控えていたので、翌年春に妻と三男がモスクワに到着するまで単身赴任となった。

モスクワ市内の様子だが、一般市民の消費生活は全く改善しておらず、この面では不満が募っている感じがした。ゴルバチョフがグラスノスチ（透明性）をうったえ、ペレストロイカ（再建）をスローガンに改革を展開中であったが、経済面で目に見える成果は出ていないと見て取れた。ソ連の中央統制の経済システムは、スターリン時代には重工業化に成功したものの、軍備や宇宙開発に資源を配分して来たので、国民生活は低い水準に抑えられてきた。市場メカニズムによらない計画経済は、結局非効率であることが明らかになっており、更に一党独裁下で思想統制がおこなわれていた社会では、自由な発意による技術革新は生まれてくるはずもなく、既に西側で進展していた情報化時代には後れを取ってしまう。

七〇年代初めには既にこのような欠陥が指摘されており、ブレジネフ政権のコスイギン首相などは経済改革を導入する必要を認識しており、同時に西側からの資本と技術を導入して経済の活性化を図ることを目論んでいた。ところが、前述のようにＯＰＥＣによる石油価格管理により、ブレジネフ政権は、国内の経済改革を徹底しないまま、棚から牡丹餅の石油輸出収益を西側からの輸入代金に充てるという典型的な資源輸出国のパターンをとって一息つくことが出来た。しかし、七九年のアフガニスタン侵攻後は西側からの技術導入も途切れてしまい、ソ連経済の停滞はだれの目にも明らかになっていた。アンドロポフ政権、チェルネンコ政権も改革を行うことは出来ず、いよいよソ連経済は破綻の道をたどっているかに見えた。

八五年に書記長となったゴルバチョフが、ペレストロイカとグラスノスチを打ち出してきた。ところが、ペレストロイカの掛け声は聞かれるのだが、経済面での内容は、当時中国の鄧小平が市場経済の要素を取り入れて進めていた「改革開放」よりもよほど生ぬるく、社会主義計画経済制度を維持しつつ、コペラチブ（協同組合）を導入することで改善を図って行こうとするもので、効果には疑問符がつくものであった。他方、政治面でのグラスノスチは、元来「評議会」という意味で地方から全連邦まで各レベルで立法と行政を担う機関である「ソビエト」において、政策論議を活発化するものであり、注目に値する動きであった。共産党の指導的立場は維持するので、西側の複数政党制のような代議員制度ではなかったが、かなり画期的なものであった。このようにペレストロイカは、いわば右足（経済面）と左足（政治面）の歩幅が異なった跛行状態にあり、このまま進んで行っても方向が定まらず、破綻してしまう可能性があった。大使館内でこの跛行説を説明し、また本省にも報告した。

生活水準は貧弱なままであったが、市民はアフガニスタンからの撤兵を歓迎し、ペレストロイカ、グラスノスチの成果に期待していた。なかでもグラスノスチは進んでおり、ブレジネフを批判する大論文が『文学新聞』に掲載されるなどしており、インテリ層には支持があった。ところが、八八年後半には、このグラスノスチにのって、東欧諸国やソ連国内で民族自決に関係する議論が出てくるようになった。十一月末にはソ連邦内のエストニア共和国が、連邦法の適用に拒否権を有するように共和国憲法を改正したいとして、連邦と対立した。同じ頃、アゼルバイジャン共和国内でアルメニア人が住むナゴルノ・カラバフ自治区の自治権拡大をめぐって、アゼルバイジャンと隣国のアルメニアが対立していることが公になった。

一方、外交面では、「新外交」と言われて、アフガニスタン撤兵、ＩＮＦ合意、戦略兵器削減交渉など西側との関係改善を図るものであり、ゴルバチョフは、秋の国連総会での演説で、欧州およびアジアの両地域でのソ連軍の一方的削減を表明していた。日本も含め西側は、これに注目しつつ、ペレストロイカの実施状況を見ながら慎重に対応していた。

2　日ソ関係

着任早々の九月十六日に、ゴルバチョフは、クラスノヤルスクで演説を行った。内容的には八月のウラジヴォストーク演説の繰り返しではあるが、対日関係については対話と経済交流の活発化を呼びかけながら、日米間で進められている駐留米軍の負担分担についての合意を、日本の軍事大国化への動きとして、非難するものであった。

外務省に着任挨拶に訪れたところ、チジョフ・アジア局長（後の駐日大使）、アレクセーエフ日本部長、ルーキン地域政策部長、パーノフ同次長（後の駐日大使）などそれぞれ昇進していたが、顔触れはあまり変わっていなかった。久闊を叙して、日ソ関係について議論し出すと、ブレジネフ時代のような紋切り型ではなくて、いくらか対話を活発化したい意向が見えた。新しい形の漁業協力や北方墓参などの人道問題での具体的進展を図りたいとのことであった。

ゴルバチョフの訪日により日ソ関係を進展させたいとの考えが日本側にもあり、宇野外相とシェヴァルナゼ外相の会談を国連総会の機会にニューヨークで行うことに決りかかったが、天皇陛下の御不例が続いたため、外相レベルの会談が流れ、次官レベル（栗山外務審議官とペトロフ外務次官）で九月二十六日に行われた。その後、結局シェヴァルナゼ外相が、十二月十八日〜二十一日に訪日した。臨時代理大使として空港で見送った際にシェヴァルナゼ夫妻と話し合う機会があったが、グルジア人でソ連邦の外交を担うというなかなか微妙な立場であるが、精悍な政治家という印象であった。シェヴァルナゼ外相は、竹下総理と会談し、宇野外相との間で会談後、共同コミュニケが発出された。政治面では、ゴルバチョフの訪日が合意され、竹下総理への訪ソ招待がなされた。そして七三年の共同声明に基づき平和条約を締結すべく、その内容について検討する作業委員会を設置することが合意された。コミュニケは、その他に経済合同委員会や科学技術協力と文化交流の活発化をうたうなど広汎なもので、日ソ関係改善という雰囲気だけは醸成されたが、領土問題に関しては、日本側が七三年の「戦後未解決の諸問題」とは四島の帰属問題に他ならないとしたのに対し、ソ連側は、それは日本側の一方的解釈であるとの論を展開した。即ち、〈内容的には全く従来の線より一歩も出ておらず、二島返還論ですらない。但し、ムードのみつくられているので、非常に危険。国民世論は実情を知らぬまま、柔軟姿勢を要求するであろうし、ハンドリングは難しい〉と考えられた。

ところで、この外相訪日の際に、日ソ渡り鳥条約の批准書が交換されることになった。七三年の田中総理の訪ソに間に合わせて署名されたこの条約は、国会で批准が承認されていたのだが、領土問題の絡みで批准されていなかった。条約には、別表に掲げる絶滅に瀕している鳥を両国が保護するとの規定があるが、ソ連側から、保護すべき対象として北方領土にのみ生息している鳥も挙げてきた。日本側としては、その鳥は日本のリストに含まれるべきで、ソ連側のリストに含まれるのは避けるべきというわけであった。そのため十五年間も批准されないままになっていた。実はこの条約は私が担当して署名にこぎつけ、日本の国会では承認されていた経緯があり、外相訪日に際して何とか知恵を出して批准にもっていこうと考えた。ソロビヨフ・アジア局次長（後の駐日大使）と話し合った際に、「この鳥が絶滅に瀕しているかについては学問的に確かではないことから、リストから外すのではどうか」ともちかけた。こうすれば、領土問題に対する双方の立場を害さないわけで、さすがにソロビヨフ次長はピンと来たらしく、それで行こうと応じてきた。日ソ双方の学者からは、学問的に絶滅の恐れがあることは明らかなのに理解しかねるとの反応もあったらしいが、阿吽の呼吸により、一種の鳥を犠牲にして多数の鳥たちの保護に繋がったのである。

一九八九年が明けたが、正月七日に天皇が崩御され、平成が始まった。〈昭和の時代の終わり、万感の思いあるも、沈着に準備するのみ〉との感想を持った。日本国民は、それぞれが一時代が終わったことを感じており、留守宅では妻が三男とともに皇居前に一般人の弔問記帳に行った由であったが、大使館では弔問記帳を受け付ける準備を行う際に、真冬であったので白い花を用意するのに苦労した。

一月十五日には日米欧三極会議で中曽根前総理が訪ソしたので、私が終始同行して案内した。前総理は、ジスカール・デスタン元仏大統領、キッシンジャー元米国務長官と共にゴルバチョフ最高会議幹部会議長と会談した。先方が東西関係の改善と軍備管理についての提案を繰り返す場となった。

一月七日にパリでの化学兵器に関する国際会議の際にも、日ソ外相会談が行われた。二月には、アフガニスタンからのソ連軍の撤退が終了したが、その頃、韓国とソ連の関係が開始される動きがあり、本省からは日本がこれを支援するとの方針が示されており、野党党首であった金大中（後の韓国大統領）がモスクワ空港を通過する際に、アテンドして話す機会があった。金大中は、東西のコンバージェンス理論のようなことを述べていた。

二月二十四日に行われた「大喪の礼」は、百五十ヵ国もの代表が参列する異例の行事となった。これについては、〈日本理解が飛躍的に改善すると思うが、問題はその日本の進路であり、リクルート疑惑に揺れる竹下内閣は極めて不安定であり、先行きはおぼつかない。かかる状態ではゴルバチョフは訪日しないはずで、もう少し様子をみるだろう〉と予想した。案の定、リクルート事件によって竹下内閣が弱体化し、四月二十五日には予算成立後に総理が辞任する旨発表された。次期内閣首班が誰になるか分からぬままにレームダックとなった竹下内閣だが、五月の連休に宇野外相が訪ソした。当初からあまり期待できない訪問であったわけだが、ゴルバチョフの訪日については具体化させないまま、平和条約についての話し合いが行われた。ソ連側は、領土問題は解決済みとの態度を維持したままであった。ソ連側は、日本を〈ようやく交渉相手として扱い始めたが、日本国内、とりわけ自民党筋を念頭において、大国的感覚へのくすぐりをおこないつつ、領土問題での出口論の定着を狙ってのアプローチが行われた。これにどう対応するかは結局、長中期的にソ連とどう付き合うかの問題であって、「領土こそ全て」と考えるか否かによる〉と、記した通りであった。

この後、日本は宇野宗佑内閣、更に海部俊樹内閣と替わり政局が安定せず、日ソ関係は九〇年一月の安倍晋太郎元外相の訪ソを挟んで、九一年四月にゴルバチョフが訪日するまで大きな動きがない状況となった。

3　人民代議員大会

一九八九年は世界史的に大激変の年となったわけだが、ソ連国内ではグラスノスチによる論議が活発になり、ソ連ウオッチャーとしては驚くべき状況であった。「プラウダにプラウダ（真実）無く、イズベスチアにイズベスチア（ニュース）無し」との格言を覆して、イズベスチアにどんどんニュースが掲載される状況になった。二月末に全国人民代議員大会が行われ、その模様がテレビで放映され、イズベスチアに詳細に報じられた。各地からの代議員によって、政治、経済の様々な問題について極めて活発な議論が行われた。それまでのソビエト最高会議では指導部からの提案に賛成するだけの形式的なシャンシャン大会にすぎなかったが、この大会ではソ連の人達も実は内外の諸問題について様々なまともな意見を有しており、しかも相当高度な議論を交わすことが出来るのだということを示していた。市民は熱心にその模様をフォロウしており、外国人にとっては本当に驚くべき事態であった。この会議において、ゴルバチョフは、ペレストロイカの推進のためには、経済改革だけでなく、政治改革、国民の意識改革が必要との考えから、「全ての権力をソビエトに」との革命時代のスローガンを持ち出していたが、人民代議員大会を硬直した党組織に代わるペレストロイカ推進の母体とする狙いを有していたのであろう。しかしながら、代議員が選挙民の代表との自信をもって発言しており、共産党指導部がこれを傾聴せざるを得ない様子が見られ、党の権威が相対的に低下しているのは明白であった。しかも議論の内容はペレストロイカの推進のための具体策に触れるものよりも、ナゴルノ・カラバフ問題などの民族問題が前面に出て来ていた。即ち、民族会議議員の選出やグルジアへの軍隊導入の責任追及をめぐって紛糾し、果てはバルト諸国のソ連への併合の正統性が問題とされ、ナチス・ドイツとのモロトフ・リッベントロップ協定の評価のための委員会が設置されるなど、それまで蓋をされてきていたソ連内部の民族問題が最大の問題となって来た。さらに、エリツィン、ポポフ、サハロフなどのモスクワの知識人の急進派は、改革の加速化を主張し、分派活動に走る可能性があったので、ゴルバチョフの指示でエリツィンを繰り上げ当選させて少数派による分派結成を防いだりしたのだが、多くの議員はペレストロイカを支持はするが急激な変化は好まない大勢順応型であった。

この人民代議員大会の動きは、「デモクラチザーチア（民主化）」といわれ大いに注目されたが、経済改革の成果が目に見えていない中で、党の権威が低下し、政治面での対立が国民の目に明らかになった。これがペレストロイカの跛行状態を示すものであり、〈学級会民主主義とでもいうべき段階ではあるが、侮ってはいけない〉と分析していた。

4　天安門事件

中国では、四月十五日に死去した胡耀邦元総書記を追悼する天安門広場での学生の集会が、日を追って民主化を求める運動となっていった。その最中に五月十五日からゴルバチョフが訪中した。これにより四半世紀ぶりに中ソ関係が改善されたのだが、学生達は、ゴルバチョフを改革派の一員、民主主義の大使として歓迎する一幕があった。ゴルバチョフの帰国後に、北京に戒厳令が布告され、ついには六月四日には鄧小平の指示により、天安門に集まった若者を人民解放軍が実力で排除し、死者が出る事態となった。中国は、西側から非難されることになったが、私は、〈鄧小平にしてみれば百万人の犠牲を費やしても共産中国を守る方が重要ということ〉と見ていた。

ソ連でもこの事件は注目されたが、自国内の中央アジアで民族間の騒動が続いており、六月九日にようやく終了した人民代議員大会では、憲法改正のための委員会設置を巡ってリトアニア代議員五〇名が退場するなどの動きが出ていた。このような状況については、〈中ソ両国とも地球上に残った異民族支配を続ける帝国であるところ、いよいよ夫々の帝国の崩壊が開始されたということであろう〉と見ていた。

ゴルバチョフは、六月と七月に西独と仏を訪問し、外交面での得点を梃子に国内改革を進めようとしていたが、民族問題は先鋭化し、経済は成果が出ていなかった。これについて、〈ソ連情勢は混沌が益々深くなっている感じがする。ここ二年くらいはこういう状況が続き、その後はカタストロフが来るかもしれない〉と見ていたが、現実に九一年末にはソ連邦が崩壊したわけで、この点は的中したわけだ。

5　東欧の激変

ソ連のグラスノスチ、ペレストロイカ、デモクラチザーチアは、当然に東欧諸国に波及した。ポーランドでは、党と各界代表により八九年初めに開かれた円卓会議の合意に従って、複数政党によって行われた選挙で連帯系が多数を占め、ヤルゼルスキーを大統領としたままで、マゾヴィエツキーを首班とする非共産党系の連立内閣が九月に成立するという画期的な動きが出て来た。

これがチェコスロバキアやハンガリーに影響し、更に東ドイツにも波及して行った。多数の東独人がハンガリー経由でオーストリアに脱出する事態となり、十月十八日には長年の独裁者でゴルバチョフに抵抗していたホネッカーが退陣し、クレンツが後任となった。革命記念日翌日の十一月八日、西側某大使館主催の夕食会に出席して帰宅したところに政務班から電話が入り、ベルリンで何か動きがあるようだと言うので、ＢＢＣラジオを聴いたところ、東西ベルリンを分かつ壁がチャーリー・ポイントで開放状態となり、東ベルリン市民が西側になだれ込んでいるとのニュースが伝えられていた。即時の自由通行は東独指導部が意図しなかったものであった由だが、結果的には、ベルリンの壁が撤去されたと同様の効果を持つ動きで、続いて壁そのものが物理的に市民、学生によって破壊され、世界はまさに東西関係が激変したのを目の当たりにしたのである。

これらの動きについては、〈十日には、（ブルガリアの）ジフコフが辞任し、ムラディノフが後任。これで残るのはルーマニアのチャウセスクのみ。東欧が一変し全く流動的な状況となった。ワルシャワ条約も実際上ワークしていないであろう。歴史の転換期には事実の動きが観念より早いことの事例。レーニン主義的社会主義の終焉である。この時期にソ連は自らの台所が火の車でとても実力行使は出来ない。それどころかバルト三国の独立もあながち誇大妄想ではなくなった〉と、まずまず、的確に見ていた。

6　極東出張

この動乱の時期に十一月十七日から二十五日にかけてかねてから念願であったソ連の極東地方の視察に出て、ナホトカ、ウラジヴォストーク、ハバロフスク、チタ、イルクーツクと回った。ナホトカは、軍港で外国人に閉鎖されていたウラジヴォストークに代わって、シベリア鉄道の末端とされた小さな街で、日本の総領事館が置かれてあった。ゴルバチョフの方針によりウラジヴォストークがはじめて外国公館に開放されたばかりであったので、さっそく視察した。ウラジヴォストークは、ロシア語で「東方を支配する」という意味で、ロシアが太平洋への拠点とした所で、確かに太平洋西岸のサンフランシスコと言われた国際都市の面影を残していた。往時の瀟洒な建物が連なり、旧日本総領事館の建物も残っていたが、ソビエト時代にはほとんど手が入れられていなかったので、街全体がすっかり古びていた。後にソ連側が開放したので、日本もナホトカから総領事館をこちらに移した。ハバロフスクは、アムール河のほとりに、またイルクーツクはバイカル湖のほとりに夫々開かれた極東の二大都市で、いずれも雰囲気は悪くないが、発展に取り残され活気に乏しい感じがした。各地で地方指導者や研究所員などと懇談したが、一様にゴルバチョフのペレストロイカによる極東地方の経済特区の設置による活性化に期待し、日本との経済関係増進への希望を述べていた。しかし何しろインフラが圧倒的に不足している状況ではとても速やかな発展は見込めそうもなかった。

なお、この極東出張の際には、かねて研究していた「極東共和国」についても調査した。やはり外国人に開放されたばかりのチタはその首都であった所で、往時の政府の建物も残っており、歴史博物館には、指導者のクラスノスチョーコフの写真が掲げられていた。革命前には日本人も滞在しており日本人墓地があるので、日本の外交官として戦後初めて墓参を果たした。また、シベリア出兵の際の戦病死者の碑にも献花した。これらの墓碑は現地の人達によってよく整備されていた。この視察の成果も加えて、『極東共和国の興亡』を出版できたわけである。

7　冷戦の終結

東欧の変化は更に続き、チェコでは六八年に失脚したドゥプチェックが復権したり、西独のコール首相が東西ドイツの連合を提案しており、〈東欧の民主化、中欧の復活、独再統一の動きは、実に予想を越えて急テンポで進んでいる〉状況であった。そして十一月末からゴルバチョフがイタリアを訪問し、続いて八九年十二月二、三日にマルタ島でレーガン大統領と会談し、米ソ首脳は冷戦の終結を宣言した。これについては、〈結局冷戦は終わった。「我々は友人だ」ということで、米は経済的に相当のサービスをすることになった。日ソ関係のみ取り残されるのは、現実としてそうなってきた〉と危惧していた。

十二月四日のワルシャワ条約首脳会談で、ゴルバチョフが、六八年のチェコへのワ条約軍の武力侵攻が誤りであったと声明し、ソ連軍の撤退についての交渉が開始された。これについては、〈欧州まさに激震、基本的枠組みは変化ないが、その意味は全く変わってきた。共産党は没落するであろう〉と見ていた。最後まで残っていたルーマニアのチャウセスクは、十二月二十一日に民衆デモにより退陣し、逃亡の後に逮捕され、二十五日には処刑された。この間十二月二十二日には、〈リトアニアがソ連共産党から分かれた別の党を作るとの動きが出ており、もはやソ連帝国の崩壊の日が来た。この半年であっという間であり、歴史の流れの勢いを感じる〉と記している。

この激動の最中に、十二月十五日付で在米大使館への転勤発令を受けたので、あわただしい中ではあったが、歴史が動く現場を見たいと考え、年末二十七日、二十八日に新井弘一大使が活躍中の東ベルリンに出張して、ベルリンの壁の崩壊ぶりを目にし、壁の欠片を持ち帰った。その際には、〈実質的には西による東の併呑が経済面から開始された。東独がソ連の軍事力の足下にあることは変わっていないが、ほとんどソ連としても手は出せず、しばらくは西側が面倒を見ておいてほしいというところか。しかし、歴史は歩みを止めないので、今度は必ずやソ連に降りかかってくる〉と見ている。

このように、一九八九年は文字通り激動の年であったわけだが、一党独裁で人間の自由な創意を抑圧した政治体制下の非効率な中央計画経済は、しょせん自由主義、市場経済体制にはかなわず、行き詰まったのである。東欧諸国が次々と体制を変革していったが、この過程は、ブレジネフによるチェコ侵入のようなソ連の武力介入がなく、ほぼ無血で行われた。ソ連にその余力がなかったとも言えるが、ゴルバチョフがそれまでのソ連の指導部と異なり、力による支配の確保を行わなかったことによるところが大きい。ゴルバチョフが、理想主義者の側面を有しており、ペレストロイカ、デモクラチザーチアによる改革を推進しながら危機を打開できると考えたことによると見られる。ソ連崩壊後のロシアでは、ゴルバチョフは全く評価されていないが、世界史的に見れば、社会主義圏を解放した功績は大きいと言える。

明けて九〇年一月十一日から十五日には、安倍晋太郎元外相が訪ソし、ゴルバチョフと会談して、日ソ間での対話継続の重要性を確認した。これが安倍さんの最後の活動となったわけだが、このロジステックを指揮した上で、三度目のソ連勤務を終えた。一年五ヶ月の短い勤務であったが、実に激動の時間でまさに歴史の節目を肌で体験できたのである。

第10章 新しい国際秩序の模索

1 ワシントン勤務

冷戦が終了するという大変化の只中、一九九〇年一月中旬に敗者のモスクワから勝者のワシントンに着任した。ハーバード以来二十年ぶりの米国であるが、ワシントンの大使館に実際に勤務するのは初めてのことであった。事務次官から駐米大使に就任していた村田良平大使の下で、大学時代からの同期高野紀元君の後任として、広報文化担当の参事官（九一年からは公使）となり、メリーランド州ベセスダの大使館幹部用住宅に入った。

ワシントンには日本の主な報道機関が支局をおいており、しかも各社の駐在員の大半は一年半前までの報道課長時代に知り合った顔ぶれであった。着任直後に村田大使の邦人記者会見の司会を行った際に、これらの面々が前列に並んでいたので、「それでは次官の会見を行います」と切り出してしまい、一同大笑いとなった。

邦人記者団との関係は順調であるが、何しろ米国プレスが重要であるので、ホワイト・ハウスのパパデューク副報道官、国務省のリチャード・バウチャー報道官（同人とは後に共に香港総領事として香港返還に居合わせることになった）に挨拶したのを皮切りに、ワシントン・ポスト、ニューヨーク・タイムズ、ウォールストリート・ジャーナルなどの有力紙やＣＢＳ、ＮＢＣ、ＡＢＣの三大ネット・ワーク、ＣＮＮ、ＦＯＸテレビなどテレビ各社、更にはＢＢＣなどの外国プレスの記者達との関係樹立に走りまわることとなった。こうして多くの人達と知己を得たが、ワシントン・ポストのローゼンフェルトやオーバードーファーなどのベテラン記者の知見には重みがあり、大いに参考になった。

また報道関係者だけでなく、ＣＳＩＳ、ＳＡＩＳ、ヘリテッジ財団などの有力シンクタンクやジョージタウン大学、アメリカン大学などの外交、アジア・日本関係研究者との関係も重要であり、加えて文化交流も担当なので、文化・社会関係の各種団体とも付き合った。このように担当分野は広汎であるので、多忙な日々をすごすが、何と言っても米国のメディアの対日認識の動向のフォロウが最重要の課題であった。

当時は、冷戦の終結が宣言され、東欧の社会主義国が次々とソ連の軛から解放され体制を変革している時期で、アメリカがベトナム戦争以来久々に自信を取り戻している時期であった。但し、ブッシュ大統領（父）は、冷戦の勝利を喧伝するのは控えて、衰退に直面するソ連を追い詰めて屈辱感を味あわせることを避け、むしろゴルバチョフの改革を支援するという態度であった。

2　日米経済摩擦

日本の経済は、後に「バブル期」といわれるブームの頂点にあって、ニューヨークのロックフェロー・センターを日本企業が買収するという目立つ行動に象徴されるように、米国経済を凌駕する勢いであった。米国政府は、ＳＩＩ（構造問題協議）を通じて、日本市場の開放を迫っていた。厳しい交渉が続いており、渡辺幸治経済担当外務審議官がワシントンに滞在して交渉しているところへ、更に松永信雄前大使と小和田恆政務担当外務審議官も出張して来て、村田大使を交えて鳩首協議を行うという事態になった。外務省には、離任したばかりの前大使は、後任者の邪魔にならぬようにしばらくは前任地を訪問することは避けるとの不文律があるが、松永前大使が特使として派遣されてくることは、村田大使にしてみれば面目を失うところであり、打ち合わせの場には何か気まずい雰囲気が漂っていた。邦人記者団の要望で記者ブリーフの時間を設けるために大使室に出入りした際にこの微妙な空気を感じたところである。（註16）

日本は、米国の要求に小出しに応じながら何とかつないでいくという典型的なやり方で対応し続けていた。このような状況であったので、米国の論調は、いわゆる「日本たたき」の最中であり、日本は欧米とは異質であるので「封じ込める」べしとのクライド・プレストウィッツやジェームス・ファローズのレビジョニスト達の論が流行していた。先駆けとなったのは、チャルマーズ・ジョンソンとカレル・ウォルフレンで、種々の論文や書物が出されていた。このような論議がなされると日本側のコメントを求められることがあるが、ある時ＵＳＴＲの高官が、日本は官民一丸となって自由貿易の原則に反する行動をとっているかのごとき発言をしたので、"utter nonsense〈全くナンセンスだ〉"と述べたら、それがかなり大きく報道されて、反発を生んだこともあった。

九〇年三月には、海部総理が訪米し、カリフォルニアのパーム・スプリングでブッシュ大統領と会談した。例によって記者団が同行してきたが、報道課長時代の経験を生かして大使館の広報班員を引き連れて受け入れ側に回って対応した。この会談については、〈米国内の対日圧力が高まる中で、ガス抜き的効果を有したことは確実なるも、構造協議での日本側の対応に厳しい注文を付けている〉と見ていた。

3　新しい国際秩序へ

五月にはゴルバチョフ（三月にソ連邦大統領に就任）が訪米していた。ソ連国内には、ゴルバチョフの改革をめぐって対立が尖鋭化しており、また経済状況は厳しくなっていたが、米国としては、〈ゴルバチョフを支援し、軍備管理をテコとして、日、欧州の経済力を越えるスーパー・パワーの米ソによる主導権確保にやっきというところ〉と見られた。

これを踏まえて、七月中旬に冷戦終結後の初めてのＧ－７サミットが、ブッシュ家の本拠地のテキサス州ヒューストンで行われ、再び海部総理が訪米した。この時も大がかりな報道陣の受け入れに当たった。

世界では、〈ソ連の脅威が無くなり、ドイツ統一が課題となる中で、地政学的、歴史的経緯などの要素が、イデオロギーと軍事対立が弱まることによって、目立って〉来ており、例えば、日本は対ソ支援には消極的だが、天安門事件後控えていた対中円借款を再開するなど、欧米とは異なる対応をとっていた。

この後、七月下旬には、コール西独首相がソ連を訪問し、ゴルバチョフとの間で、統一ドイツがＮＡＴＯに残留することをソ連が認め、見返りに独が対ソ支援を行うことが合意されるという歴史の分かれ目となる決定がなされていた。後に各種の資料で分かったのだが、統一ドイツを米国がコントロールするＮＡＴＯにとどめておく方が、米ソの間にあって独自路線をとり得る中立ドイツになるよりもソ連にとって安心であろう、といういわゆる「瓶のふた」論を以って、米国がゴルバチョフを説得した結果であったとのことである。そして九〇年十月三日には東独が西独に吸収されてドイツが統一された。文字通り冷戦の終結を象徴する歴史的出来事であった。

この後、世界は、米ソの二極対立から、軍事力では米国一強になり、経済力ではグローバリゼーションが急速に進む中で欧州や日本も加わる多極構造となり、新しい国際秩序への調整過程に入っていた。ただし、この時点では、中国が急成長してくることによる変化は、まだあまり認識されていなかった。

4　湾岸戦争、Too little, too late

米国生活にも慣れてきた九〇年八月一日に、突然サダム・フセイン大統領の率いるイラクが、隣国のクウェートに武力侵攻し、占領するという事態が発生した。これは、国連憲章に違反する明白な侵略行為であった。冷戦が終結したので世界は平和になるという楽観論に冷水を浴びせるものであり、米ソによる世界秩序維持の機能が低下して、地域紛争が発生しやすくなるという事例の典型であった。

この事態に対処するためにブッシュ大統領は、国連安保理での決議を基にして多国籍軍を編成し、武力によってクウェートを解放することになる。この国連の集団安全保障行動に世界各国が参加していくのだが、日本は、このような場合でも武力行使には憲法上の制約があるとの事由で参加しなかった。そこで、日本政府は、九〇年八月末に多国籍軍への物資提供などに一〇億ドルを拠出するとともに、周辺国支援で二〇億ドルを支出することを決めたが、米国内では「金で血を購うのか」、"Too little, too late（少な過ぎるし、遅すぎる）"という批判が展開されたので、九月十二日には、多国籍軍支援で一〇億ドルを追加することが決定された。

米国をはじめ内外の批判に対処するために、国際協力のために文民を派遣するとの案が外務省で検討されたが、現実味に乏しく成案とならず、防衛庁との調整の結果、自衛隊員を派遣するとの国連平和協力法案が、海部内閣によって九〇年秋に国会に提出されたものの、政府の腰が据わっておらず、野党の反対により不成立となった。

九一年一月十六日、ついに多国籍軍によるイラク攻撃が開始された。その日は、大使館近くで昼食をとっていたところ、国務省から村田大使に呼び出しがあったとのことで、昼食を切り上げて待機していると、大使が国務省より帰り、攻撃開始の事前通告があった旨知らされた。事前通告といっても軍事行動に加わらない日本に対してはぎりぎりの直前の通告であった。これに対して日本は、一月二十三日に多国籍軍への資金協力として、九〇億ドルを追加することを決定した。これは、橋本竜太郎大蔵大臣がブレディ財務長官と合意したもので、その会談に村田大使が同席出来なかったという、長年の外務省と大蔵省の確執が表に出るという一幕もあった。要するに日本は、合計一三〇億ドルを拠出することにしたのである。

この間、CNNやFOXなどのテレビに出演したりラジオのインタヴューに応じたりして、「日本は国際社会の一員として貢献する」とうったえると、東京からは在米大使館は前のめり過ぎると叱責され、米国メディアからは、"Too little, too late"と批判されるという状況が続き、立つ瀬がない感じであった。一三〇億ドルの貢献について広報すべきところであるので、ワシントン・ポスト紙のポール・ブルースティン記者の批判記事に反論する投稿を行い、三月二日に同紙に掲載された。

この間に軍事作戦は米軍の圧倒的な攻撃力により迅速に進み、二月二十七日にはブッシュ大統領が戦闘行動終結を宣言し、クウェートは解放された。クウェートは、三月十一日にワシントン・ポストとニューヨーク・タイムズに国際社会に感謝する一面広告を掲載した。ところが、国連決議に基づく多国籍軍への参加三十ヵ国の国名が列挙されているが、日本の名前は無かった。当日朝出勤してこれに気付いたので、村田大使に報告するとともに、さっそくクウェート大使館の広報担当に電話して事情を質したが、要領を得ない。大使からもクウェート大使に照会したが、納得できる説明はなかった。要するに、実動部隊を派遣した国々に感謝するもので、たとえ多額であっても財政支援だけの日本（および韓国）は除かれていたのである。このことが、日本に報道され、大変な反響を呼び、やはり「汗をかかずに金だけ出すのでは国際的には評価されない」という、厳しいそして当然の現実を日本政府と国民に知らしめることになったのである。このトラウマが、後に国際平和協力隊を創設し、国連平和維持活動に自衛隊が参加できる道を拓くことに繋がったわけである。

六月八日には、ホワイト・ハウスと議会の間のワシントン・モニュメントの前で、戦勝祝賀のパレードが行われた。米軍部隊の行進が続き、花火が打ち上げられ、米国主導で世界秩序が回復したことを大勢の市民が祝った。ブッシュ大統領の支持率は九〇％という状態となり、翌年秋の大統領選野再選は間違いなしと言われたのである。

5　ソ連邦の崩壊

湾岸戦争の勝利の後、四月十六日から十九日にソ連邦大統領に就任していたゴルバチョフが訪日し、海部総理との間で、歯舞、色丹、国後、択捉の北方四島の名前を明記した上で、その帰属について、五六年以来の日ソ間の交渉の肯定的面を踏まえて話し合うことに合意した東京宣言が発出された。領土問題についての半歩前進であった。

七月にはロンドンでのG－7サミットの前に、ブッシュ大統領の別荘があるメイン州のケネバンクポートを海部総理が訪問して日米首脳会談が行われた。ロンドン・サミットにゴルバチョフが参加するので、日米でソ連に対する経済支援策などを協議した。

七月末には、モスクワで米ソ首脳会談が行われ、戦略兵器削減条約（ＳＴＡＲＴ）が署名されるなど、世界的には何となく明るい雰囲気があった。

ところが、八月十八日にクリミアで夏季休暇中のゴルバチョフが、その「急進的」改革に反対するヤナーエフ副大統領、ヤゾフ国防相、クリュチコフＫＧＢ議長、プーゴ内相などの保守派の指示で別荘に軟禁され、「健康上の理由によって職務遂行不能」とされて、ヤナーエフが職務代行となったと発表された。ゴルバチョフの目論んだ新しい連邦条約に反対する勢力による事実上のクーデターであった。十九日の段階では、ゴルバチョフは失脚したかに見られたが、国際的には米、英などがヤナーエフ政権を非合法クーデター政権であるとした。ソ連国内では、エリツィン・ロシア共和国大統領が、クレムリンと離れたモスクワ川沿いのロシア共和国政府の建物に立てこもり、ヤナーエフ一派に抵抗した。モスクワ市民もエリツィンを支持し、軍のモスクワ部隊も二十一日にはエリツィン支持に回ったので、結局クーデター派は腰砕けとなった。二十二日未明にゴルバチョフはモスクワに帰任し、ことの経緯をテレビで説明した。しかしながら、この騒動でエリツィンの権威が高まる一方で、ゴルバチョフとソ連共産党の権威は低下していった。ゴルバチョフは共産党書記長を辞任し、党中央委員会も解散された。

ソ連邦は機能しなくなっていて、ロシアとウクライナの間の協定で国家連合的な形になっていた。そして、九月八日には、バルト三国（エストニア、ラトビア、リトアニア）がソ連邦から離脱独立することが承認された。更に年末の十二月八日に、ロシア、ウクライナ、ベラルーシの三首脳が会談し、ソ連邦を解体し、「独立国家共同体」（ＣＩＳ）を形成することが宣言され、二十二日にはグルジアを除く十一ヵ国がこの共同体の創設に合意したので、ゴルバチョフもついに二十五日に連邦大統領を辞任し、ソ連邦が消滅した。国際的にはロシア連邦がソ連邦を継承した。革命以来七十四年で、ついにレーニン以来の共産党独裁の「ソビエト社会主義共和国連邦」が滅んだのである。

ベルリンの壁の開放から二年余りのこの劇的展開をモスクワとワシントンで見ていたわけだが、ソ連に三度も勤務した身には様々な感慨があった。人々の自由な発想を弾圧して共産党独裁を続け、非効率な経済体制にしがみつくソ連の体制は、人類の歴史から見ると異端であり、いつかは変わるであろうと考えてはいたが、正直なところこれほどの急展開は予想していなかった。しかし、この展開を見て、人類の歴史の将来に楽観的になったことも事実である。

この直前十月二十三日付で、日本で大学生になっていた長男に宛てた手紙で当時の国際情勢について次のように述べている。

世界はソ連があれよあれよと言う間にガタガタになって、共産党支配が終焉したのは結構なのだが、変わるべき組織、とりわけ経済システムが全く機能していない状況のようで、支援しようにも受け入れ先が不明というわけです。したがって、大規模経済援助というのはそもそも机上の空論です。北方領土問題は確かにかつてに比して解決の兆しが見えては来たものの、これも国家主権が連邦なのかロシア共和国なのか曖昧な状況下では、最後の決断を下す人がいないのが実情でしょう。まあ最終的には日本の言い分が通るでしょうが、楽観は禁物でしょう。

そういうなかで中東和平会議が開始されるわけですが、何分にもアラブとイスラエルの恨みがこもっていますから、一朝一夕には行くまいと思います。

さて日米関係ですが、日本のマスメディア（特に朝日、文春）は、湾岸戦争時の日本の対応に対して米国世論が批判的となり、貿易赤字もあって日本に対する反発が強まっており、これに対して日本国内ではこのようなアメリカの強圧的態度に反発して反米ないし嫌米感情が高まっており、日米はこのような認識ギャップから来る危機的状況にあるとする論調を展開しているように見えます。このような傾向が全くないとは言えないが、アメリカの対日世論は基本的には良好であり、湾岸戦争時の異常な心理状況下での対日批判も勝利とともに次第に冷静かつバランスのとれたものになって来ている。しかるに日本では若干のタイムラグをおいて依然としてアメリカへの反発が続いている（朝日は煽っている）とされています。日本は四十五年間アメリカの影で何もしないで経済に専念していられた状況から一人前以上の大国として世界情勢に責任を有する国になったことへの対応が遅れており、戸惑いつつアメリカに当たっているというわけで、米は米で絶対的優位から相対的優位になった事実の認識に時間がかかっているということでしょう。なかなか困難な過程ですが、双方があらゆるレベルでの対話を拡充して理解を深めるしか方法はないものと思います。真珠湾五十周年を前にしてブッシュが訪日して、二十一世紀を見据えての日米関係についてアメリカの政策（日本と組んでの新アジア政策）を打ち出すのは良いタイミングになると思います。

日本ではとかく「世界と日本」という風に日本を世界の中から別個に取り出して論ずる傾向がまだまだ続いていますが、日本は世界の重要な一部であり、日本の動向が世界の動きに影響することをもっと自覚する必要があります。まあ君達の世代になれば自然そうなるでしょう。新しい世界秩序が形成されつつあるところですから、国際関係を学ぶのは興味深いところです。ある意味では新しい世界へのアプローチとしては、お父さんも君達も同じラインに立っていると言えます。

息子向けなので楽観的なところがあるが、当時の国際関係をこのように見ていたわけであり、大筋間違っていなかったと思われる。

6　クリントンの当選

世界の激動が続く中、九一年十月には日本で海部内閣が倒れ、宮澤喜一内閣が成立していたが、九二年一月に訪日したブッシュ大統領が、総理晩餐会の席上、一時失神して倒れるという騒ぎがあった。この訪日に際して米国側は、日米経済問題への対応を日本に迫った。この背景には九二年秋の大統領選挙があった。湾岸戦争直後には非常に高かったブッシュ大統領の支持率が、国内経済の不振への不満から下がり始めており、この挽回を狙って日本に迫ったのである。これについての感想として、〈ニューヨーク・タイムズとワシントン・ポストの二大有力紙は、訪日の性格を変えて経済一辺倒にし、大統領選挙をにらんだ狭いものにしてしまい、"jobs, jobs"と叫ぶブッシュのやり方を批判し、即効薬のあり得ない経済問題、それも米国内に問題があるものを日本に譲歩を迫るやり方で臨んだことは失敗であったとして、厳しい社説を掲げている。「原則の人」というよりも「状況の人」であるブッシュの軽さが露呈しており、これだと日米関係は今後とも相当困難な道をたどることになりそうな見込みである〉と記した通りであった。

民主党内ではどんぐりの背比べながら、クリントン・アーカンソー知事が二位につけていた。クリントンはその後勢いをつけ、七月の党大会で大統領候補の指名を受けた。分裂していた民主党がともかくまとまり、ブッシュに勝てるというムードが高まった。米国民の側にもレーガン、ブッシュと十二年続く共和党大統領への変化を求める声も上がり、何よりも経済の停滞が続いているので、世論調査でクリントンがブッシュに対して優勢となって来た。そこにペローという第三の候補が出馬し、混戦となった大統領選挙であったが、クリントン優勢のまま推移し、結局十一月三日にはクリントンの地滑り的勝利となった。

大統領選挙の過程を見守ったのは六八年のニクソン・ハンフリーの時以来であったが、生き物のように動く情勢は誠に興味深かった。湾岸戦争勝利の際には想像できなかったブッシュの敗北であった。〈結局、冷戦後、米国民が国内問題に目を向けて、経済状況が悪く、将来への不安がある中で、変化を求めてクリントンを支持した〉ということであった。

7 広報活動

大使館の広報文化担当公使として、とかくプレス対応に追われていたわけだが、一般広報は重要であり、〝JAPAN NOW〟という新しい広報誌を発行し各方面に配布するとともに、広報文化担当公使のレターの形で、政策的な内容についてのコメントをより絞った人数のオピニオン・リーダーに折々に発出していた。また、議会スタッフを集めて、日本の立場を説明することも定例的に行っていた。

様々な活動の中で、非常に神経を使ったのが、九一年十二月の真珠湾攻撃五十周年に当たっての対日論調がどうなるかであった。日本側で日本たたきが再燃するのではないかなどという報道がなされていたが、米側では、真珠湾攻撃により、米が孤立主義を脱して世界のリーダーとなったこと、常に備えを怠るべきではないこと、米が率いる民主主義勢力が日独などの全体主義国家に勝利し、今日これら旧敵国を加えた民主主義勢力が冷戦に勝利し湾岸戦争に勝利したわけで、米国民は誇りをもってしかるべきことなどを教訓として指摘し、恩讐を越えて日米友好関係を進展させるべきであるとの論調が、ほとんどの主要紙の社説の傾向であった。さらに日系人に対する不当な扱いを改めて指摘するものも多かった。これを分析して、〈米国マスメディアは、健全なバランス感覚を今回も発揮した〉として本省に報告した。

また、日本の政治家による黒人蔑視発言への対応にも気を使った。九一年末に渡辺美智雄外相が、「米国では黒人がクレジット・カードをむやみに使って家計破綻に至っている」との発言を行ったと報道され、米国内で特に「全国有色人種向上協会（National Association for the Advancement of Colored People, NAACP）」から批判の声が上がった。前述第8章2の中曽根発言に通じるものがある不用意な発言だが、外相の発言なので大使館として対応した。NAACPは、米国政界に影響力を有する有力な団体であり、日本として厳しい局面であったが、バルチモアの同協会本部に何度も足を運び、弁明に努めた。ここでもアメリカ社会における各種団体の実力を認識した。

8　文化交流

プレス、広報と並んで文化交流活動も重要な担当分野であった。文化交流活動で、かなりのウエイトを占めるのが、毎春恒例の桜祭りの関連行事である。ワシントンのポトマック河畔に一九三〇年代に東京市長であった尾崎行雄がタフト大統領に寄贈した二千本の桜が植えられており、例年日本大使館とワシントン市の実行委員会との共催で桜祭りが行われる。全米各州で選ばれたチェリー・クイーンと日本大使館の桜の女王がパレードを行ったり、日本庭園の石灯籠に大使と市長が点灯するなど、様々なイベントにより日米友好を演出するもので、大使館広報文化部の一大事業である。これを担当し、様々な団体やボランティアと付き合って、改めて米国の市民社会の底力が印象的であった。在任中三回桜祭りを担当したが、九二年は、桜の寄贈から八十周年に当たることから、例年にも増して参加者が多く、日本からも京都の京染組合四六〇名の一行、金沢から一調一管や火炎太鼓が参加し、さらには東大と一橋大のボート部がポトマック河でレガッタを行うなど盛り上がりを見せた。ちょうど、三月に駐米大使が交替し、村田大使が統一ドイツに転任し、栗山尚一前外務次官が新大使として赴任したところであり、大使令嬢の明子さんが日本側の桜の女王となり、新大使のお披露目の絶好の機会となった。ワシントンの桜はその後も見事に咲いており、桜祭りは時に日米関係がギクシャクしている際にも、長年の友好関係を示す大変有意義な催し物として続けられている。

なお、日米間の文化交流には各地にある日米協会や日系人団体の活動が、重要な役割を果たしている。例えば、九〇年七月下旬にはオレゴン州ポートランドで日米協会の全米総会（ＡＪＡＳ）が行われたので、出張した。米国各地の日米関係者が集まり、活動方針を議論するもので、ここでも米国の活発な市民活動を再確認した。その後も九一年十月にはロスアンジェルスの南加日米協会のシンポジウムに参加するなどした。

広報文化活動のために、大使館事務所とは別にワシントン市内に「日本広報文化センター」が設置されていたが、九一年六月にホワイト・ハウスからも近い市内中心部のＫストリートのビルに移設した。ミニ・シアターを備えており、展示スペースもあるので、文化活動を行う上で機能的なものとなった。そこで、チェリストの平井丈一朗氏の演奏会でオープニングを行い、平山郁夫画伯のシルクロードをテーマとした本画やリトグラフを展示し、同画伯の講演会を行うなど、様々な活動を行った。平山画伯からは、リトグラフ数十枚に上るシルクロード・シリーズを大使館に寄贈していただき、後に全米各総領事館や各地の大使館での巡回展覧会を催すことが出来た。ちなみに平山画伯による「文化の赤十字活動」は、文化活動の上で見逃せない意義がある。海外には多くの日本美術の名品があり、各地の美術館に収められている。これらの美術品の状態は必ずしも充分というわけではなく、修繕して良い状態に保っていく必要があった。著名な日本画家であり東京芸術大学の学長であった平山画伯は、このような海外にある日本美術の名品を修復する活動を熱心に進めていた。「文化の赤十字活動」として、日本に持ち帰って専門家によって修復した後に、再び各地の美術館に戻すという活動である。ワシントンのスミソニアン博物館群の中のサックラー美術館とフレアー美術館にも多くの日本美術の名品があるので、この活動の対象にしたいとして、平山画伯一行が九〇年四月に来華し、スミソニアン側と話し合った。しかしながら米側は、寄贈者の遺言で門外不出とされているとして、日本に送って修復するとの点に難色を示した。名品が日本に留め置かれるのではないかという懸念もあったものと思われた。この件を大使館としてもフォロウすることとして、仲介の労をとり、後に東京芸大とスミソニアン博物館との間の合意が確認されて、「文化の赤十字活動」がアメリカでも行われることになったのである。この縁で後々にも平山画伯夫妻には、香港でのシルクロード展など様々な場面でお世話になった。

9　ワシントン生活

在米大使館は、外務省のみならず各省からの出向者を含めて日本からの本官一一五名（一九九〇年当時）と現地補助員数十名が働く、日本にとっての最大の在外公館であり、大使、公使の幹部の下に総務、政務、防衛、財務、経済、広報文化、議会、領事、会計、通信などの各班に分かれてそれぞれ多忙な業務をこなしている。外務省出身の若手や各省よりの出向者はいずれも各省の将来を担うと目される有能な人達が多く、これらの人達と知己を得たのは貴重なことであった。

海外生活は、住居、車、子弟の教育などで費用がかさむ。日本における公務員給与では到底不足するので、本俸に加えて在外勤務手当が支給される。この手当の基準は、ワシントンで一等書記官としての生活を営むのに必要な額とされている。米国より厳しい生活環境にあるアジア、アフリカの諸国で勤務する者には、状況に応じて基準額に加算されていく仕組みである。米国は物価も人件費も高いので決して楽ではないのであるが、どうしても基準値の水準は据え置かれることになる。しかも子供の教育を日本で行う場合には二重生活となり、厳しい生活状況となる。各省からの出向者は、三年間という任期が定まっているので生活設計が立てやすいのであるが、外務省出身者の場合、任期は不定であるので子弟教育のコース選択にも悩ましい局面が続くのである。私の場合、ワシントン勤務は二年十一ヵ月続いたが、初めからそうと分かっていれば、子供たちの教育を米国で行うことも考えられたのだが、当初は不確実のため、結局三男は同道したが、長男は日本に残し、次男を一年間米国に呼び寄せることになった。

外交官の生活は配偶者の負担も大きく、子供たちの苦労もあり、家族一同で支え合って初めて任務が達成できるのである。

第11章　ODA大国日本

1　経済協力担当

九二年末に帰国し、本省経済協力局外務参事官に任命された（一年後に審議官に昇格、なお、港区南麻布の宿舎に入った）。経済協力の分野はかねてより携わってみたいと考えていた方面であった。当時の経済協力局は、六課二室よりなる省内で最大の局であり、局長の下にいわゆる中二階といわれる審議官（または参事官）二名が配置されていた。私は、モスクワでの上司であった川上隆朗局長の下で、無償資金協力と技術協力を担当することになった。もう一名の中二階が、有償資金協力と多数国間協力を担当した。局長は国会対応もあり、なかなか国外に出かけられないので、二名の中二階が手分けして海外出張をすることが多く、担当分野に限らず日本のＯＤＡ全般を把握する必要があった。

当時の日本のＯＤＡ（政府開発援助）は、純支出ベースで一兆円を越え、九一年以来世界一位を続けていた。とりわけ私が経済協力局に勤務した九三年から九五年の三年間はその伸びが続き、夫々一一,一五九百万ドル、一三,二三九百万ドル、一四,四八九百万ドル（ＪＩＣＡの統計による）であった。この後二〇〇一年まで世界一が続くが、その後は減少が続き、二〇〇七年以降は五位に甘んじている。振り返れば、九五年の実績が過去最高値（二〇一六年現在）である。

当時は、冷戦後で旧社会主義国が、政治体制を民主主義体制に変え、次々と経済体制を市場経済体制に変えるという困難な課題に取り組んでいる最中であった。旧ソ連邦の諸国、東欧の諸国はもとより、中米やアフリカでかつてソ連の支援を受けて社会主義型の経済運営を行っていた国々は、未経験の大きな実験を開始したところであった。米欧とともに日本も、これらの国々への支援を「民主化支援」として積極的に推進していた。民主主義、市場経済体制の国々が発展し安定することは、世界の安定に資することになり、日本にとっても政治的にもまた経済的にも国益にかなうことであったためである。

日本のＯＤＡの特色は、その多様性にあった。大きな部分は二国間協力で、無償資金協力（教育、医療などの basic human needs のプロジェクトの支援）、技術協力（農業、工業、教育、医療などの専門家と青年海外協力隊員の無償派遣により技術を伝達）及び有償資金協力（道路、鉄道、橋、ダム、病院など大型のプロジェクトのために必要な資金を低利円建て借款で供与）からなっていた。特に円借款は、欧米諸国は行っていないもので、この時点までで も、タイ、フィリッピン、マレーシア、インドネシアなどの東南アジア諸国、中国、インドなどのインフラ整備に貢献して来ていた。このほかに国際機関への供出金を通じる多数国間協力でも日本は主要ドナーであった。

2　中央アジアミッション

九三年着任早々に、まず旧ソ連邦の中央アジア諸国へのミッションの団長を務めることになった。カザフスタン、ウズベキスタン、キルギスタン、トルクメニスタン、タジキスタンの五ヵ国は、いずれもソ連邦を構成する共和国であったが、経済的にはソ連経済の中で鉱物資源や綿花などの農産品の供給地であって、夫々が自立した経済体とはいえない状況であり、経済水準は開発途上国であった。突然のソ連邦の解体により、夫々が独立国として経済運営を行う必要に迫られたのである。民主化したと言っても、実はソ連時代の指導者、すなわちカザフスタンのナザルバーエフ、ウズベキスタンのカリーモフ、キルギスタンのアカーエフ、トルクメニスタンのニャーゾフがそのまま大統領として残っており、開発独裁型の支配を続けていた。例外はタジキスタンで、政治勢力の間の対立が武力抗争に至っていた。

日本としては、ロシア、中国、インドの三大国の間にあるこれらの国々が安定的に発展することは望ましいことであるので、積極的に支援するためにＯＤＡを供与する方針に決っていた。そこで、外務省のみならず、大蔵、通産、農水の各省、国際協力事業団（ＪＩＣＡ）、海外協力基金、輸出入銀行など経済協力に関係する諸機関を網羅するオール・ジャパンの大型代表団が組織された。準備としてＯＤＡの仕組みを説明する基本資料はロシア語でも用意したが、ＯＤＡ関連の適当な用語が見当たらない場合があった。二月七日にまずモスクワに入り、そこからチャーター機で中央アジア各国をまわることにした。各国では英語が通じないことが予想されたので、旧知のモスクワ大学のストレジャク講師に日露通訳として同行してもらった。三年ぶりのモスクワも体制変革の最中であり、物価は暴騰していたが、街の様子はまだあまり変わっていなかった。

まず、かつて日本映画祭を実施した際に訪れたことのあるタジキスタンについては、情勢が不安定なので、現地入りをせずに八日にモスクワで経済次官と協議した。ロシアの支援を得てようやくイスラム原理主義派の政権を倒して政府を樹立したばかりであり、これからＩＭＦとの協議に入るということであった。日本としては技術協力から入るしかないと判断した。

二月九日にカザフスタンの首都（当時）アルマアタに入った。リンゴの里という意味で広大なカザフスタンの東端に位置する天山山脈の南麓にある歴史の古い街である。トカーエフ外務次官の出迎えを受けて日程が始まった。同氏は若いながら落ち着いた能吏という人物で、その後外相、首相を歴任し、さらに国連のジュネーヴ事務局長を務めており、私も後年外相として訪日した際やワルシャワとジュネーヴで再会するなど縁がある人である。

カザフスタンは、独立後三年しかたっていなかったが、露、中、印の真中に位置する地政学的重要性と天然ガス、ウラニウムその他の資源が豊富なことから諸外国が重視しており、既にＣＩＳ諸国や米、中、英、独、仏など二十四ヵ国が大使館を開設していた。そのことがカザフスタン側の頭を高くしている可能性があった。ちなみに米国の大使は、私の二回目のモスクワ勤務の際に米国大使館で政務担当であったビル・コートニーであり、面会して久闊を叙し現地事情を聴取したが、ナザルバーエフ大統領の表明した非核保有国になるとの方針は信用できるとの説明があった。日本も大使館設置を決めて臨時代理大使と会計担当官がホテルの仮事務所で開館に向けて準備中であった。日本代表団の訪問と大使館開設のお披露目を兼ねたレセプションをホテルで行った。

先方との協議では、シャバーギン副首相以下の関係各省の面々にまず緊急援助物資を贈呈してから（この後各国でも同様に贈呈）、日本のＯＤＡのスキームの説明をおこなったが、予想されたこととはいえ、先方は民間投資、産業協力への期待が大きく、議論はなかなか噛み合わない。なにしろソ連型社会主義から体制を変革したばかりなので無理もないが、政府による開発援助と民間経済交流の違いなどの説明に随分と時間がかかった。しかしながら、経済省の第一次官はＩＭＦとの協議について的確に説明しており、運輸インフラの整備やアラル海の環境改善についての要請があるなど一定の協議は進んだ。

十一日には山脈を越えてキルギスタンのビシュケクに入り、サルイグーロフ対外経済相の出迎えを受けた。協議では、アカーエフ大統領が直々に、四五〇万人の小国で資源が豊富でもない中でエネルギー価格が高騰したため経済運営が難しいと、説明してくれた。アカーエフ大統領は当時四十八歳で、真摯な態度で改革に取り組んでいる様子であった。現に中央アジア諸国の中では最も政治面の民主化が進んでいたわけだが、それ故にこそ、後に反政府運動が起こり、同大統領が追われることになったのは皮肉である。サルイグーロフ対外経済相は、三十七歳で経済改革をIMFや先進国との援助も期待しつつほとんど一人で取り仕切っていた。協議では通信関係や病院についての無償資金協力及び文化無償の要請がなされた。同氏とはその後も東京にたびたび電話をもらうなど関係が続いた。また、まだ三十代の教育大臣ジャクイポヴァ女史は、モスクワ大学歴史学部で私の指導教官であったククーシン教授に学んだとのことであった。これらの若手指導者が、保守派からの様々な反対妨害にもめげず改革に取り組んでいる様子に、当方としてもロマンを感じ何とか支援したくなるのであった。

十三日にはウズベキスタンの首都タシケントに入り、サファーエフ外相の出迎えを受けた。ここでも代表団訪問兼大使館開設のレセプションを行った。週末に久々にタシケント市内を見学したが、さほど変化は見られなかった。十五日の全体会合でスキームの説明をして、かなり理解を深めてもらったが、翌日にはカリーモフ大統領が、ムターロフ首相同席で、直々に日本代表団を引見し、同国の「漸進的改革」について長広舌を続けた。旧ソ連型の独裁者で、周囲がピリピリしている様子であった。この国は旧体制が色濃く残っているところで、反対派は弾圧されており、市場経済への移行も進んではおらず、IMFとの構造改革の話し合いはまとまっていない状態であった。他方で、官僚組織はしっかりしており、人口も多いので、タシケントが中央アジアの中心であることは変わっていなかった。このような国に対しては、体制変革、民主化支援をする日本としてもスタンスが取りにくいとの印象をもった。先方の長い説明で時間が不足して来たので、当方の説明は私が直接ロシア語で行う一幕もあった。

何とか日程を終え、十六日にトルクメニスタンのアシュハバードに入った。ニャーゾフ大統領の独裁体制下であったが、天然ガス開発のために外資が入り始めているところで、街はまだ貧しい印象であった。翌日ナンバー2と言われたサパロフ第一副首相と会談した。外資導入もあり、なかなか鼻息が荒い感じであり、ペルシャ式というかネゴシエートして有利に進めようとの態度がみられた。

こうして、中央アジア五ヵ国への初の日本政府開発援助代表団の訪問を終了した。その後この地域と日本との関係が良好に発展しているのを見ると、九三年の時点でともかく新興の中央アジアに対して日本の強みである経済協力を梃子に外交を展開する端緒をつけたのは意味があったと考える。

3 国造り支援、カンボジア、ベトナム

(1) カンボジア

中央アジア諸国への援助は、社会主義からの体制変革を支援する方針に則ったものであったが、インドシナ三国、ベトナム、カンボジア及びラオス支援も同様であった。これら諸国は、ベトナム戦争、カンボジア内戦、ラオス内戦で疲弊しており、社会主義による経済開発は成果を上げておらず、低開発状況にあった。夫々国内情勢はまだまだ安定してはいない中で、日本が行うべき

支援の分野を探るために、九三年五月にまずカンボジアとベトナムに出張した。

カンボジアは、七〇年代に恐るべき住民虐殺を行っていたクメール・ルージュ（ポルポト）政権を、七〇年代末にベトナムの支援を受けた勢力が倒し、ヘンサムリン政権が成立した。しかし八〇年代には、辺境にのがれたポルポト派と旧元首の率いるシハヌーク派（ＦＵＮＣＩＮＰＥＣ）及びソンサン派の三派が連合し、ヘンサムリン政権と対立し、内戦が続いていた。九〇年代に入り、東西冷戦が終結するという国際情勢の変化を背景に、ようやく当事者間の和平協議が促進され、九一年十月にパリでカンボジア和平の最終合意文書が調印された。この合意達成のためには、日本がタイなどのＡＳＥＡＮ諸国とともに公式、非公式に大いに貢献したのである。そして九三年三月に「カンボジア国連暫定機構」（ＵＮＴＡＣ）が発足し、明石康国連事務次長が事務総長代表としてその責任者に就任した。ＵＮＴＡＣの任務は、国内諸勢力の武装解除を行い、兵士たちの動員を解除して社会復帰を促し、国内の政治、行政、司法制度の再建を図り、経済の復興を図るための基盤づくりをするもので、一国の統治を国連が行うという前例のないものであった。

日本としては、カンボジアの安定が東南アジアひいては国際情勢の安定に資するものであるとの認識の下に、ＵＮＴＡＣに全面的に協力した。宮澤内閣の下で、九二年一月に成立した「国際平和協力法」によって国連の平和維持活動（ＰＫＯ）に自衛隊員などの人員を派遣することが可能になっていたが、国連ＰＫＯ活動であっても武力行使を伴うものには加わらないとの日本独特の制約が課せられていたので、初めてのケースとして陸上自衛隊の施設部隊が九二年九月からカンボジア南部のタケオに派遣され、道路整備などにあたっていた。また、全国の警察から派遣された要員七十五名が、カンボジア警察の育成にかかわっていた。

経済復興の分野では、UNTACとは別にICORC（カンボジア復興支援会議）が設置され、日本はフランスとともに共同議長国となり、国際的支援の調整をリードするとともに、無償資金協力による医療、教育などの基礎インフラの整備やJICAによる専門家派遣を行っていた。

ところが、九三年四月八日国連ボランティアとして選挙監視活動に携わっていた日本の青年中田厚仁氏がクメール・ルージュ側に銃撃され死亡した。さらに五月四日に文民警察として活動していた高田晴行警部が、クメール・ルージュ派とみられる武装ゲリラに襲撃され殉職した。カンボジアの選挙は五月二十三日～二十八日に行われる予定となっていたが、日本人の犠牲者が出たことで日本国内ではPKO派遣を引き上げるべきではないかとの議論が出され、政府はパリ合意の前提は崩れていないとして引き上げは行わないという緊迫した事態となっていた。

このよう状況下で、五月十一日に発ってバンコク経由で十二日にプノンペンに入った。建物はまだ荒れた状況ではあったが、プチパリと言われた佇まいは残していた。しかし、外国人が滞在できるようなホテルはないので、メコン川に浮かぶ客船のフローテング・ホテルに滞在した。まず、先方のセク・セタ外務次官と協議し、農業省のチャン・トン・イヴ次官とも協議した。さらに現地で活動するNGOのIRRI、JVCや国際機関FAOの代表とも意見交換した。農業に関しては、要員や農民の訓練の問題や二年目以降の支援の増加や作物の換金化の問題などが指摘された。カンボジア側は、早期に農薬散布を行うなど増産を急ぎたい意向であるのに対し、NG

O側は批判的であったが、他に選択肢がないということではなかろうということになった。十三日には、UNTACのローレンス財政部長と会談し、ドナー国の会合に参加したが、選挙を控えてますますカンボジア政府の財政は困難であり、ICORCを経て選挙後の新政府に繋ぐまでの支援が必要ということであった。さらに日本が支援しているチュルイ・チョンバ橋の復旧工事を視察し、邦人の経済協力関係者と安全対策を中心に意見交換した。十四日には、タケオの自衛隊の基地を視察した。防衛庁出向時代に頻繁に行った部隊視察を想い出したが、周到な準備としっかりした装備の下に隊員の士気は高かった。

日本は、文民警察の再配置を協議するために柳井俊二国際協力隊本部事務局長と高野紀元アジア局参事官が出張してきており、一緒に今川幸雄大使の話を聞いたが、クメール・ルージュは、叛徒となって弱小化していくであろうが、そのためにも現政府を支える必要があるということであった。これらの視察の合間に、ポルポト時代の大虐殺を示す博物館も見学したが、おびただしい頭蓋骨が重ねられているのは、まことに衝撃的であった。

(2)　ベトナム

翌十五日には、プノンペンからホーチミン（旧サイゴン）に入った。ここでもメコン川に浮かぶフローテング・ホテルに滞在した。ベトナムは、社会主義国としてソ連圏に属して来たが、冷戦終了後、共産党の支配体制は維持しながら、社会主義経済の一定の開放を行うドイモイ（刷新）政策を展開していた。日本は、ベトナム戦争を戦い抜き、中国との歴史的経緯を踏まえながら、国づくりを進めている同国が有する戦略的重要性に着目して、これを支援する方針であった。ベトナムは、やがてＡＳＥＡＮやＡＰＥＣにも加入し、経済的にも発展するのだが、九三年当時はまだまだ発展前の段階で、建物なども整備されていない状況ではあったが、かつてのサイゴンの街にはオートバイが走りまわり、活気にあふれていた。早速総領事館のアレンジで南ベトナム時代に日本の援助で建設、運営されていたチョウライ病院を視察した。機器は旧式で今後の無償資金協力による支援の再開を約束した。十六日には、ベトナム戦争時代の民族解放戦線（ベトコン）が使用していた地下道基地を視察した。地上との連絡口は非常に狭苦しい縦坑だが、地下にはトンネルが網の目状に掘ってあり、所々に部屋があるかなりの規模のものであった。

その後国内便でハノイに入った。古いフランス風の建物にソ連式のやり方が奇妙に混在しているダンチュー・ホテルに滞在した。十七日には、ヴァン・キュウ外務省北東アジア局長（前在ソ連大使館公使）及びズオン・ドウック・ウン国家計画委員会対外局長と夫々会談した。いずれもソ連で学んだ人達でありロシア語で話し合ったので、なんだか昔のソ連にいるような錯覚に陥ったが、ともかく日本からの支援を望む意向は明白であった。さらに、ヴー・マイン・カー・ハノイ人民委員会副委員長（副市長）と会談した。同副委員長は夕食会を主催してくれた。同日に、ハイバー・チューン病院を視察した。院長のティエン女史は、レニングラード留学の経験があり、ロシア語で会談した。窓ガラスもない有様でチョウライ病院より劣悪な状況であったが、日本の支援で機器が導入されるのに合わせて改善するとのことであった。十八日には、ハノイの外港であるハイフォン港を視察した。ここでも責任者はロシア語で説明してくれた。途中はのどかな田園風景が続いていたが、橋、道路など大掛かりなインフラ整備が必要であるとみられた。このようにベトナム出張はロシア語が役立ったが、ドイモイの行方は容易ではないと感じられた。

(3)　カンボジア復興国際委員会（ＩＣＯＲＣ）

その後カンボジアでは九三年五月に総選挙が行われ、ラナリット派が第一党となり、フンセンのＳＯＣが第二党となった。

六月十五日からカンボジア関係国会議に参加する参加するために池田維アジア局長と共にタイのバンコックに入り、まずタイ、米国、豪州と夫々事前に協議した。その後、この三ヵ国に仏、英、インドネシアが加わったコア・グループの会合が仏大使館で開かれ、要はパリ協定の枠内であれば、少々おかしくてもとにかくカンボジア人の手にゆだねることとし、財政支援は移行期の行政費用を国連分担金方式とすることで、反対する英国を何とか同意させた。十七日にプノンペンで、カンボジアとコア七か国に加えて、独、加、中、露各国と、国際機関からＵＮＴＡＣ、ＩＭＦ、世界銀行、ＡＤＢ、ＵＮＤＰが参加し、関係国会議が開かれた。政治部門では一々の動きに反応せず、カンボジア人の手に任せるとの線でまとまったが、経済部門では、明確な国連分担金方式ではまとまらず、国連（ニューヨーク）で再検討することになった。十八日には王宮でシハヌーク出席の下にラナリットとソンサンＳＯＣ外相が加わった会議が開かれ、シハヌークは長広舌をふるい、暫定政府樹立しか方法がないことを印象付けた。

この頃日本では、政治上の大変化が起きていた。六月に小沢グループが野党に同調したため宮澤内閣に対する不信任案が可決され、続く総選挙で自民党が政権を失うことになり、八月九日に非自民の細川護熙内閣（外務大臣は羽田孜）が成立した。日本の政治外交で非現実的な空論を述べていた社会党などの旧来の野党に、自民党を離れた小沢グループが合流した呉越同舟の寄り合い所帯であり、前途多難が予想されたが、ともかく一度は自民党が野に下るのも良かろうという印象であった。

日本に新政権が誕生した後に、九月中旬にパリで開かれた第一回ＩＣＯＲＣに出席した。日本はここで二〇億円の無償支援を行うことを表明した。九四年三月十日、十一日には、東京で第二回ＩＣＯＲＣが開催され、議長となった東祥三外務政務次官の補佐を務めた。カンボジアからは、二人首相であるラナリットとフンセンがそろって出席し、各国からクリストファー米国務長官、ロンゲ仏産業相などまずまずの顔触れがそろい、支援のプレッジも九四年について合計で四億七八百万ドルもあり、成功であった。今後のモダリティについては、ＩＭＦ、世銀グループが主導して行われる通常の支援国会合（ＣＧ）にするという意見もあったが、日本としては、当分はこの特別な支援国会合のままにしておくことで押し切った。

その直後、九四年四月には細川内閣が退陣し、羽田内閣が成立したが、早くも六月には退陣し、自民党と社会党の連立政権である村山富市内閣（河野洋平外相）が成立していた。

九五年三月に、第三回ＩＣＯＲＣがパリで開催され、柳澤伯夫外務政務次官に随行した。カンボジアからはラナリット首相が参加し、コア・グループで次回ＩＣＯＲＣは九七年末までにプノンペンで開催すること、支援の経済的技術的側面を討議するためのＣＧを世銀との共同議長で日、仏で交互に開催することなどが合意された。全体会合では、コア・グループの合意通りに合意され、各国と国際機関によるプレッジは四億二七百万ドルに上り、カンボジアとしては大満足であった。日本は、無償協力を五千万ドル以上行うと表明して、トップ・ドナーの地位を保った。

このようにＩＣＯＲＣを通じ、カンボジアの国造りに若干なりともかかわる事が出来て貴重な経験となった。この後の香港総領事時代には、九七年に日本に赴くラナリット首相を香港の空港でアテンドしたこともあり、またその後の各任地でカンボジアの大使とは親近感をもって付き合うことになった。同国はその後フンセン首相の開発独裁的な体制が続いており、中国との関係が強まっているが、国造りの当初から支援し続けた日本との関係は、良好である。

4　南アジア支援、バングラデシュ、ネパール出張

カンボジア支援の会合が続いている間に、九三年十月九日からバングラデシュに出張した。同国が七二年にパキスタンから独立して以来、日本は円借款と無償資金協力や技術協力を組み合わせて様々なプロジェクトを実施して国造りに協力して来た。そのために両国の当事者間で年次協議を行ってきており、その年は先方の首都ダッカで行われることになり、日本代表団の団長として、例のダッカ事件（第３章５）以来十六年ぶりにダッカに赴いたのである。

先方は国土を東西に分けるジャムナ河に多目的のジャムナ橋を建設することが国の経済発展に

必須であるとして、日本の協力を要請して来ていた。関係省庁の次官級の先方代表団と協議していた最中に、予定外でジーア首相（建国の父ジアウル・ラーマン元首相の未亡人）から呼び出しがかかり、竹中繁雄大使と共に赴いたところ、首相から直々に円借款供与を要請された。もちろん一存で回答できるはずもなく、「本国政府に伝えるが、技術的側面と住民再移転についての計画などが必要である」と述べ、日本が初めての非自民連立政権の下にある政治経済状況では、一層の効率的効果的援助が求められていることを説明した。更に言いにくいことではあったが、ＬＤＣ（後発開発途上国）に対する円借款は例外的であることなども説明した。

会議の前後に、日本が無償資金協力で建設して来たソグナ橋やメグナ・グムチ橋を視察して、援助の有効性は実感した。しかし、ジャムナ橋は二〇〇〇億円に上る大規模プロジェクトであり、困難な事案であった。日本に持ち帰って局内でもまた政府部内関係省庁でも議論され、紆余曲折を経たが、九四年には円借款供与が合意され、二〇〇〇年には完成したのである。同国がこの橋の効果もあり、その後経済発展を遂げているのは大変喜ばしい。

バングラデシュでの協議の後、十月十五日にはネパールに入り、パント大蔵次官と協議した。日本毛沢東主義者の反乱分子など国内治安も不安定な中で、日本の支援には期待が大きかった。日本の無償資金協力で整備中のカントマンズのバス・ターミナル、トリブヴァン大学病院、カンティ児童病院などを視察したが、ここでもライ首相代行から呼び出しがかかり、伊藤忠一大使と共に引見され、一層の支援継続を要請された。

両国で日本の局次長クラスの私に、首相が直接、支援要請をするというのは外交的プロトコールからは全く異例であったわけだが、如何に日本の支援が期待されているかを示すものであり、また日本外交にとってのＯＤＡの有効性を示すものでもあると思った。

なおプロジェクト視察の合間に見たネパールの旧王宮やヒンズー教の寺院などの文化遺産、更には飛行機から見た荘厳なヒマラヤの山々は非常に印象的であった。ネパールがその後大地震にみまわれ、歴史的建造物が破損して復旧がなかなか進んでいないのは残念である。

5　経済協力総合調査団

(1)　インドネシア

日本政府は、経済協力の成果を検証し、今後の方向について先方政府と政策対話を行うために経済協力総合調査団をかねてより各国に派遣して来た。九四年二月には最大の受益国であるインドネシアが対象となり、松永信雄元駐米大使を団長とし、外務、大蔵、通産、農水、経済企画の各省庁やＪＩＣＡ、経済協力基金などの二十名からなる大調査団が派遣されることになり、その副団長として加わった。現地では藤田公郎大使以下の館員が準備にあたり、二月八日から先方のギナンジャール開発庁（バペナス）長官をはじめとする閣僚クラスが出席して対話が行なわれ、成果については双方とも評価した。当方からは、政府開発援助大綱にそって受益国の責任と透明性の重要性について繰り返し説明した。その日のスハルト大統領との会談では、大統領の方から過去二十五年間の成果を詳細に例示しつつ、今後の課題、当面の問題を述べ、円高による債務負担の増大と石油価格低迷による歳入減を指摘して、プログラム・ローンを要請して来た。これに対し、松永団長より、今後の方針と共に大綱にふれて、人権についても外国で指摘されている問題があると述べて、インドネシア側の努力を評価しつつも、一層の努力の継続を望む旨指摘した。その他にも、日米関係やAPECについても意見交換した。総じてスハルト大統領は、ここまで国を率いてきた実績に対する自信を示しており、アジアの重鎮という感じがした。

この後、ジャカルタからジョクジャカルタにまわり砂防センターやダム・サイトなど様々なプロジェクト現場を視察してから帰国した。この段階では、四年後にインドネシアでスハルト政権の強権政治に反発する暴動が起き、同大統領が辞任してハビビ大統領が就任する事態に至るとは想像できないところであった。

(2) フィリッピン

続いて九四年二月二十日から、鹿取泰江元駐ソ連大使を団長とする調査団がフィリッピンに派遣され、同じく副団長として加わった。駐比大使は、かつての上司新井弘一大使であった。フィリッピンでは、長く続いたマルコス体制が一九八六年に倒され、暗殺されたベニグノ・アキノ元上院議員の未亡人のコラソン・アキノ女史が大統領となり、いわゆる民主化を進めたが、国内は必ずしも安定しなかった。その後をついでラモス元参謀総長が大統領に就任して、混乱が続いた国内体制の立て直しを図っているところであった。

全体会合には、先方からデ・オカンポ財務長官、ハビト開発庁長官、ロムロ外相、シアソン駐日大使（後に外相）他が出席して行われた。比は多数の島々からなる群島国家で大土地所有制が維持されていて、旧宗主国のスペイン系で経済を握る上層富裕階層と原住民の貧困層との格差が大きく、経済発展には問題山積であったが、かつては米国の支配下にあったことから、英語を話す労働力が豊富であり、今後の経済発展の可能性を有していた。比側からは、今後の経済計画の説明があり、日本側からは円借款によるインフラ整備への協力の用意を表明した。この間に、これまでの円借款による道路や無償資金協力で建設し技術協力を続けている貿易研修センター、無償協力の病院などを視察し、協力が有効であることを実感した。

ラモス大統領とは、二月二十四日早朝に大統領官邸のマラカニアン宮殿に付属するゴルフ・コースで九ホールを回った後に、改めて引見があった。軍人らしく率直な感じの人柄で、日本との協力に大いに期待していることを述べていた。この後セブ島でもプロジェクト・サイトを視察したが、各地で在留日本人商工会やNGO関係者とも懇談し、プレス対応も行って、日本のODAの有効性について広報に努めて帰国した。

(3)　中米諸国（ニカラグア、エル・サルバドル）

九四年十二月には、枝村純郎前駐ソ連大使を団長とする中米調査団の副団長として、中米のニカラグアとエル・サルバドルに出張した。枝村団長は、中南米局長やスペイン大使を歴任しており、現地事情に通じていた。対象となった中米二ヵ国は、インドネシアやフィリッピンと異なり、小国であり、日本の支援も額は大きくはなかったが、いずれも冷戦後の国際情勢のうねりの中で独裁政権が倒されて、新たな政権が民主化と経済の活性化に取り組んでいるところで、旧東欧諸国や中央アジア諸国への民主化支援と同じように日本としての支援を強化するとの方針の下で、経済協力総合調査団を派遣することになったものである。

ニカラグアでは、四十三年間も続いたサモサ一家による独裁政権が、一九七九年にサンディニスタ民族解放戦線により倒された。しかし、その後も国内情勢は安定せず、左右対立の内戦状態となった。八五年に成立したサンディニスタのダニエル・オルテガ政権は、鉄道国有化や大規模な私有財産接収を行いつつ秘密警察による強権政治を行ったので、米国と対立することになった。八七年の中米和平条約の合意に沿って八八年に国内での停戦が成立し、九〇年の大統領選挙によりオルテガが敗れ、野党連合のビオレータ・チャモロ大統領（女史）の政権が成立していた。十二月四日にマイアミ経由でニカラグア入りした。首都マナグアの街は、かつては繁栄していたというが、とても貧しく見えた。大使館の説明では、チャモロ政権では大統領の娘のラカヨ大統領府大臣が、経済再建の舵取りを行っており、サンディニスタ政権下で平等権を知った国民の意識が高いので援助吸収能力も高く、小規模無償もうまくいっているとのことであった。五日にはチャモロ大統領に表敬した後に協議に入ったが、先方は真面目な対応で成果があった。また、無償協力プロジェクトのカラソ台地での井戸の掘削、給水事業を視察した。まとめとして、〈義務教育の遅れなど基礎が不十分なので相当つぎ込んでも自立的発展への道はそう簡単ではなかろうが、日本の支援に真剣に対応しており、見返り資金もよく使っているので、援助のし甲斐がある。

日本にとっての国益は薄いが、キルギスのように日本の支援のモデルケースにすることは考えられるかも知れない〉と評価した。

七日にはエル・サルバドルに入った。同国は、七〇年代から極右のテロが続き、七九年ニカラグアのサンディニスタ革命と同時期にクーデターによって革命評議会が暫定政権を樹立したが、ニカラグア政権からの支援を受けた左翼ゲリラ組織（ＦＭＬＮ）が抵抗運動を起こし、内戦状態となった。米国は政府側を支援し内戦が続いたが、九二年にようやく国連の仲介で和平が成立し、ＰＫＯが派遣された。そして九四年の総選挙で、右派のカルデロン大統領が就任したところであった。ＦＭＬＮは第二党となっていた。

首都サン・サルバドルの街は、米国のファスト・フッドの店も多く、米国領かと思えるような感じであった。到着直後にカルデロン大統領を表敬した後、サンタマリア外相と会談した。続く先方との協議では、重点事項を整理した。現場視察では九〇年に支援した西海岸のアカフトラ港の荷揚げ機材を視察し、更にヘリコプターで、中央部の有償協力と無償協力による橋梁のプロジェクトなどを視察した。

帰路に米国ワシントンで、国務省や世銀、米州銀行（ＩＤＢ）の関係者との協議を行った。中米地域への影響力を考慮すれば、これらの協議は大変有意義であった。

⑷　インド

九五年三月には、インドに波多野敬雄前国連大使を団長とする大型の調査団が派遣され、副団長として加わった。波多野大使は、官房総務課長補佐時代の課長として、また報道課長時代に外務報道官として直接仕えたことがあり、更に駐インド大使は、一度目のモスクワ勤務時代に上司であった谷野作太郎大使であったので、仕事がやり易かった。

インドは、第二次大戦後の独立後、ネルー、インデラ・ガンディー、ラジブ・ガンディーの一家三世代など国民会議派の政権が続き、民主主義体制下ではあるが、非同盟の外交を貫き、国家による統制が強い独自の経済政策を維持して来ていた。インドと経済関係が深かった社会主義圏の崩壊後、変革の必要を説くナラシンハ・ラーオ政権が九一年に成立して以来、マモンハン・シン蔵相が経済自由化政策を導入し、ＩＴ産業が目覚ましく発展するなど、今後の成長が期待できる状況下にあった。日本は、古くから円借款を供与し、無償・技協も展開して来たが、官僚主義のレッド・テープにより、なかなか進まない事例も少なくなかった。先方のアルワリ大蔵次官、シン次官補との協議を行ったが、その間も千客万来の様子で時間が限られていた。それでもシン蔵相とムカルジー外相との会談では中味のある話が出来たが、結局ラーオ首相との会談は実現しなかった。全体としてはインド側の関心を高めることには成功したと感じた。

ニュー・デリーからボンベイに廻り、ツゥー・ステップ・ローンで支援した小企業をいくつか視察した。ボンベイは予想以上に貧しい印象であったが、滞在したタージ・マハール・ホテルは立派であった。

6　各国への出張

(1)　ＡＳＥＡＮ諸国

九三年七月には、日本の政局が不安定の中で、シンガポールで開催されたＡＳＥＡＮ拡大外相会議に出席した武藤嘉文外相に随行した。この会議ではＡＳＥＡＮ側のイニシアチブで、安全保障問題を議論するＡＳＥＡＮ地域フォーラム（ＡＲＦ）に、ＡＳＥＡＮ六ヵ国（フィリッピン、タイ、インドネシア、マレーシア、ブルネイ、シンガポール）及び対話国七ヵ国（日、米、韓、加、豪、ニュージーランド、パプアニューギニア）に加えて、中国、ロシア、ベトナム、ラオスを含めることが決まった。

この会議に参加して、ＡＳＥＡＮ地域では日本の力が強いことと共にＡＳＥＡＮ諸国が自信を持っていることを実感したところであり、今後の課題はインドシナ三国の開発と軍事政権が続くミャンマーの問題であることが見て取れた。

(2)　ドナー国協議

ＯＤＡの有力ドナー国との政策対話も重要であった。九四年三月二十三日にノルウェイに出張し、ベンディクデン外務省経済協力局長と協議した。次いで、二十四日にはスエーデンでも同種の意見交換を行った後に、ロンドンに入り、英国海外開発研究所（ＯＤＩ）主催のセミナーで日本のＯＤＡについて講演した。この講演は、後に同研究所の機関誌に掲載された。（註17）

九四年五月中旬には米国ワシントンに出張し、海外開発評議会（ＯＤＣ）で、英国で行ったのと同様に日本のＯＤＡについて講演した。さらにニューヨーク郊外のロックフェラー邸ポカンティコで開かれた「アフリカ、アメリカ、日本」というセミナーに出席した。論点は、人造り、インフラ整備支援などと共に、貿易、投資の重要性などこれまでも言われている諸点ではあった。続いてフランス・パリに入り、ＯＥＣＤのＤＡＣ（開発委員会）での南アフリカに対するドナー国の政策を調整する会議に出席した。

九四年六月のＯＥＣＤ閣僚委員会には日本の政局混乱のために、閣僚が出席できず、松永信雄政府代表が出席したが、その代表団の一員として再びパリに赴いた。この会議では、途上国支援の援助量増大のコミットメントを盛り込むことに、米、加が反対し、結局ＯＥＣＤとしては援助の効率と質量の向上に取り組むとの表現となった。

なお、同年九月には、再び米国に出張し、アトランタのクラーク大学とマイアミの国際大学で日本のＯＤＡについて講演した。

(3)　南米、エジプト

九四年六月末には、村山内閣の河野外相に随行して、ブラジル、アルゼンチンに出張した。初めての南米であったが、ブラジルでは、フランコ大統領への表敬、外相会談などがあり、ようやく経済状況が良くなりつつある様子で、サンパウロ、リオデジャネイロ、ブラジリアと回ったが、大国らしい対応であった。アルゼンチンのブエノスアイレスはやや発展の遅れた欧州の都市という印象であった。

続いて、パリ経由でカイロに入り、世界人口会議に出席した。ここでは河野外相と日本のＮＧＯの初めての懇談をセットするなどした。また、ムバラク大統領との会談にも同席したが、なかなかの貫録であった。

(4)　中国と核実験

九五年五月の連休に村山総理の訪中に同行して、十一年ぶりに中国を訪れた。車中より垣間見る北京の街は随分と新しい高層ビルが増えていた。防衛次官に同行した時と同様に釣魚台国賓館に入り、再び清露堂での夕食会に陪席した。五月三日江沢民国家主席との会談、李鵬国務院総理以下との全体会議が行われ、経済協力の分野では、先方から円高対応、即ち、円借款を返還する際に米ドル換算では円高のために負担が増えることに善処を求めるとの要望がなされた。村山総理からは、ＯＤＡ大綱にうたわれている日本の経済協力の方針を説明し、円高については日本も苦しんでいる旨説明し、為替安定の努力が必要であると述べた。その午後には、総理一行が盧溝橋と抗日戦記念館を視察した。これが戦後五十年の総理訪中のハイライトというところであった。五日には内外会見の後、北京から西安に到り、兵馬俑と碑林を見学し、さらに六日は上海で豫園などを視察し帰国した。中国が発展し続けている様子を実感したが、まだ日本からの協力に期待している状況であり、戦後五十年という背景がありながらも彼我の力のバランスは保たれていて、日中関係は悪いものではなかった。

ところが、帰国後の五月十五日夕刻に、中国が核実験を行った。早速、斎藤事務次官より武大偉臨時代理大使に遺憾の意を表明したが、何らかの具体的措置をとるべきとの論調が強かった。経済協力局としては平林博局長の下で無償資金協力を減額する方針を立て省内協議に入ったが、これが過早にプレスに出てしまい、総理や官房長官は日中関係に影響させないと言っていたので、事務方の独走の観を呈して来た。そこで、十九日夜に河野外相が官邸に赴き、改めて対応策を事務方に検討させるということになり、内容的に既に検討していた通りであるが、二十二日に斎藤次官より総理、官房長官に説明して指示を受け、中国側に申し入れることとなった。二十二日午後に、局長代理として私から、鄭祥林参事官に次のように申し入れた。

(1) 我が国の対中経済協力は、中国の改革・開放政策に基づく近代化努力に対し積極的に支援するとの方針の下に実施している。先般の首脳会談において、村山総理が申されたとおり、我が国としてこの方針は不変である。

(2) 他方、我が国がODA大綱を踏まえ経済協力を行っており、経済協力は、国民の理解と支持が伴わなければ行い得ないことも累次伝えて来たところである。然るに、今般、中国が、NPT再検討・延長会議で核実験を抑制すべきことが決定された直後、かつ村山総理が訪中し申し入れをした直後にもかかわらず、核実験を再度実施したことは、我が国政府・国民に大きな衝撃を与えたものであり、極めて遺憾である。

(3) 我が国としては、これまでと同様に、今後ともODA大綱を踏まえつつ中国に対する経済協力を進めていく所存であるが、それは経済協力についての総合的判断の一環として今回の経緯を踏まえたものとなろう。

これに対して、鄭祥林参事官は、核実験に対するこれまでの中国政府の立場を説明するとともに、今回の事態が中日関係に影響を及ぼさないことを望む、また本日の内容は直ちに本国政府に伝える旨述べた。

この申し入れのやりとりを官房長官の記者会見で発表した。国内の報道ぶりは、まずまずであって、この件は一応落着した。但し、核実験はその後も続くわけで、対応は難しいと思われた。現に自民党内からは、無償資金協力削減を明示することを求める声も出ていた。日中関係の一つの曲がり角であったと言える。

第12章 APEC大阪会議

1 PFP

APEC（アジア太平洋経済協力）の首脳会議が、九五年秋に大阪で開催されることが予定されていた。APECは、第4章で述べたように太平総理が豪州訪問の際に、アジア太平洋地域の協力の重要性を指摘したことが端緒となった。

その後、オーストラリアと日本が協力して、域内各国の貿易、投資を促進する目的で具体的な構想が進められ、八九年にホーク首相の提案でキャンベラにおいて閣僚会議が開催されたのが始まりである。日本側は通産省が熱心に取り組んでいたが、外務省もその重要性を認め、いわば張り合って取り組むようになり、閣僚会議には、外相と通産相が共に出席して来た。

EUのように域内統合を目指すものではなく、貿易や投資の促進のために協力できる点を合意して夫々が取り組むというもので、太平洋の東岸の米国、カナダ、メキシコ、ペルー、チリや西岸の日本、中国、韓国、ASEANメンバーのフィリッピン、インドネシア、マレーシア、シンガポール、ブルネイ、そして南岸のパプアニューギニア、オーストラリア、ニュージーランドがメンバーであるが、APECの特色の一つに域内の国家だけでなく、経済体（エコノミー）をメンバーにしていることで、香港（当時は英国植民地）と台湾が中国と並んで参加していた。九三年には、米国クリントン大統領の提唱で、首脳レベル会合がシアトルで開かれ、九四年にはインドネシアのジャカルタ近郊ボゴールで開催されていた。それが、次は日本、しかも大阪で開催されることになり、経済局を中心に準備に入っていた。

経済協力局は、貿易や投資の促進に直接携わってはいないが、メンバーは九四年の時点で十八エコノミーであり、途上国も多いので、局内で議論して、「ODAを活用して貿易、投資の促進を図る」という考え方を持ち込んだPFP（Partners for Progress「進歩のためのパートナー」）という提案を打ち出そうということになった。省内、関係省庁とも調整の上、私がこれを担当して域内の主なメンバーに打診して廻ることになった。まず、九五年六月には米国に出張してAPEC担当大使サンドラ・クリストフ女史にこのアイデアをぶつけたが、域内の協力は重要だが、貿易、投資の障害除去を話し合ってきたAPECに新しい形のODAを注ぎ込むことには懐疑的な反応であった。米国としては、ODA世界一の日本が主導権を握ることへの警戒心が働いたものと見えた。続いて訪れたカナダでは外務省のファーランド局長他の反応はバランスのとれたものであり、特にCIDA（カナダ対外援助庁）のラベル長官は積極的な反応を見せた。そこで、引き続き、主要国への打診を続けることにした。

2 準備事務局長

九五年七月一日付で経済局に配置替えされ、「アジア太平洋経済協力大阪会議開催準備事務局長（大使の称号を付与する）」に発令された。要するに十一月十八、十九日に開催予定の首脳会議をはじめとする大阪会議のロジステックの責任者となったわけだが、ＰＦＰの件も担当し続けるために経済協力局にも併任された。

既にＳＯＭ（高級事務レベル協議）が七月六日に札幌で開催されることになっており、早速現地入りした。そこでＰＦＰについて各国に根回しして、米国以外は理解を示したので、七日の会議の場で改めて説明したところ、各国の支持が表明され、米国のクリストフ大使もついに明確には反対とは言わないで、既存の組織と別系統の組織にしないようにと言及した。カナダも規模でＡＰＥＣのこれまでの活動を凌駕しないようにとの注文を付けた。結局ＰＦＰの考え方はＳＯＭとして承認し、さらなる実質上の微調整を行うということになった。これでひとまずサブスタンスの面での責任を果たして、後はロジステックに専念することになった。

まず大阪に出張し、関係施設を視察し、大阪府、大阪市、大阪府警察本部など関係方面に挨拶して廻り活動を開始した。この後、九月からはニューオータニ・ホテルに滞在しながら準備にあたり、大阪市内のビルのフロアーを借りて事務局を立ち上げ、各省と地元から様々な人達を動員し、最終的には総計二九〇名の大部隊で取り組むことになった。

3　会場、宿舎、警備問題

それまで日本は東京で先進七カ国首脳会議（Ｇ－７サミット）を二回開催した経験があった。しかし、大阪ＡＰＥＣがＧ－７と異なる点としては、参加国が米、中、韓など十八カ国にのぼり、東京以外の場所では初めてであり、外務省だけではなく、通産省、大蔵省など各省と地元自治体（大阪府、大阪市）の予算、人員を使用したことであった。さらにより困難な点としては、会場の設営、警備の問題、そして宿舎の配分であった。また、新しい関西国際空港を使用することも課題であった。

会場は、外相、貿易相などの閣僚会議は大阪ニューオータニ・ホテルで行われるので、問題は少なかった。さらに日本の村山総理との各国首脳の個別会談には、大阪府の知事公舎を使用したが、なかなか趣のある建物で好評であった。一方、首脳会議の会場については、大阪市が大阪城西の丸に建設する市民休憩所を政府が借りて、「大阪迎賓館」として使用するとの基本合意があったが、何分その建物は手狭で、会議場と控室しかなく、厨房も小規模であった。そこで、ロジ用の仮設棟と駐車場を建設することとしたが、費用分担で地元との調整が必要になった。ところで迎賓館は、二条城白書院を模したもので、家具調度も合わせて新調したが、やや格調に欠けるところがあるのと思われたので、米国在勤中に知己となった元シカゴ美術館東洋部長で当時大阪市立美術館の理事（後に館長）であった蓑豊氏に依頼し、同館所蔵の美術品から、伝狩野元信筆の花鳥図の屛風、尾形光琳筆の杜若の掛け軸、安土桃山時代の蒔絵の花見弁当を借り出して飾ってもらった。

これらの時代を同じくする美術品により迎賓館全体の格調が高くなり、コーヒー・ブレークの時には、これらの美術品の前で首脳達がそれを話題にしながら談笑する場面もあった。そのような際に、中国の江沢民主席、台湾の辜振甫代表、香港のドナルド・ツアン（曾蔭権）財政長官、シンガポールのゴー・チョクトン首相とパプア・ニューギニアのジュラス・チャン首相の五人が、中国語（北京語）で立ち話をしている場面を目撃した。太平洋地域における中国系の影響力を垣間見た気がした。

さらに時代を合わせるという点では、首脳の皆さんに昼食後に庭に出て散策してもらい、裏千家家元千宗室氏（十五代）に野点でお点前を披露してもらうことにした。幸い十一月十九日は天候に恵まれ、お家元の絶妙のお点前と家元夫人の見事なさばきで、首脳達も大いに楽しんだ風であり、また絵になるシーンとなった。

宿舎配分は最大の難問であった。元々大阪市内には首脳クラス用のスイートを有するホテルが少ない上に警備上の制約があるので、宿泊ホテルを限定する必要があった。当初、警備当局は四ホテルで収めるよう要請して来たが、当方より無理だとして、六ホテルとした上で、米、中、韓の首脳の部屋は防弾ガラスとし、ブルネイ国王に配慮するなどその他の要素を加味した配分案を作成し、メンバーに提示してあった。この案を不満として、独自に指定外ホテルを手当てするメンバーが出てきたので、警備当局と掛け合って指定ホテルを変更して認めたり、臨時に廊下に間仕切りをしたり家具調度を新調したりすることで、何とか納得してもらっていた。

しかし九月になって、中国もそれまで在京大使館は良しとしていたのに、先遣隊が見た結果として変更を希望して来た。紆余曲折があったが、ＡＮＡホテルのスイートが空いていることが判明したので、全日空本社と中国との歴史的に良好な関係を考慮して打診したところ、阪神淡路大震災の被害を修理する条件で、中国側も了承した。中国宿舎問題が解決し、全メンバーにホテル確定を通報できたのは十月末であった。

警備については、大阪府警が担当するが、警察庁本庁が、警視庁初め各県警から応援を出すなど全体的調整を行った。過剰警備の批判もあったが、大阪市内は、東京よりも交通事情が困難であり、また警備対象の宿舎も多いことから無理からぬところもあった。交通規制などでは市民の大方の理解を得られたと思う。

4　行事プログラム、首脳の並び方

閣僚会議や首脳会議は議題に応じて進行するし先例もあるが、車列での会場への出入りに伴う交通規制や警備の問題を処理する必要があった。当日、別々のホテルから車列を発車させながら、分刻みの間隔を保ちつつプロトコール順に首脳が次々と会場に到着して来て、出迎えの村山総理と順次挨拶を交わすのは、まことに整然としており、さすがに世界に冠たる日本警察の技であった。唯一順番が違ったのはインドネシアのスハルト大統領であったが、前回主催国の首脳として最後に入って来た形になったのは、御愛嬌であった。

写真撮影の際の首脳の並び方も頭の痛い問題であった。かねてAPECプロトコールとして、英語のアルファベット順によるとされてきた。会議場の席次は議長国の左手より時計回りでこの順で円形とすることで問題とするメンバーはなかった。首脳会議の写真撮影では、向かって左手よりAから始まる横一列順とし、前議長、議長、次期議長を真ん中に据えるのが先例であった。そこで大阪でも、首脳会議場の椅子の並べ方は円形にして、上下の感じを避けたが、写真撮影の際の横一列の並び方が問題であった。アルファベット順にするとUSAのクリントン大統領が右端となるのだが、それは避けるべきとの意見もあり、いわば首脳会議の創設者たるクリントンを中心部におくとの案を示したところ、タイから台北や香港よりも端になるのはおかしいとのクレイムが来た。この調整を行っている最中に、十一月十六日に至って、クリントンが米国議会での予算審議との関係で訪日を中止し、ゴア副大統領が出席することになったので、USAを特別扱いせずに右端とすることで問題は解決した。ちなみに、ゴアになった途端に、既に来日していたキーテング豪首相の指示によるとして、アシュトン・カルバート大使より、「ゴアは当然右端におくべし」とのコメントが寄せられたことは、常に左端になる豪からのリマインドだけに、宜なるかなとの思いであった。

さらに、横一線での並び方はよいとしても、首脳宣言発表の際に首脳の立つ位置が韓国との間で問題となった。写真映りを考えて大阪城を背景にして並ぶこととなっていたが、豊臣秀吉の居城を背景には出来ないという訳である。元々、首脳会議については「大阪城西の丸公園」内の迎賓館で開催されるものを、韓国配慮から「大阪西の丸公園」とするほどに気を使っていたので、このコメントについても、「西日を受けて写真映りが良いように東を背にして並ぶもので、大阪城を背にするわけではない、現に首脳に焦点を合わせれば大阪城はあまり画面に入らない」との説明を現場を訪れた韓国の儀典長に行い、実際にも大阪城を真後ろとはしない角度に並んでもらった。

5　夫人プログラム、レセプション、食事、お土産

一工夫必要であったのは、閣僚と首脳の夫人プログラムで、共通のプログラムを用意することでホスピタリティを示すとともに、なるべく個々の単独行動を少なくし、警備、交通の負担を軽減したいとの意図から計画した。地元の大阪や京都はあれもこれもと盛りだくさんの提案をしてきたが、そう若くもない方々を引き回すのは避けるべきと思い、夫人班と共に全ての候補を見て回り、絞ったものにした。テーマを統一して、「秋の紅葉と京都の美」として御所と東福寺の紅葉を見ることにし、「水の都大阪の今昔」として水族館と黒門市場を見学することにした。首脳

の夫人方に裏千家今日庵でお点前を披露していただいて、次の日に首脳にも野点でお茶を供することにしたので、この点でもテーマに連携が出来た。ヒラリー・クリントン米大統領夫人は京都を視察したいとの意向があり、米側の単独プログラムとして警備当局が苦労して調整にあたっていたが、これも来日中止で解決した。首脳夫人のプログラムの日本側のホステスとしては、村山総理夫人に代わって橋本副総理の夫人が務められた。また、河野外相夫人は亡くなられていたので、閣僚夫人プログラムのアテンドは、山口大阪大使夫人、瀬木APEC担当大使夫人とともに私の妻にも手伝ってもらった。

閣僚主催のレセプションや首脳主催の夕食会には、地元の政財界の有力者を招待したが、前者は立食なので広めに、後者は着席なので限定的にした。メニューはイスラム諸国の首脳も考慮に入れたものとし、連日重ならないようにした。ワインは、核実験を行ったばかりのフランスのワインを避けて、チリ、豪州からの寄贈のものに加えて、日本、カリフォルニア、ニュージーランド産も調達し、「APECワイン」を供すると説明した。

お土産として、地元は欄間の彫り物などを用意したので、総理からとして、写真家入江泰吉のアルバム「奈良の四季」を首脳と閣僚に、さらに「東大寺」と「法隆寺」を首脳に贈呈した。京都、大阪と並ぶ奈良を加えて関西の完結としたのである。

以上様々な問題点を解決しながら、当日になったが、十一月十八日、十九日は天候に恵まれ、大阪APECの首脳会議はロジステックの観点からは、成功裏に終わった。

日本では、その後、東京以外の沖縄、北海道、横浜、三重県などで、G-7やAPEC首脳会議が行われており、地方自治体との連携は、大阪会議が先例となっているとのことである。

第13章　香港返還

1　東と西の出会うところ

ＡＰＥＣ大阪会議の準備もたけなわの九五年十月十一日に、翌年明けより香港総領事にとの内示を得た。ちなみに、翌日は目黒区南に自宅を建設する工事の地鎮祭であった。完成予定時には香港に赴任しているので留守宅を用意することになった。

ＡＰＥＣ首脳会議を無事終了した後に、十二月一日付で香港総領事に発令となった。早速香港について勉強を開始した。九七年七月一日に英国から中国に返還されることが合意されていたので、日本でも香港に関する様々な文献が出版されていた。（註18）

英国植民地の香港は、一八四二年のアヘン戦争の結果、清国が香港島を割譲したことに始まり、一八六〇年には九龍半島の先端部も割譲され、更に一八九八年の北京条約で九龍半島全体（新界）が九九年の租借地とされた。英国はここを直轄植民地とし、東洋進出の拠点としたので、東の文明の一角に西の文明が混在する独特の文化が醸成された。中国各地から移住した人も含め、香港人は、英国植民地でひたすらビジネスを優先し、政治は不問とする生活スタイルを続けて来た。

日本との関係も重要で、清国がアヘン戦争に敗れたことは幕末の日本に伝わり、高杉晋作が上海を視察し、伊藤博文、井上馨等が英国留学の途時、香港に立寄って、西欧列強に蝕まれる清国の実情を見て、危機感を募らせたことが、明治維新に繋がっていったのである。

しかし、太平洋戦争で日本軍が香港を占領し、三年八ヵ月にわたり軍政を敷き、「皇土香港」として、神社を造り、街路名を日本風に変えるなどの強引な日本化を行った。その際に発行された軍票の未払い問題が現在も続くなど、この軍政の経験が対日不信感を植え付けたのである。但し、経済復興を果たした日本企業が一九六〇年代から香港に進出し、多くの投資も行ったので、香港にとって、日本は英国、中国に次ぎ、米国と並ぶ重要なパートナーとなっていた。九五年の段階では、在留邦人が二万四〇〇〇人、日本人学校の生徒数が二四〇〇人に上り、各商社はもとよりほとんどすべてのデパート、銀行が支店を置いており、日本からの旅行者が年間一五〇〇万人に上る状況であった。

2　返還合意、一国両制

一八九八年の北京条約にいう九九年の租借というのは、同音の「久久」、即ち永遠という意味であったとのことであるが、八〇年代には新界の租借期限が一九九七年までであるとして返還問題がクローズアップされて来た。八二年九月のサッチャー英国首相訪中の際に、鄧小平との間で「香港の繁栄と安定維持の共通目的をもって外交交渉に入ることで合意」された。（註19）

交渉は難航したが、サッチャー、鄧小平のリーダーシップの下で、八四年十二月の英中共同声明で、英国は九七年七月一日に香港の主権を中国に返還すること、中国は「一国両制」（日本語では「一国二制」）を香港に適用し、香港の特殊な地位を五十年間維持することを約束することが合意された。ちなみに、英国側は「返還（Hand over）」といい、中国側は本国への「回帰」とした。（註20）

中国は、九〇年四月に中英間の合意を具体化した香港の憲法ともいうべき「香港特別行政区基本法」を制定した。その要点は、次の通り。

① 香港を外交・国防を除く高度の自治権を有する「特別行政区（ＳＡＲ）」とし、行政権、立法権、独立した司法権を付与する（基本法第二条）。（高度の自治）

② 香港特別行政区政府は、香港住民により構成される（基本法第三条）。（港人治港）

③ 返還前の香港の社会・経済制度及び生活様式の維持を五十年間保証する（基本法第五条）。（一国両制）

この合意の背景には、英国の思惑として、九九年租借の新界のみならず、割譲されていた九龍と香港島も一括返還する（せざるを得なかった）ことにより、植民地主義の悪名を払拭し、香港での英国の利権を維持し、さらにそこを基地として、中国との経済関係においてＥＵの中で優位に立てるとの狙いがあったと考えられる。一方中国の思惑としては、主権の回復を達成する以上、実質的な中国化はじっくり進めれば良く、強引な社会主義化に要するコストよりも、香港の経済力を利用する方が有利であること、即ち、改革開放による中国本土の経済発展を計るために国際資本を香港を通じて呼び込み、資本主義の手法を香港で試みるなどの実利を得ることが出来るし、英のみならず香港に既得権をもつ米、日などとの関係も保てるという現実的な考えがあり、さらに将来の台湾統一を視野に、一国二制の有効性を示すという狙いがあったものとみられる。

この合意成立後、香港の有力経済人、知識人の間では、中国への不信感から英本国やカナダ、オーストラリアなど英連邦諸国へ移住する者が数万人に上り、またいざという時のために、これらの国々のパスポートを取得しておく者も多数いたが、同時に本土への投資、留学、普通語（北京語）の習得もするしたたかさも見せていた。

しかし六五〇万人の一般庶民は、一抹の不安をかかえつつ、日々を過ごしていた。ところが、八九年春、北京の天安門広場での流血の弾圧が伝えられ、香港人は大きな衝撃を受け、香港脱出を図る人が増えた。そして返還を前に民主化を求める運動が活発化する一方で、親中国の愛国運動として、尖閣諸島の主権を主張する「保釣運動」なども盛んとなった。

英国から派遣された総督は歴代外務官僚が主であったが、メージャー首相は、与党保守党の大物政治家であったクリストファー・パッテンを返還直前の総督として派遣していた。着任早々パッテン総督は、実際の返還前に香港人の政治参加を拡大し「民主化」を進めることにより、返還後の急激な中国化への抵抗力を植えつけることを狙い、例えばそれまでは総督の諮問機関にすぎなかった立法会にある程度の立法機関としての役割を持たせ、選出方法をより民意を表す方式に変え、返還後もそれを継続させるとして、所謂「直通列車」方式を導入しようとしていた。これに対し、中国は親中派の政治力拡大を図りつつ、パッテンの措置は返還合意に反するとして、直通列車方式を認めず、返還後の暫定措置として別途に臨時立法会を設置するとしていた。

英、米、日、豪、加など西側は、返還後も公平な市場（Level Playing Field）の確保を目指して中国に申し入れていた。

3　着任挨拶

九六年一月十一日に着任した香港は、歴史上前例のない一国二制の実効性に対して疑心暗鬼がうずまく微妙な雰囲気の中にあったわけである。日本ではちょうど村山内閣に代わり、自民党を中心とする橋本龍太郎内閣が成立し、池田行彦外務大臣が就任した日であった。

十八日に、夫妻で総督邸に赴き、パッテン総督に領事委任状を提出した。ちなみに領事委任状は、陛下から英国政府宛てに発出されており、後刻、エリザベス女王のサインがある英国領香港への最後の領事認可状を受領した。総督は、これまでの日本の支援を感謝するとし、今後とも緊密な連携を取りたいと述べた。当方からは、自由で繁栄する香港が日本にとっての利益であるとし、協力の用意がある事を述べた。妻はラベンダー夫人に挨拶した。（註21）

同日の内に、事実上の中国代表である周南新華社支社長にも表敬した。ベテランの外交官である周南に対し、当方から、日本は、アヘン戦争後の香港割譲を他山の石としつつ、国土の統一を保って明治維新を成し遂げたことを説明して、香港が返還されることを評価するものであると述べた上で、自由な香港が中国と日本の利益でもある点に言及した。先方は、中国として中英合意を遵守すると説明した上で、パッテンの民主化を念頭においてか、一五〇年間植民地にして何らの民主主義も導入していなかったのに、急に民主主義云々というのは奇妙だが、それでも一歩ずつ漸進的に進めるのは賛成であるとし、但し立法評議会の継続、即ち直通列車方式はあり得ないと繰り返し述べていた。

着任直後は、政治、経済の関係者、欧米やアジアの有力国の総領事達、また在留邦人の代表者と次々に面会し、現状認識を深めた。印象的であったのは、パッテン総督の下でナンバー2の政務長官であったアンソン・チャン（陳方安生）女史で、機会あるごとに一国二制を実現するために香港人の自覚を促すと共に、中国の自制を求めると述べていた。彼女の発言はこの後も常に明快で、行政組織のトップとしての自信と共に責任感に満ちたもので、好感の持てるものであった。同人は将来のナンバー1の呼び声も高く香港人に絶大の人気があったが、英国統治下のナンバー2であり、北京からは煙たい存在であった。彼女は、「五十年後に中国が香港のようになる」と予言しており、返還後も引き続き行政長官に次ぐナンバー2として、一国二制の滑り出しを担当したが、二〇〇一年に引退し、行政長官選には出馬しなかった。（註22）

同女史に次ぐナンバー3の財政長官であったドナルド・ツアン（曾蔭権）も有能な官僚であっ

た。実は、ＡＰＥＣ大阪会議に香港代表として訪日しており、当時既に内示を受けていたので簡単な挨拶をしておいた経緯があった。同人は、陳女史の後任の政務長官を務めた後、二〇〇五年に二代目の行政長官に就任した。

経済人は、一代で大財閥を築いた李嘉誠のような隣接する広東省出身者もいたが、上海、寧波系の資本家達が一大勢力を形成していた。その寧波グループの一員で既に初代行政長官に有力視されていた董建華は、海運業の関係で造船業界を中心に日本の経済界との関係も深く、また歴代の日本総領事との親密な関係を維持していたが、いかにも中国大人の雰囲気をもつ温厚な紳士であった。香港日本経済合同委の香港側委員長のレイモンド・チエン（銭）は、米国型のビジネスマンという感じであった。同人をはじめ、東亜銀行のデーヴィッド・リー（李）、不動産・建設関係ホープフルのゴードン・ウー（呉）、マレーシア系華僑のホテル王ロバート・クオック（郭）、若手マレーシア系ロバート・ウング、更に英国系ジャーデン・マセソン商会のマーティン・バローなどの有力経済人は、ほぼ一様に返還について楽観的な見方を示していた。日本に対しては、そう説明するしかないという事情もあったであろうが、政治にはかかわらず、実利を求めるとの香港経済人らしい対応とみられた。

4　領事団

香港には多くの国が総領事館をおいており、領事団が形成されていたが、英国の総督補佐官（ロバート・ピアース）と有力五ヵ国、即ち英連邦の豪（ジェフリー・ウォルシュ）、カナダ、ニュージーランドと米（元国務省報道官で旧知のリチャード・バウチャー）に日本が加わった六ヵ国で毎月会合し、情報交換を行っていた。日本以外は英語国であり、縦横にかわされている議論をフォロウするのに苦労した覚えがあるが、パッテン総督の狙い、中国との関係、香港内部の動向などについて有益な情報がもたらされるので極めて貴重な機会であった。また、韓国、タイ、インドネシア、フィリッピン、ベトナム、ミャンマーからなるアジアの総領事も定期的会合を行っていた。

5　マカオ総領事

香港総領事は、隣接するポルトガル領マカオも管轄しており、四月下旬にはヴィエラ総督に領事委任状を提出し、着任の挨拶を行った。先方は、日本との関係の発展に期待しており、APEC加入、航空協定の締結、貿易投資の促進に言及し、訪日の希望も述べていた。マカオ在住の邦人とも懇談したが、総じてマカオは香港に比して少々のんびりしている印象であった。

6　日本人社会

在香港の日本人は二万四〇〇〇人を数え、香港日本人倶楽部は、代々東京銀行支店長（当時は弓野正彦氏）が会長に就任し、活発な交流活動を行っていた。進出企業は数百社に上り、日本商工会は、代々三菱商事支店長が会長（当時は石井芳昭氏）で、商社、銀行、百貨店、運輸、建設などのグループ毎に連携していた。香港日本人学校は、世界でも一、二を争う大規模校で、小中合わせて生徒数が二四〇〇人に上っており、これ以上の拡充のためには、新校舎の建設が必要であると見られていた。日本人社会は、当然のことながら、返還後もこれまで通りの活動が支障なく行われることを切望しており、そのために日本政府への要望も行っていた。

二月二十一、二日には、日本側代表団（団長秋山住友商事会長）を迎えて、日本香港経済合同委員会が開催され、香港側は、ランチへのパッテン総督の出席、アンソン・チャン政務長官への表敬をアレンジするなど歓待した。日本側は、返還後も一国二制の下で、日本企業の円滑な活動が確保されることを要望した。これは要するに、中国本土系の企業に有利な扱いがなされることが無いようにと念を押したものであるが、香港側は、そのような懸念には及ばないという回答であった。

7　着任二ヵ月の情勢判断

三月中旬には北京に出張して駐中国佐藤嘉恭大使に同行し、魯平国務院香港マカオ弁公室主任（閣僚級）と会談した。当方からはパッテン総督や周南支社長に述べたのと同様に、香港と日本の関係の重要性に鑑み円滑な返還と一国二制の確保を要請すると述べた。先方からは、中国としてもこれを支持する旨の説明がなされたが、要は香港基本法に反しない限り、即ち中国共産党の支配に従う限り、ということがポイントとみられた。魯平主任より、訪米して説明した例を示して、訪日して日本の関係者に説明したいとの希望が表明されたので、その実現に取り組むことになった。

この間にも、日港議員連盟（羽田孜元総理会長ほか）、主要紙政治部長会（三山読売新聞政治部長ほか）、さらに松永元駐米大使、本野元駐仏大使、栗山前駐米大使などの外務省先輩をはじめ日本からの訪問者はひきも切らず、千客万来が続いていた。

このようにして、着任二ヵ月で一通り関係者との面談を済ませたので、次のような情勢判断を本省に報告した。

①　全般的印象

日本の利益、プレゼンスが大きい（例えば日本の銀行の金融資産が外国銀行全体の五三・四％）のでこれを保護するために最大限の努力をする必要がある。

同時に、中国の香港返還に対する感情、即ちアヘン戦争以来の一五〇年にわたる植民地支配からの主権の回復という歴史的事実に充分想いを馳せる必要がある。

香港の発展に日本が貢献して来た事実と共に戦時中の占領も忘れない。

中英間では、依然二、三の対立点は残しつつも、実務面で返還準備は着実に進展しており、返還が円滑をかくものになると予想する必要はない。

日本としては、返還後も中味が変わらぬ香港が続いていくよう、即ち一国二制の確保を中英双方、とりわけ中国側に働きかけていく。

② 各界との接触を通じて得た印象

中国がその大部分の留任を保証している政庁高級公務員のほとんどがここ一～二年で「現地化」され、香港人による香港統治（「港人治港」）が始まった感がする。彼等は、返還を円滑に進め繁栄と安定を維持するとの自信と責任感を有している。その拠所は一国二制を守るとの中国側の約束で、それを信頼するしかないので、日本の香港へのコミットメントに期待する声が強い。

香港の政治は未成熟であり、政治家やオピニオン・リーダーは育っておらず、ビジネス・リーダーの影響力が大きい。これら経済人は自由で開かれた経済体制の維持を重要性を中国側に説きながら、同時にリスク分散、危機管理も怠りなく進めている。

報道界、知識人には、共産党の下での一国二制に不安を抱く者もいるが、一般住民はなるようにしかならないとの構えである。

③　今後の我が国の対応

中国にとって香港がもつ歴史的重みを忘れることなく、同時に日本の有する利益を維持・増進するとの現実的要請から、米と並ぶ最大の第三国として引き続き適切なメッセージを対外的に（特に中国に対して）発していく必要がある。

8　中英間の争点

九六年四月の段階では、立法会の扱いを巡って中英間の対立が目立っていた。英国側は、直通列車方式を主張していたが、中国側はこれを認めず、臨時立法会をあらかじめ選出しておくと決定していた。即ち中国は、パッテンの「民主化政策」に所謂「和平演変」を狙う意図をかぎ取って、同総督の孤立化を図っていた。

この状況の下で、佐藤重和中国課長を迎えて、関係公館の香港担当官会議を開催して情勢を分析した。円滑な返還を望む日本としては、中英が対立していることを憂慮しているとのメッセージを双方に発出していくことにした。そこで、四月十日に佐藤課長を同道し、アンソン・チャン政務長官にこの旨伝えた。同長官は、いつもながら明解で、「現香港政庁としては臨時立法会と接触する立場にないが、初代行政長官が選出されればそのオフィスと接触する形で対応する、もちろん誰が選ばれるか、正式の立法会が早急に選出されることが重要である」と説明し、近く来港する魯平主任と会談して公務員のあり方について話し合うと回答した。

その魯平・チャン会談後の四月十三日に主要国領事団と魯平との朝食会が設けられた。そこで私から、「ビジネス界に安心感をあたえるために中国側が知恵を出すことを期待したい」と述べて、対立的要素への柔軟な対応を促した。また、米国のバウチャー総領事も、臨時立法会の人選にあたって多様性を確保することが重要であると指摘した。これに対し魯平は、直通列車方式は認められないとの主張を説明した上で、新行政長官と臨時立法会を選ぶ四百名からなる推薦委員会の人選について、「準備委員会が香港各界からのヒアリングを行い、民意を吸い上げている」と述べた。

この時点で、いわば勝負あったわけで、中国側の主張が既成事実となっていくであろうと判断された。その後の中英外相会談、アンソン・チャン政務長官の北京訪問を経て、事態は次第に沈静化した。結局のところ、パッテンとしては既に打つべき手はなく、香港経済界では総督の無策を苦々しく思う人も多く、英国側にも、元の政務長官デーヴィッド・ジョーンズなどパッテンへの批判者もあった。私は、〈日本としても対中関係を考えつつ、「パ」べったりの態度は良くなく、さりとて英国との関係もあり、つまるところ是々非々の対応しかない。中国に対し、英中が紛糾していること自体が香港への信頼を揺るがすことになるのであるから、巧みにやってほしいと説得するくらいがせいぜいか〉（五月十九日）と分析していた。

英国本国政府も対中関係悪化を避けたい意向で、ヘーゼルタイン副首相は、五月下旬に二七〇名もの経済人を率いて訪中し、その後に香港に入って行ったスピーチで、「香港を一国二制で保つことは中国として利点があり、英国も香港を対中投資、対アジア進出の窓口として活用し続ける。英中間の未解決問題は話し合いで解決する」と、努めて肯定的に述べた。続くレセプションで、私から同副首相に、「日本としては円滑な返還を望むところであり、スピーチに勇気づけられた」と述べたところ、先方はこれにうなずきつつ、「江沢民と珠海で良い会談が持てた」と述べていた。

9　魯平訪日

六月はじめに、かねて先方の希望があり、当方も有意義と考えていた魯平香港マカオ弁公室主任の訪日が、外務省オピニオン・リーダー招聘によって実現したので、アテンドのため一時帰国した。

三日の池田外相との会談で、外相から、「日本の民間を納得せしめることが重要であって、仮に一国二制が機能せず金融貿易センターとしての機能が低下すれば、代替する場が出てくるだけであり、要は中国、香港側の努力にかかっている」と述べたのに対し、魯平からは一国二制の意味するところを縷々説明した。続いて、その午後には竹下元総理を表敬し、国際研修交流協会で講演を行った。

四日には日港議員連盟との会談、三塚元外相との会談と続き、午後に橋本総理を表敬した。総理からは、「返還までに中国のＷＴＯ加盟が実現するよう努力する」と述べたりしながら、「返還については基本的に経済界に自信、信頼感を持たせることが重要である」と述べた。同日の小川外務政務次官主催の夕食会で、魯平より、一国二制を機能させるべく、返還準備委員会メンバーに本土の行政各部、関係省市と解放軍の幹部を入れてあり、将来の本土からの干渉を排除する為の努力を行っていると説明していたのが興味深かった。五日には経団連、日港経済委員会との懇談会があり、総論もさることながら、各論での対応が重要であることが指摘され、日本の経済界にはなお不安が残っていることを認識させた。内外記者会見には、香港プレスも多数詰め掛け、言論、報道の自由について鋭い質問が飛び、中国側にこの問題の困難さを知らせた。

過密スケジュールではあったが、これらのプログラムを通じ、日本の各界が香港問題についての理解を深めることになり、また中国側に日本の香港への関与の深さを認識させたことは意義があった。香港、英国にとっても、第三国たる日本の各界のリーダーが、中国側責任者に香港の機能維持の重要性について直接指摘してくれたことは有益であった。後刻アンソン・チャン政務長官がこの点を評価していた。総じて魯平訪日は、意図していた以上の成果があがったと言える。

10　返還一年前の分析

七月には、いよいよ返還まで一年となり、六日に東アジア官民合同会議が香港で開催されたので、その機会に次のように説明した。

「香港の今後の見通し」

①返還自体は乗り切れると見られるが、その後の数年間で特別区の機構が如何に機能していくかがｃｒｕｃｉａｌ。

②中国としては、香港の国際都市としてのメリットを享受し続けたいので、経済的側面についてては港人治港、高度の自治にゆだねる。他方、香港の政治都市化は許さない（政経分離、香港ビジネス界の本音）方針だが、経済の繁栄が自由主義に基づく度合いを理解していないか、ないしは、一党独裁の体制との矛盾に直面した際の対応が問題となろう。

反体制的政治運動に対する許容度は中国本土より高いであろうが、本土への影響をどう見るかによっては、過剰反応もあり得る（天安門事件後の香港の民主運動に危機感を抱いた。結局、中国内政の安定度による）。

③返還後、徐々に、中国風、人治、コネ、腐敗の浸透、これへの香港の迎合により、rule of law, level playing field が失われていく可能性がある。

④香港の経済構造の変化、競争力低下により、相対的地位低下があり得る。

⑤香港人の自治能力によるところが大きい。英国の植民地支配の下で、儲け追求に血道をあげてきており、政治的経験不足。民主派も批判勢力で責任野党の対応せず。但し、香港人がトップを占めるに至った官僚機構は有能、行政能力は高い。政党が、香港全体の利益の観点から行動し、

当面中国の介入を避けられれば、望みはある。
⑥日本としては、英国植民地の終焉、中華人民共和国香港特別行政区の誕生をうけとめつつ、如何に対処するかであり、騒がず、ｗａｔｃｈを続ける。

11　池田外相訪港

七月、八月も日本からの千客万来が続く中で、民主派のマーチン・リーと会食したり、アンソン・チャン政務長官を公邸で設宴するなど総領事としての多忙な日々が続いた。

そして、八月二十八日に池田外相が来港した。あいにくパッテン総督は不在であったが、六月の魯平訪日に続き、九月の英国外相の訪日、国連での日中外相会談を前にして、また、十一月のパッテン総督訪日を控えたタイミングであったので時宜を得ていた。

アンソン・チャン総督代行との会談では、返還後も日港関係を保つとの双方の方針が再確認された。とりわけ香港の貿易、金融機能の維持の重要性につき議論が交わされた。先方より、中国との関係においてこれまでの日本の対応を感謝し、引き続き支援を得たいとの発言があった。これに対し外相からは、ビジネスマンの信頼を確保していく重要性を力説し、また中国との話し合いをすすめるよう促した。チャン総督代行主催の夕食会には、レイモンド・チエン港日経済委員会代表、李嘉誠・長江実業会長等の有力経済人が多数同席しており、また、翌二十九日昼に総領事公邸で催したレセプションには日港双方の経済人が出席しており、日本の外相から改めてこれらの人々に日本の方針を説明したのは有意義であった。さらに外相には有力メディアとのインタビューを実施してもらい、同様に日本の方針を明確に述べてもらったので、サウス・チャイナ・モーニングなどの有力英字紙はこれを報道し、高く評価した。

ところが、戦時中に日本軍が発行した軍票の支払いを求める少数のグループの動きと、尖閣を巡っての民族派ともいうべき少数のグループとが重なって、数十名程度の抗議運動やデモが行われ、その一員の民主党立法会議員の曾健成が外相に陳情書を直接手渡したいとの動きがあり、これを中国語の大衆紙が取り上げていた。これらグループに対して総領事館としてはかねてより、陳情書を受け取るなど丁重に対応してきており、この際も総領事自らが受け取り大臣に取り次ぐと約束していたが、先方が直接渡したいと主張したので、これを避けるために香港政庁側のアレンジで大臣の車列のルートを変更したのだが、『明報』などの大衆紙が、日本の外相が逃げているかのごとく報じた。

このような報道ぶりは、香港の民心の返還前の漠然とした不安感を示すものであったが、中国系のジャーナリストの分析によれば、香港政庁側はもとより、中国側も外相訪問を評価しており、経済界の評価も悪くない。民主派は香港の人心を失いつつあるので、中国側も含め何人も反対できず民心をつかみやすい軍票と尖閣問題に絞って、日本をキャンペーンの対象としたものであるとの見方であった。

12　尖閣問題

九六年の後半は、返還を間近に控えて、人心が漠然たる不安感を抱いている状況下で、尖閣諸島を巡って、一部勢力によって反日運動が活発となり、日本総領事として肚を据えて対応することになった。この問題を巡る香港での運動については、独特の背景があった。即ち、七〇年代の初めに尖閣諸島周辺に石油天然ガス資源があるとの国連の報告が出されたことをきっかけとして、それまで日本領であることに異議を唱えていなかった台湾と中国が自国の領土であると主張し始めた。香港においても「釣魚島（尖閣諸島の魚釣島の中国語表記）を保て」という第一次「保釣運動」が行われた。その際の学生活動家たちが、その後の民主化運動の指導者となって来ており、『明報』をはじめマスコミの編集長クラスにも就いていた。しかし臨時立法会の設置が避けられない状況下で、反対のみを唱えていた民主派は現実派の香港市民の間で地歩を失いつつあった。

中国本土では、江沢民政権が、イデオロギーに代えて愛国心の高揚を図り、共産党の支配の正統性を抗日戦の勝利に求めていたので、反日感情が高まってきており、日米安保条約の再定義の動きなどを、日本の右傾化、軍国主義化であると批判していた。そこに、日本の右翼勢力が、尖閣に灯台を建設するとの動きがあり、それを日本政府が慫慂しているとの誤解がもたれるに至っていた。七月に「日本青年社」が尖閣に灯台を設置し、中国がこれに抗議した。灯台は台風で傾いたとのことであった。

この時点で香港への波及は目立ってはいなかった。ところが、民主党の一部は、前述の池田外相訪港の際に、直接の陳情が出来ず肩すかしを食ったとして、尖閣への上陸を主張し始めた。九月五日、『明報』が一面トップで、同紙の記者が台湾漁船で尖閣に近づいたが日本の「軍艦」によって阻まれた旨報じた。この日、新界の大補に日本人学校の新校舎を建設するための起工式が行われ、総領事として出席したところ、各紙の記者に取り囲まれ、ぶら下がり取材を受けた。これに対して私から、尖閣は日本の領土であり、「軍艦」ではなく海上保安庁の巡視船による通常のパトロールであることを説明し、この事案を「人為的に大きく扱うべきではない（“Do not make this issue artificially bigger”）」と述べた。私は六日から、アジア大洋州大使会議に出席するために日本に一時帰国したのだが、六日付『明報』他各紙は、「日本総領事が本件を些事と述べた」とし、北京の外交部スポークスマンが「これは『大事』である」と述べた発言と共に、大々的に報じた。

七日から、民主党系による反日デモが開始され、日系デパートの前で日本品不売運動を呼び掛けるなどし、八日には抗議デモが二千人から三千人規模で行われた。九日には、日本の右翼が台風で傾いた灯台を再設置する様子が香港のテレビで放映され、連日総領事館へのデモが続いた。その間私は、大使会議の後、「北・香交流会」（北京と香港の日本企業関係者が官民合同で意見交換する会合）に参加し、十五日に香港に帰任した。十五日には、柳条溝事件記念日（十八日）を前に一万人規模のデモが行われた。十七日夜には、蝋燭集会があり、日本人学校へのデモやソゴウ・デパートでの小競り合いがあった。総領事館からは、日本人学校の前で子供たちに働きかける動きや、日系デパートの中で騒動を起こす動きに対して、断固非難する声明を発出した。

この間、九月中旬から大々的な報道が続き、バランスのとれた論調は一切見られず、香港政庁は沈黙し、行政長官候補たちも、運動の主張自体は支持するとしていた。経済人は、日港経済関係への影響を懸念しながらも公には発言はしていなかった。運動は、返還を前に民主派と親中派が愛国心を競い合うような有様となっており、日本における反米運動にも似たある種の日本への「甘え」があるように見えた。

総領事としては、各種の行事への出席をいつも通り続けたが、プレスに取り囲まれることも多く、不測の事態に備えて、武装警官が身辺警護のために公邸に常駐し、館長車に同乗する日が続いた。

事態の鎮静化を図るべく、九月二十一日には、東京で中国側に非公式の働きかけを行い、二十三日の国連における日中外相会談で、日本としては灯台設置を不許可とする旨伝えられていた。中国側はこれらを受けて、運動の抑制にまわると見られた。実は、北京政府は大衆運動が中国批判になっていくことを危惧して、親中派にほどほどにして抑制するよう指示しているとの情報は入っていた。しかし、民主党系は中国の弱腰をついて民心を獲得しようとやっきになっていた。英国側は、総督もこの展開には驚いており、民主党系の真意は中国批判にあると見ており、日本の香港への貢献が後退しないことを望む、としていた。

二十三日に「保釣号」という船で香港の活動家が尖閣に近づき、上陸を狙って海に飛び込み、その中の一人のデービッド陳が溺死する事件が発生した。他の三人は日本の巡視船に救助された。陳は「殉国の志士」の扱いを受け、十月六日にヴィクトリア公園で行われた追悼会には数万人が集まった。

　十月四日、日本政府は灯台を不許可とする旨公表したが、七日には、台湾漁船が尖閣に着岸し、台湾と香港の活動家（曾健成、アルバート何など）が上陸し、中国国旗、台湾国旗を掲げた。七日には、デモ隊が日本総領事館の受付で座り込みを行った。さらに、九日には曾、何の両立法会議員ほかのデモ隊が総領事館受付内に乱入し、三十分にわたり占拠した。これに対して、私から、香港政庁の内務長官に電話で外交施設不可侵を侵しているので早急に排除するよう申し入れ、民主党のマーチン・リー党首にも抗議した。パッテン総督は、外交使節への行為を非難する声明を発出し、当方に外交使節の不可侵を守る旨の手紙をよこした。さすがに、この総領事館乱入以来、風向きが変わり、やや冷静な国際法上の議論も出て来た。経済人もようやく、行き過ぎを批判するような発言をし始めた。十二日には、パッテン総督に会う機会があったが、先方から、改めて遺憾の意の表明とともに「事態に困惑しており、日本側が毅然と対応していることを評価する」との発言があった。私からは、九日の事件についての即刻の非難声明の発出と手紙を謝すと共に、「香港の指導層、特にビジネス界が日本側に発言すべきである」と申し入れておいた。

　十四日の時点で、一連の動きを整理して、「反日運動も風向きが変わり、沈静化するであろうが、香港の各勢力が夫々異なる思惑を抱きつつ、雪崩を打って『中国民族の大義の旗』の下に結集する形となったことは顕著な現象であり、日本人はもとより外国人の間に、返還後の『中国化する香港』を見た思いがするとの印象を残し、長年の植民統治下にあった香港には『成熟した民主政治』を可能とする諸条件は未だ無いことを再認識させ、将来の香港への信頼感が低下したこ

とは否めないところと思われる」と、本省に報告した。（註23）

なお、この騒動の間に、十月にはジャパン・フェステバルとして、平山郁夫画伯のシルクロード・シリーズの版画展と講演会、十一月には中村吉衛門一座の歌舞伎公演が予定されていた。一部に中止すべきとの声もあったが、こういう時こそ交流増進を図ることが有意義であると判断し、実施した。夫々成功し、プレスでも好意的な反響があった。

13　行政長官選出

尖閣を巡る騒動の対応に追われている間に、返還後の香港特別行政区のトップとなる行政長官の選出過程が進んでいた。九月中旬にかねて本命視されていた経済人の董建華が立候補を表明し、大法官の楊鐵樑、経済人の呉光正、元高裁判事の李福善と候補が出そろった。ちなみに董建華は、オリエント海運を起こした董浩雲の後継者で、呉光正は、董のライバルで船舶王と言われた包玉剛（Y・K　パオ）の女婿であり、海運会社の二代目が競う形となった。十一月はじめに推薦委員会四百名が中国側により決定され、十五日に北京から銭其琛外相が初めて香港に入り、第一回委員会が開かれた。そして、五十名以上の推薦を得た正式候補者四名に対する投票の結果、董：二〇六票、楊：八二票、呉：五四票、李：三四票となり、董の優勢が明白になった。そこで勝ち馬に乗るという現象が起き、董が十二月十一日の推薦委員会で三二〇票をもって行政長官候補として推挙された。任命されるのは返還時ということになるが、ここで正式に決まったので、祝意を伝えた。

14　パッテン総督訪日

この間に十一月末に日港経済合同委が東京で開催される機会に、パッテン総督が訪日することになった。そこで十一月八日に総督夫妻を主賓として有力経済人などを招いて公邸で設宴した。それまで総督が各国総領事公邸での食事に赴くことはなかった由だが、訪日前のブリーフィングということで実現した。訪日は十一月二十六日より十二月一日までで、かなり詰まった日程であったが、この接遇のために夫妻で帰国して接遇に当たった。

パッテン総督は、橋本総理、池田外相、三塚蔵相、佐藤信二通産相、宮澤、海部両元総理、羽田元総理会長他の日港議連メンバー、小沢一郎新進党党首と会談した他、豊田章一郎経団連会長、秋山日港経済委員長ら多数の経済人を前に二回にわたり講演し、更には日本記者クラブでの記者会見、各社との個別インタビューに応じて、我が国の各界に香港の現状について説明を行った。そこでは、香港が大方の悲観的な見通しとは異なり経済的繁栄を続けているとして様々な数値を列挙して英国統治の成果を強調し、社会的にも安定した状態で中国に引き渡せるとの肯定的な見通しを伝えた。その理由として、香港においては法の支配に基づく平等な機会が与えられており、廉潔で効率的な公務員制度及び独立した司法制度が有効に機能し、勤勉に働く住民の意向が反映される自由で民主的なシステムが存在しているためであると説明した。さらに返還後もこの仕組みを維持することが重要で、経済の自由は言論、情報の自由と密接不可分である旨指摘し、中国側がこの点を十分理解して、あらゆる側面を支配しようとはせず、香港人の自治にゆだねるという「軽いタッチ」で臨むよう訴えていた。総じて、中国を非難するよりも、香港は返還をまたいで引き続き国際経済に重要な役割を続けていくとの積極的なメッセージを伝えることを重視していた。我が国に対しては、地理的にも近く、経済・社会的に密接な利害関係を有する日本が、一国二制度での自由な香港の維持のために、これまでも中国側に様々なレベルで呼びかけて来たことを感謝し、今後とも同様の支持・支援が継続されることを期待する旨述べた。これに対して、日本側からは、政界、経済界から円滑な返還への要望が改めて表明された。総督のメッセージには問題がない訳ではないが、円滑な返還への準備が進む現状について、バランスのとれた見方を形成するのに役立った。また、日本側が尖閣問題を含め、関心の所在を香港側に伝えたことで、相互理解が進んだ。

実は、橋本総理とパッテン総督はかねて旧知の間柄であり、ケミストリーも合う感じで和やかな意見交換であった。パッテンより、香港の現状、将来の見通しにつて説明の後、中国側の自由社会についての理解度不足を危惧しているが、中国側も日本他より相当言われ続けたので分かって来ているとの発言があった。総理からは、有終の美を期待するとし、日本も中国側に引き続き働き掛けると述べ、更に中国の上海閥が香港優遇にジェラシーを抱かないかと質問したところ、総督から、董建華もアンソン・チャンも上海系なので懸念はないとの説明があった。池田外相からは、尖閣騒動にも言及し、損なわれた信頼感の回復のための努力を促した。総督からは、言論の自由にも限界があるとして、民主派の日本人学校周辺での活動や総領事館乱入に言及し、保釣運動と民主派の歴史的経緯にも触れて説明がなされた。一連の会談の合間に、妻がパッテン夫人を築地市場に案内した。また、パッテン夫妻は京都を見物の後、帰任した。

私達夫妻も帰任し、十二月十六日に、アイランド・シャングリラ・ホテルで天皇誕生日のレセプションを催した。恒例により、総督夫妻も出席したので、乾杯の挨拶として、「返還前の香港を見ようと二百万人の日本人が来港したが、返還後も返還後の香港を見ようと多数の日本人が訪れるであろう。パッテン総督夫妻は日本訪問から帰任したところだが、この後も英国ＶＩＰとしてか（首相就任の可能性）、『アジアにおける民主主義の発展』という本の著者としてか、はたまたフランスの田舎家の庭師としてか（パッテンはフランスに別荘を所有）、いずれにしても日本を訪れる際は歓迎されるであろう。日本人社会は総督のリーダーシップの下での円滑な返還を信じている」と述べた。

15　返還前の年末

押し詰まった十二月二十一日に臨時立法会六十名が中国側により選出された。親中派がほとんどであるが、現立法評議会議員も三十三名含まれており、また元々は民主党系だった者も五名入っており、中国側もいろいろと考慮していることが感じられた。

かくして、激動の九六年が終わることになり、大晦日には次のような感想をもった。〈大英帝国最後の総督クリストファー・フランシス・パッテンの奮闘により、民主の種は播かれたが、はたして芽が出て花が咲き実を結ぶことができるかどうか？　日本における遅々とした「民主主義」の歩みを見るにつけても、利に敏い香港人が民主の大義のために命を捧げることは可能性としては少ないか？　当面、香港返還は円滑に行くであろう。そして中国本土の香港化も進み、おそらく五十年後には中華の地はより自由でプルーラルな制度の国になっていると思われる。返還は半年後であり、目下のところ経済面のみ注目されているが、後世の歴史家は、西洋植民地主義の終焉の日として、また大中華復興の第一日として記念することになろう。百年間の低迷を経て中華がまた主役となる時代が来つつあると思う。日本は、どのようにして対中、対米関係を保っていくかが国の根本課題である。〉

16　返還直前の春

いよいよ返還の年である九七年が明けたが、元旦には恒例で新年祝賀のオープン・ハウスを公邸で催したところ、董建華夫妻、アンソン・チャンなど各界の名士、在留邦人代表が続々と来邸し、日本の雑煮とお節料理を楽しんでいた。

一月後半は、私的旅行で中国本土の江南地域の上海、蘇州、杭州、寧波を訪れ、歴史や文化に触れ、さらに広州を視察したが、いずれの地でも現在では、日本企業が多数進出しており、日中経済関係の進展ぶりを実感した。また、広州・香港直通列車に乗車したが、返還後に中国本土との関係がいよいよ強まるであろうことは容易に想像できた。

帰港後、周南に招かれたり、ロータリー・クラブで講演したりして、香港の自治能力を維持する必要性を訴えていたが、二月十九日には鄧小平が死去したとの情報があり、二十日の公表後、早速新華社支社に弔問に訪れた。これは鄧小平の政策への日本の姿勢を示すことになるので、領事団の中で一番に弔問したものであるが、周南など中国側の受けとめも良かった。鄧は自らが決めた香港返還を見ずしてこの世を去ったのである。

いよいよ返還が迫って来たので、「香港返還あと一〇〇日」として、これまでの経緯や今後の見通しなどを整理し、本省にも報告した。要するに、中国も一国二制を円滑に実施していくことが利益になるので、急激な変化は起きないであろうとの見方を示したものである。

この間、董建華とは何回か会い、日本として一国二制の円滑な運用、香港の自治を支持していく旨述べておいたが、董は、アンソン・チャン政務長官やドナルド・ツアン財政長官他の行政各部のトップを留任させる旨明らかにして、安定性を保つ姿勢を示していた。他方、民主党のマーチン・リーが米国で、中国による民主化の骨抜きを非難して廻っており、英、米の英語メディアの多くは返還後の香港について悲観的な見方を報じていた。私も、ニューヨーク・タイムス、フィナンシァル・タイムス、AP、ウォールストリート・ジャーナルのインタビューを次々と受けた。悲観的な見方に基づく質問が多かったが、「あと一〇〇日」のラインで説明しておいた。

ところで、五月二十日には、前年九月の地鎮祭の際の発言が尖閣をめぐる騒ぎに繋がった、日本人学校の大浦校が完成し、開校式が行われた。香港島の日本人小学校が満員の状況なので、新界の大浦に新しい小学校を建設したもので、設備も充実しており、また日本人だけではなく香港人と外国人を受け入れる国際学級も設けられていた。日本人社会が返還後も香港が引き続き発展していくことを信じていることを示すものとして、総領事館としても全面的に協力して来たが、香港側もこの意味を良く理解しており、アンソン・チャン政務長官が式に出席し祝辞を述べてくれた。

返還一週間前となると、返還後に英国要人が乗船して香港を去るための英国王室ヨットのブリタニア号が入港する一方で、親中派による祝賀ムードが盛り上がって来た。英米のメディアは相変わらず悲観論を繰り返していたが、コロラド州デンバーで開催されたG－8サミットの首脳宣言（六月二十二日）において、中国に中英合意に則り、一国二制を順守するよう促す一文が入った。（註24）

17　返還式典

六月二十九日には式典に参列する日本政府代表たる池田外相夫妻が香港入りし、ブリタニア号で催された英側のディナーに出席した。席次はサッチャー元首相とタイのシリントン王女の間の席であった。加えて日本からは様々な資格で、村山、海部、羽田の三元首相、平山郁夫日中友好協会会長、経済界から豊田章一郎経団連会長はじめ、多くの大手銀行、商社の社長など続々と香港入りして来たので、三十日昼に公邸でまとめてレセプションを催した。

三十日午後に、チャールズ皇太子、ブレア首相、サッチャー、メージャー各元首相が出席し、各国代表を招いた英国主催の式典が野外で行われた。英国近衛兵の分列行進が行われたが、折から大変な豪雨になり、テントの下でも大臣夫妻をはじめも私達もずぶぬれになってしまった。英国が退く日に大雨となったのは何か象徴的だった。急いで着替えて、内外の要人が招かれたディナーに出席した後、雨が降り続く中、深夜にかけて新設のコンベンションセンターでの返還式典に臨んだ。式典は、中国側から江沢民国家主席、李鵬首相他、英国側からチャールズ皇太子、ブレア首相、パッテン総督が参列し、淡々と進み、七月一日午前零時をもって、ユニオン・ジャック旗が下ろされ、五星紅旗が挙がり、ついに香港が中国に返還された。その後、ブリタニア号で皇太子やパッテン一家が香港を離れた。

七月一日午前十時から、中国要人の出席の下に、香港特別行政区の設立式、行政府高官の宣誓式が行われ、中国の伝統にはそぐわないが、とにかく儀式ばって終了した。江沢民は、世界世論を相当意識したスピーチを行い、香港「回帰」を祝しつつ一国二制のコミットを繰り返した。董建華新行政長官のスピーチは、施政方針で中国伝統の尊重と東西文化混合の香港の特色をうたうもので、同人の保守性が見えるものであった。

なお、零時を期して、四千人の人民解放軍が粛々と入港し、元の英国軍の駐屯地に入ったが、混乱はなかった。

かくして、歴史的返還が成ったのであるが、国旗がユニオン・ジャックから五星紅旗に代わり、紋章が獅子からバウヒニアの花に代わったので、赤色が目立った。また、返還記念の様々な催しが行われた際に、それまでは英語で挨拶していた香港の有力人士が早速普通語で挨拶するのにはいささか驚いた。このように、香港人は、大喜びする本土人と表面的には調子を合わせつつ、内心は一抹の不安を抱きながら、自分や家族の保身を考えて賢く立ち回っており、冷静な態度が微妙な空気を醸成していた。

18　董建華訪日とアジア経済危機

実は、正に返還後の七月一日から、タイのバーツやマレーシアのリンギなどアジアの通貨が暴落してアジア通貨危機が発生した。香港も影響を受けたが、当局が介入して何とか香港ドルの相場を保っていた。返還前と変わりのない日々が過ぎていくことで、返還前に悲観論の人々は勿論のこと楽観論の人でも有していた一抹の不安が、減少しつつあると見られた。

九月下旬には、香港でＩＭＦ総会が開かれた。返還後も香港の経済都市としての機能に変化がないことを内外に示すための良い機会として、中国、香港当局が力を入れており、李鵬首相が香港入りし、主催国ホストとして各国代表を引見していた。日本からは、三塚蔵相、松下日銀総裁が参加し、ほとんどすべての銀行の頭取も来港した。

十月一日には、返還後初めての国慶節が祝われたが、特に「中国化」が目立ったわけではなかった。

十月十五日から十七日まで、初代行政長官となった董建華夫妻が訪日したので、私達夫妻も接遇のため帰国した。日程はかなり詰まっており、まず、十六日には日港経済合同委主催の朝食会に続き、豊田経団連会長、堀之内通産相、三塚蔵相と夫々会談し、さらに香港側主催ランチの後、橋本総理と会談した。夕刻には中国大使館主催のレセプションの後、飯倉公館で小渕外相との会談、夕食会が行われた。これらの会談での董のメッセージは次の諸点であった。

①一国二制は中国側の考えにより導入されたもので、中国の国益に合致しているので、中国は遵守する。

②中国共産党十五回大会で、改革開放政策が維持されることが決定されており、とりわけ一三五万社の国有会社の株式会社化が決定されたので、これに香港が資金市場とノウハウの提供で協力、貢献することが期待され、日本との新しいパートナーシップが可能である。

③香港の高コスト体質については認識しており、付加価値の高い情報集約サービス産業を目指すことにして、そのための教育の充実を図る。

この発言に対して、日本側はおおむね同意し、歓迎した。橋本総理は、経済のブロック化の関連で、ＡＰＥＣ関係やＥＡＥＣに言及した。総じて、双方のメッセージは伝わったし、董も満足したと思われた。

私達夫妻は、董夫妻を見送った後に、直接北京に入り、北香交流会に出席し、さらに西安や敦煌を視察した。そして、十月二十一日に香港に帰ったが、この間に香港株が下落し、東京株、ニューヨーク株も暴落となった。香港当局は、香港ドルの安定に苦慮していた。アジアに始まり世界的に不安定な経済状況となっており、日本でも北海道拓殖銀行や山一証券が破綻し、香港ではヤオハン香港が破綻した。韓国経済は、ＩＭＦ、日本に援助を求める事態となった。香港は、中国本土の支援を得てこの局面を乗り切る努力を続けていた。

19　香港生活

多忙な日々であったが、香港での生活は、なかなか興味深いものがあった。何よりも書画、陶磁器、演劇など中国文明の一端が味わえるし、広東、北京、上海、潮州、四川など中国各地の料理も楽しめた。そこに英国の一流店をはじめ、欧米のブランドの店やレストランが並び、ゴルフ、ヨット、競馬などの英国式の文化が根付いており、またインドなど英国植民地の文化も入り混じって、東洋と西洋が混在する独特の文化が展開されていた。さらにそこに日本のほとんどの大手デパートが出店しており、日本食の料理屋も多かった。

私達も、日本からの訪問客をもてなしながら、香港の各界の人達や領事団と様々な場面で交際した。幸いに、公邸料理人の陳漢全さんは、広東料理と和食の両方が準備できるベテランであったので、日本からの客には広東料理を提供し、香港の名士には和食を供してくれた。陳さんの和食は香港の名士に評判で、また広東料理も日本から「陳さんの『乞食鶏』を」と、ご指名の客も来るほどであった。そして現地風に親しみを込めて「阿貞（アチン）」と呼ばれる陳さんの夫人楊玉貞さんは、日本語が出来て明るい性格でくるくるとよく体が動き、女中頭として公邸を仕切ってくれた。

私も邦人社会と付き合うのはもちろんだが、ロイヤル香港ゴルフクラブに加入し、またロイヤル香港ジョッキー・クラブやチャイナ・クラブなどの社交クラブにも入って、交流の輪が広がった。

また、香港に住みながら、中国本土を訪れる機会を得たのは、良い経験であった。九七年の一月後半の私的旅行では江南の上海、蘇州、杭州、寧波と回り、更に広州を視察して来たが、寧波は、遣唐使が上陸した地点であり、周辺の阿育王寺や天童寺は道元、栄西などが学んだところで、日本との関係が深い。稲作地帯で、風景や食事もどこか日本に似たところがあり、懐かしい感じがした。広州では、アヘン戦争の故地などを見学し、返還を前にして興味深かった。

九七年十月東京で董夫妻を見送った後に、私達は、直接北京に入り北香交流会に出席し、同期の阿南惟茂公使（後の駐中国大使）夫妻に世話になった。阿南夫妻とは、研修時代の末期に米国で重なり、キャンベラでは一年半ほど重なって勤務し、更にワシントン時代には、彼等がアトランタ総領事であったので、子供たちとともに厄介になったこともあるなど縁が深く、この後に阿南夫妻の方も香港に来てくれた。北京での北香交流会の後に、西安に向かい、始皇帝陵、兵馬俑、華清池、大雁塔などを見学し、さらに敦煌を訪問した。平山郁夫画伯から紹介してもらっていたので、敦煌研究院の段文傑院長を表敬し、劉永増部員の案内で莫高窟を見学した。壁画は、驚嘆すべき世界遺産の最たるもので、日本への影響も理解出来るものであった。かねてシルクロードに関心があり、色々と読んでもいたので、非常に貴重な体験であった。敦煌から西安に戻ってから、桂林に向かい灘江下りを楽しんだ。奇岩がそそり立つ光景は、誇張があると考えていた中国の山水画は実景を描写したものと分かった。

このように各地で見聞した中国文明の奥深さには感嘆するばかりであったが、少しはかじってみたいと思い、書道の個人教師を頼んで手習いをした。実はその教師は本土からわたってきた元ジャーナリストで、内外情勢について分析を聞くためでもあった。

20　帰朝

香港返還後のアジア経済危機といういささか予期せぬ展開の中で、九七年十二月五日に帰朝命令を受けた。十二月十五日に、董建華行政長官の出席を得て天皇誕生日のレセプションを催し、合わせて離任の挨拶も行い、香港に別れを告げた。

外務省の伝統で、在外公館長は離任するに当って外務大臣宛に帰朝報告を提出することになっている。これまでの活動をまとめたものであるが、その要点のみ挙げておく。

①香港の有する意味

香港とは何か。それは「場」である。人間が経済生活を営む場、即ち市場（マーケット）である。もちろん六三〇万人の住人が生活しており、政治、社会、民生をめぐる諸問題を抱えている。この香港自体の動向について、就中中国本土との関係において民主制度、人権、言論などの将来についての関心も高い。英米系のメディアはとかくこの観点からのみ香港を論ずる傾向がある。しかし香港は何と言ってもほぼレッセ・フェールに近い市場経済原理が機能している国際経済都市であり、自由な貿易、金融取引が行なえて低税率で高利益を期待できる稀有な「場」としてその存在価値がある。中堅国家並みの経済規模と世界有数の外貨準備を有し、一人当り所得は二万四〇〇〇ドルとなり、巨大な中国市場への玄関口であり、東南アジアの交通の要路である。

英国はこのような植民地香港より利益を得てきたのであり、今後も「一国両制」の下にその利益を得続けていきたいとの思惑がある。パッテン総督が、法の支配、民主制の維持の必要を強調し続けたのは、香港住民のためだけではなく、英国の利益のためでもあるのは言うまでもない。新しいブレア政権は、対中関係の発展を重視して、香港を対中経済進出の橋頭堡として使用したいとしており、ジャーデン・マセソン社やスワイヤー社などの英国系資本も返還後も変わらぬ強いプレゼンスを維持しつつ、対中進出を計っている。

中国にとって、香港返還は、アヘン戦争以来の一五〇年にわたる民族の恥辱を晴らしマカオ、台湾と続くべき国土統一への重要な節目であり国家の慶事である。同時に鄧小平が元来台湾に適用されるべく考え出された「一国両制」を香港に適用することでサッチャーと合意したのは、香港の経済価値を中国本土の経済発展のために最大限利用したいとの実利的考慮があったわけであろう。江沢民政権は、この路線を継承していくのが中国にとっても政権自体にとっても当然の選択であるとの判断に立っていると見られる。現に中国中央の返還前及び返還後の香港への対応は柔軟かつ慎重である。

この間香港住民は、実利を優先しつつ将来を見据えてしたたかに対処して来た。元来は本土の共産化を嫌って脱出して来て香港で一旗揚げようと営々と働いてきた人達であるが、八四年の中英合意以来、中国返還を前提に機敏に対応し、一方で「一国両制」の具体的内容を定める基本法の制定過程で本土の要路に働きかけ香港人の自治権の確保に努め、同時に本土の改革開放に呼応して本土との密接な経済相互依存関係を樹立してきている。九七年七月を前に中英両国が様々な局面で対立する状況があったにも拘わらず、大勢として円滑な返還と順調な「一国両制」の機能が予想し得たのはこのような背景による。

②日本としての対応

日本は正にこのような香港の機能を充分に生かして「最大の第三者」として非常に高い経済プレゼンスを有している。返還を前にしての中英間および香港での様々な動きに対しての日本の取るべき姿勢、対応はおのずと明らかである。

イ　日中関係全般の文脈の中で香港問題を位置づけ、中国返還を慶祝する。同時に英を中心とする欧米諸国との良好な関係を維持しつつ、日本の利益の維持、発展を図る。

ロ　返還が円滑に行われ日本関係の経済社会活動に支障が生じないよう国際合意その他所要の措置をとる。具体的には、返還後の総領事館の継続を中国と事前に合意するとともに、香港との航空協定および投資保護協定を返還までに締結する。また、香港の新しい旅券に対する日本側の扱いを定める。

ハ　返還後も香港の国際経済センターとしての機能が保持されるよう、法の支配、機会均等、公正な司法制度、効率的で腐敗のない行政などが確保されるようにする。

なお、ロ、についてはいずれも返還前に当方の満足のいく形で締結、処理されたが、中国、香港側に日本の真剣な対応ぶりが伝わり、信頼感の醸成に寄与したと見られる。

こうして、極めて多忙で充実した二年間を過ごし、明けて九八年一月十四日に香港を離任した。

21　その後の香港

二〇一七年七月一日は、香港返還二十周年にあたり、香港で習近平主席が出席して記念行事が行われた。東京でも行われた行事には私達夫妻も参加した。

返還後の香港では、二十年前に予想した通り、ともかく一国二制は一応順守されており、中国本土の発展が目覚ましいのでその相対的地位は低下しているが、経済的繁栄は続いている。しかし、中国本土による政治・思想面での締め付けが目立ってきている。習近平政権を批判する出版物の発行元が中国に拉致されるなど、言論の自由に対する中国本土の官憲による実力行使さえ行われた。香港の若者の間で、「香港は中国の一部ではなく、自分たちの故郷たる『本土』である」とする「本土派」というグループが一定の支持を得てきている。その中で、制度面でも民主化の進展は遅れており、二〇一七年に実施するとされていた普通選挙による行政長官の選出はおこなわれず、二〇二〇年に実施が約束されている立法会の普通選挙も見通しが立っていない。これは、北京政府が、ますます情報化が進み中国でもネット社会が急速に広まる中で、香港での民主化が本土へ及ぼす影響を危惧し、「一つの中国」に反する動きは断固抑え込むとの方針であるためとみられる。

「五十年後に中国が香港のようになる」と述べていたアンソン・チャン女史の予言がはたして的中するであろうか。

第14章 人間の安全保障

1 国際社会協力部長

九八年一月二十一日に、総合外交政策局国際社会協力部長に発令となった。九三年の外務省の機構改編により、国際連合局が廃止され、総合外交政策局が設けられた。総政局は、外交政策の総合調整と安全保障問題を扱うことになり、その局内に政治・安全保障問題を除く旧国連局の業務全般を扱う国際社会協力部がおかれていた。その第三代目の部長に就任したわけである。各省では国家行政組織法通りに部は局の下部機構として位置付けられているが、外務省ではかねてより部を局と同格に扱っており、部長も局長と同様に幹部として扱っていた。それどころか国際社会協力部は、省内では経済協力局や経済局に次ぐ規模で各地域局よりも大きく三課三室を抱える大所帯であった。所掌分野は非常に広く、いわゆるマルチ外交のうち、政治・安全保障、軍備管理・科学、経済及び経済協力を除いて、国連及び専門機関その他の国際機関が担当する諸問題の全てを担当するもので、主なものでも国連の予算や組織・機構・人員に関すること、人権関連の諸問題、人口、労働、女性、麻薬・国際組織犯罪対処などの社会問題、難民支援などの人道問題、気候温暖化や砂漠化防止など地球環境問題等々広汎な分野に及んでいた。

所掌事項が多いので、政府委員として国会の各委員会での答弁も多く、またニューヨークの国連本部での会議やジュネーブの難民高等弁務官事務所など各国際機関の会議、更には大量の難民が発生したコソボ周辺やチモールなどの現場に出張することも多く、文字通り席の温まる間もないほどであった。

日本外交は、国連中心主義と言いながら、対米、中、露、韓などの二国間外交がとかく注目され、マルチ外交は重視されておらず、体制も不十分であった。ちなみに九八年十月に国連の会議に出席した後にワシントンにまわり国務省のカウンターパートと協議したが、当方は一人で担当しているのに対して先方は局長級が五人に上った。即ち、民主主義人権局、難民人口移民局、国際機関局、麻薬・組織犯罪局の各次官補と会ったが、これでも海洋環境局の次官補は不在で会えなかったのである。これら六局に対応するのは日本外務省では国社部と経済協力局の一部であり、せめて審議官、参事官の中二階を増やして対応すべきと思われた。

2 人間の安全保障の発展

人間の安全保障は、今や日本外交の柱の一つになっている。私は、人間の安全保障を最初に日本の外交政策の中に位置づけ、実践していく役割を担ったことで、いささか日本外交に貢献できたと自負している。（註25）

（1）人間の安全保障の考え方が出てきた背景

人間の安全保障は、一人一人の人間を中心に据えて、脅威にさらされ得る、あるいは現に脅威の下にある個人及び地域社会の保護と能力強化を通じ、各人が尊厳ある生命を全うできるような社会づくりを目指す考え方である。具体的には、紛争、テロ、犯罪、人権侵害、難民の発生、感染症の蔓延、環境破壊、経済危機、災害といった「恐怖」や、貧困、飢餓、教育・保健医療サービスの欠如などの「欠乏」といった脅威から個人を保護し、また、脅威に対処するために人々が自らのために選択・行動する能力を強化することである。

このような考え方が出てきた背景としては、九〇年代の初めころから世界各地で民族問題をはじめとするさまざまな紛争が顕在化し、武力紛争や騒動が発生し、多くの住民が殺傷され、難民となるなど悲惨な事例が多発したことがある。冷戦の終結により、米ソ両大国による各陣営の締め付けが解消したことから、蓋をされていた問題が顕在化したことや資源をめぐる利権争いが原因であろう。特に、東側では、マルクス・レーニン主義の「民族人種の平等、民族対立の解消」という建前の欺瞞が暴露され、虐げられていた少数民族に開放感と民族的アイデンティティの高揚がみられた。ソ連邦の解体により、バルト諸国、ウクライナ、白ロシア、モルドヴァ、コーカサス諸国、中央アジア諸国が独立したが、他方でロシア連邦内の諸民族の独立は認められず、コーカサスの少数民族には不満が残り、チェチェン紛争となっていく。また、チトーの死後も何とか統一を保ってきたユーゴスラビア連邦では皮肉なことにソ連の崩壊で「敵」を見失い、連邦はばらばらになり、クロアチア、ボスニア・ヘルツェゴビナ、コソボと各地でセルビア系と各民族が互いに入り乱れて悲惨な戦闘を続ける始末となった。

アフリカではエチオピア、アンゴラなど社会主義政権の崩壊があり、また資源をめぐる利権争いも絡んで、ソマリア、エリトリア、アンゴラ、ルワンダ、コンゴ、シエラレオネなど各地で紛争・民族対立が激化した。アジアでは、東チモールの独立運動が再燃した。中東では、イラクによるクウェート侵攻が起こり、湾岸戦争が戦われた。

これらの紛争により、一般市民、特に女性や子供が犠牲者となり、大量の難民、避難民が発生し、「民族浄化」というおぞましい事例までが起った。しかもこのような悲惨な状況がＣＮＮやＢＢＣの報道により世界中の人々の目に連日飛び込んでくる事態となった。

冷戦の終焉は、また世界単一市場への動きを促し、情報革命を一層進行させ、グローバリゼーションという大きなうねりを加速した。これにより、世界各地で経済発展が加速され、数億人の人々が恩恵を受けることになったが、同時にこのプロセスに乗り切れなかったり、取り残される人々も出現した。ボーダレス経済が進めば、経済危機が瞬時に国境を超える危険性も増大した。九七〜九八年のアジア経済危機に際して、インドネシア、タイなどではソーシャル・セーフティ・ネットが未整備であったため、職を失ったり、市場からはじき出された人々が困難に直面することになった。

このようにヒト・モノ・カネが国境を越えて迅速に移動する裏で、不法な動きも活発化し、麻薬取引、人身売買、武器の密輸、マネー・ロンダリング、コンピューター犯罪など国際組織犯罪が横行した。国際テロ活動も各地で目立つようになり、各国は対策に苦慮する。また、ＡＩＤｓ／ＨＩＶの蔓延に加えて、新型インフルエンザなどの新たな感染症の危険が現実のものとなり、人類は、ＳＡＲＳ対応に追われた。さらに地球規模の環境問題がますます深刻化しており、とりわけ温暖化対応が喫緊の課題となってきた。

これらの脅威は、いわばグローバリゼーションの影の部分ともいうべき課題で、放置しておけばやがて人間社会を根底から覆しかねない問題であるのだが、従来の国家安全保障の課題とは必ずしも一致せず、また既存の軍事力を中心とする安全保障の対処では対応できない。また、これらの課題は国境を超えて地球規模での対応を必要としており、一国だけでは対処しきれないものが多い。そこで従来の安全保障の方法ではない新たなアプローチが必要ではないかとの疑問が出てきたのである。

(2)　ＵＮＤＰの人間開発報告書

新しいアプローチの口火を切ったのはＵＮＤＰである。例年発出してきた人間開発報告書の九四年版で、「人間の安全保障という新しい考え方」が必要だとして、原爆投下から五十年たった今、「私達は、あらためて考え方を根底から変える必要に迫られている。核の安全保障から

『人間の安全保障』へと頭をきりかえなくてはならない。冷戦のため、安心して日常生活を送りたいという普通の人々に対する正当な配慮はなおざりにされてきた。多くの人にとって安全とは、病気や飢餓、失業、犯罪、社会の軋轢、政治的弾圧、環境災害などの脅威から守られることを意味している。人間の安全保障は武器へ関心を向けることではなく人間の生活や尊厳にかかわることである。人間の安全保障という考え方は単純ではあるが、二十一世紀の社会に大変革をもたらすカギとなるのではないか」と提起した。

その際、基本概念を考察するにあたっての四つの特徴として、世界共通の問題、相互依存の関係、早期予防の有効性、人間中心・人々の自立重視を挙げた。その構成要素として、国連憲章にいうところの「恐怖からの自由と欠乏からの自由」を指摘し、前者が重視されがちだったが、後者も考慮されるべきであり、「いまこそ国家の安全保障という狭義の概念から、人間の安全保障という包括的な概念に移行すべき時である」として、領土偏重の安全保障から人間を重視した安全保障へ、すなわち軍備による安全保障から「持続可能な人間開発」による安全保障へ切り替えるように主張した。（註26）

UNDPは、この考え方を九五年のデンマークでの社会開発サミットで採択される国際文書の基礎とすることを企図したが、サミットで言及はあったもののこの段階ではまだ大きな支持は得られなかった。これは新しいアプローチの提案であったが、経済開発の専門家集団の理想論として扱われた嫌いあり、他方で途上国は自らの「発展の権利」を重視し、いかなるアプローチにせよ、世銀グループや国連ファミリーの勧めを「内政干渉」ととる傾向があったためである。

(3)　小渕総理のリーダーシップ

ＵＮＤＰの提案に対して日本は否定的ではなく、村山総理はデンマークでの演説で、「人にやさしい社会」の創造を目指すとし、「人間優先の社会開発を重視すべきである」と述べている。また九七年の国連環境開発特別総会で、橋本総理は、地球環境問題に取り組むに当たって、「将来の世代に対する責任」と「人類の安全保障」の二つの観点を強調した。

しかしながら、人間の安全保障を日本外交の中心にすえていったのは、なんといっても小渕恵三外相（のち総理）である。小渕外相のリーダーシップで九七年の対人地雷禁止条約に防衛当局や米軍の懸念を押し切って日本も加わったとされているが、そのころアジアを経済危機がおそい、各国で弱者が困難に直面していた。九八年五月、小渕外相はシンガポールで演説し、社会的弱者に対する思いやり、人間中心の対応が重要であるとうったえた。総理に就任後の九八年十二月二日、「アジアの明日を創る知的対話」で人間の安全保障をテーマにスピーチをし、「人間の安全保障の観点に立って社会的弱者に配慮しつつ、アジア経済危機に対処することが必要であり、この地域の長期的発展のためには人間の安全保障を重視した新しい経済発展の戦略を考えていかなければならない」と述べた。続いて、十二月十六日、ハノイでの政策スピーチ「アジアの明るい未来の創造に向けて」において、アジアにおける平和と安定、主要国間の協調関係を基盤として努力すべき分野の一つに人間の安全保障を重視するとして、「人間の安全保障基金」を国連に設置するために五億円の拠出を表明した。さらに九九年一月、施政方針演説において「人間の安全保障について内外政全般にわたる日本の責務」であると述べた。
この後、小渕総理は、韓国や米国での政策演説において、またアイスランドでの日北欧首脳会談においても人間の安全保障に言及し、九九年十二月、国際問題研究所四十周年記念シンポジウムでもこの取り組みを推進する旨述べた。(註27)
小渕総理のこのような取り組みの背景には、政治家としての考え方が反映されていることはいうまでもないが、そのサポートとして、東海大学教授でもあった武見敬三外務政務次官の貢献がある。同次官は人間の安全保障にいち早く注目し、東海大学平和安全保障研究所においてはこれをさまざまな角度から研究しており、これをふまえて政務次官から小渕大臣に具申したものとみられる。

(4) 人間の安全保障の推進

国際社会協力部長に就任した私は、国連を中心に国連予算や人権、難民、国際組織犯罪、気候変動などの環境問題、はたまたＩＬＯ、ＩＴＯの専門機関などと大変間口の広い所掌事務に戸惑い、互いに関連のなさそうな個々バラバラの案件の処理に追われる日々を送ることになった。これらの案件に取り組むにあたっての何らかの統一されたアプローチというか定まった視点のようなものが必要ではないかと考え、部内で種々議論した際に、ＵＮＤＰのいう「ヒューマン・セキュリティ」を知るに至り、これを「人間の安全保障」と訳し、部内の各分野を貫く横串としてみたところ、足元がしっかりする感じを得た。そして、人間の安全保障を表看板にして日本のマルチ外交を進めていけるとの考えに至った。そうこうしている時に、武見次官のアイデアにそって準備されている小渕外相のシンガポール演説の中味を知ることになったので、政務次官室にとびこみ、まさに事務方で人間の安全保障で行こうとしているところですと申し上げたら、政務次官もおおいにやろうということになったのである。こうして人間の安全保障を推進するリーダーシップと実働部隊が整ったのである。

そこで、国連代表部の小和田大使（後に佐藤行雄大使）にご相談し、有益な示唆を得るとともに、省内でこの考え方への支持を得ることに勤めた。伝統的な安全保障を担当する部署からは、当然のことながら「あいまいでよく分からない」、「国家安全保障に替わるものなのか？」、「脅威にいかに対処するのか？」などなどさまざま疑問、疑念が出された。これらの指摘に対してさらに議論を進め、徐々に省内で人間の安全保障について理解が広がっていった。そして政策ペーパーや対外的に発表する論文を準備していく過程でこの考え方が徐々に精緻なものとなっていったのである。

まとまってきた日本の考え方として、①これらのさまざまな脅威に対処するには、個人としての人間に重きを置き、自由と可能性を確保することを目指す人間の安全保障の考え方が有効である　②対応は一国では困難であり、国際社会の様々な主体（国家、国際機関、ＮＧＯ）の協力が必要である　③新たなルールや協力体制を創設するための国際合意の形成が必要である　④途上国に対しての人間の安全保障の考え方に基づく協力を行う必要があり　⑤対象はＵＮＤＰのアプローチである開発にとどめず、広範な新しい脅威を視野にいれていくべきである、などの点がまとめられてきた。また、国家安全保障との関係では、人間の安全保障は国家安全保障に替わるものではなく、国家安全保障の基礎の上に実現されるものであるとして整理された。（註28）

この考え方にたって、小渕総理のハノイ演説において日本の政策として人間の安全保障が打ち出されていったのである。小渕外相の後任の高村正彦外相は、人間の安全保障の考え方に早くから賛同され、外交演説および国連総会の一般演説で言及するとともに、ケルン・サミット外相会議の議長総括文章に含めることに成功された。

(5) 人間の安全保障基金

日本のODAはかねてよりベーシック・ヒューマン・ニーズと人材育成を重視してきており、人間の安全保障の考え方を導入することにより、さらに方向が定まると考えられた。

その具体的ツールとして、いわゆるマルチの協力で、国連に「人間の安全保障基金」を設けることとし、九八年秋の補正予算で五億円が計上された。これは、国連の諸機関が（場合により、各国やNGOとの共同で）実施するプロジェクトで人間の安全保障の考え方に沿う案件を推進しようというもので、実態上日本の意向にそって支出されることになっている。小渕総理がこの基金への拠出についてハノイで表明したのである。九九年の最初の案件は、タイにおけるコミュニティ・ベースの社会的弱者とタジキスタンにおける医療従事者の能力強化の二案件で、さらに追加でコソボの初等教育支援を行った。その後日本は累次にわたり追加し続け、二〇一六年度までに累計約四五三億円を拠出してきており、支援案件は、九〇ヵ国・地域において二三八件（一六年十二月現在）に上っている。

九九年八月に改訂されたＯＤＡ中期政策では、基本的考え方の中で「人間中心の考え方に基づき、後発開発途上国（ＬＬＤＣ）に特に配慮する。更に、環境の悪化や飢餓、薬物、組織犯罪、感染症、人権侵害、地域紛争、対人地雷といった種々の脅威から人間を守る『人間の安全保障』の視点に十分留意していく」とされ、人間の安全保障が重要な柱とされた。

このように、人間の安全保障は優れて政策論として展開されていったわけで、理論的に未成熟であったのは否めないが、日本がこれを推進することにより、日本外交の幅を広げ、国際場裡でリーダーシップをとることにつながるとの思惑があったのである。二〇〇〇年春に小渕総理が急逝されたが、続く森喜朗総理、小泉純一郎総理も引き続き人間の安全保障を推進された。

(6)　その後の動き

私は、二〇〇〇年四月に国社部長からポーランド大使に転出したので、この後は、後任の部長達がフォロウしてくれた。その後の動きの主要点を挙げておく。

二〇〇三年八月に改訂されたＯＤＡ大綱においては、基本方針の（２）「人間の安全保障」の視点として、「紛争・災害や感染症など、人間に対する直接的な脅威に対処するためには、グローバルな視点や地域・国レベルの視点とともに、個々の人間に着目した『人間の安全保障』の視点で考えることが重要である。このため、我が国は、人づくりを通じた地域社会の能力強化に向けたＯＤＡを実施する。また、紛争時より復興・開発に至るあらゆる段階において、尊厳ある

人生を可能ならしめるよう、個人の保護と能力強化のための協力を行う」と謳われた。（註29）

ついで、〇五年のＯＤＡ新中期政策で、人間の安全保障の視点を踏まえ、重点課題が示された。そして草の根無償資金協力のスキームが人間の安全保障・草の根無償資金協力のスキームに発展的に拡充され、〇八年度の実績で実施件数一二五五件、供与額約一一九億円になっている。（註30）

(7) 人間の安全保障委員会

日本は、国連において人間の安全保障を推進すべく積極的に活動したが、カナダも同じく人間の安全保障に熱心であったが、人道的介入が必要となるようなケースを重視していた。日本としては、カナダのようなアプローチを前面に出すと途上国の反発をかうので、よりひろいアプローチをとるべきであるとの議論を行ったが、平行線をたどった。

そこで、日本としては、事務総長の「恐怖からの自由」と「欠乏からの自由」の二つの目標達成の呼びかけに対して報告を行う目的で、ミレニアム総会で森総理より提案し、「人間の安全保障委員会」を二〇〇一年一月に設立した。緒方貞子前ＵＮＨＣＲとアマルティア・セン教授を共同議長とする委員会は、人間の安全保障の概念構築と国際社会の取り組むべき方策について提言する目的で会合を重ね、〇三年五月に最終報告書を事務総長に提出し、人間の安全保障は、国家の安全保障の考え方を補い、人権の巾を広げると共に人間開発を促進し、多様な脅威から個人や社会を守るだけでなく、人々が自らのために立ち上がれるようにその能力を強化することを目指

すとして、具体的な提案を行った。(註31)

この報告書は、人間の安全保障についての国際社会の共通認識となり、その提言を後押しし、人間の安全保障基金の運用に助言するために、人間の安全保障諮問委員会が設けられている。

(8)　共通認識

人間の安全保障委員会の報告を受けて、日本としては、〇五年の国連首脳会合（ミレニアム総会のレビュー）の成果文書に人間の安全保障を盛り込むべく運動した。日本の人間の安全保障とカナダの保護する責任の概念整理が課題となったが、結果的には、両概念とも成果文書に含められた。人間の安全保障については、パラグラフ一四三で、「我々は、人々が、自由に、かつ尊厳を持って、貧困と絶望から解き放たれて生きる権利を強調する。我々は、全ての個人、特に脆弱な人々が、全ての権利を享受し、人間としての潜在力を十分に発展させるために、平等な機会を持ち、恐怖からの自由と欠乏からの自由を得る権利を有していることを認識する。このため、我々は、総会において人間の安全保障の概念について討議し、定義づけを行うことにコミットする」として明確に言及された。(註32)

これを受けて、一〇年五月二十、二十一日、国連総会において人間の安全保障の公式討議が初めて行われ、七月には事務総長に報告を求める総会決議が採択された（A/64/291）。

事務総長は、一二年四月にそれまでの国連における議論を踏まえ、特に途上国側の意向を考慮しつつ、保護する責任とは一線を画し、定義づけを試みた報告書を発表した（A/66/763）。これに基づき、六月には総会で公式討議も行われた。

そして、一二年九月六日に、日本ほかが、総会に人間の安全保障の共通理解について決議案を提出し、九月十日コンセンサスで採択された。これにより、人間の安全保障についての定義が定まったもので、かねて日本が主張してきたように、人間の安全保障とは、人々が自由と尊厳の内に生存し、貧困と絶望から免れて生きる権利であり、すべての人々、特に脆弱な人々は、すべての権利を享受し人間としての可能性を開花させる機会を平等に有し、恐怖からの自由と欠乏からの自由を享受する権利を有するとした上で、さらに具体的に定義づけを行ったもので、画期的な決議である。（註33）

（9）日本外交にとっての意味合い

国家安全保障は、近代国際政治の歴史を踏まえた上で理論化されており、各国はそれぞれの置かれた安全保障上の現状認識を行い、ハード面、ソフト面の政策を決め、実施してきた。しかし、冷戦中は、各国の国家安全保障はなんといっても米ソ両大国、せいぜい他のＰ－５を加えた国々の意向、動向によって左右されてきていた。日本は、敗戦後米国との同盟の下で「軽武装・経済立国」の路線を採り、国内では非常にいびつな「安全保障論議」が行われてきた経緯から、この分野では国際的に「一人前」とは扱われてこなかった。この路線により、アジア諸国の日本再軍備への「疑心」を薄めてきたメリットは指摘すべきだが、日本は国際場裡では「経済大国」ではあっても伝統的な意味での大国ではない。

日本外交は、核廃絶を達成するとの政策を一貫して追求してきている。米国の核の傘のもとで国家安全保障を確保しつつ、この方針を追及するのは一見論理矛盾ともとれるが、経過措置的な現実の下にあると説明できるであろう。さらに一貫しているのはＯＤＡの実施であるが、これは「相手国の関心」に応えつつ、「情けは他人の為ならず」ともいうべき長期的視野に立った日本の国益追求の路線といえる。

ここに、人間の安全保障が外交の柱として加わった。これまでの経緯で明らかなように、人間の安全保障論は、国家安全保障論とは異なりすぐれて意図的に打ち出された「政策論」である。誰も正面切って否定できない肯定的な要素からなっており、欧米の言う「人権外交」よりもやや広範で、先進国、途上国のいずれからも「文句を付けにくい」考え方であり、いまや国連では Japan Brand になっているといえる。

日本ブランドの人間の安全保障ＯＤＡの充実は費用対効果が高いと思われ、今後とも活用すべきと思われる。軍事力による国際貢献の面では限界のある日本としては、ここまで発展してきた「人間の安全保障」を引き続き外交の柱の一本とし、各般の施策を展開することは、厳しい国際環境の下で存在感を示しつつ、日本への信頼感の醸成に資するものであり、長い目で国益を確保していくために有益であると考える。

自民党政権に続いた民主党政権下でも、人間の安全保障は、外交の柱の一つとされた。人権人道担当大使であった私も、玄葉光一郎外相に経緯を説明する機会もあった。さらに、再登場した安倍晋三内閣においても、人間の安全保障が重視されており、岸田文雄外相がこれを推進している。二〇一五年二月に、ODA大綱が「開発協力大綱」として改訂され、人間の安全保障が、引き続き推進すべき基本方針とされている。（註34）

ここまでに至ったことは、最初に推進し始めた私としては、大変うれしいことである。

3　地球環境問題

国社部の業務の中で地球環境問題は相当の割合を占めていた。なかでも気候温暖化への対応は喫緊の課題で、就任直前の九七年十二月に京都で気候変動枠組条約の第三回締約国会議（COP3）が開かれ、条約の実施について定めた京都議定書が採択されていた。これは二酸化炭素などの温暖化効果ガスの削減を具体化するために、米、欧、日などの先進国には削減を義務付けるものであるが、途上国には削減義務を課していないものであった。日本は会議のホスト国として随分と努力し何とかまとめたわけだが、二〇〇八年から二〇一二年までに一九九〇年比六％の削減というかなり無理した数値を約束していた。ちなみに米国は七％削減、EUは八％減を約束していた。

九八年は年初よりこの京都議定書を国会議員はじめ関係方面に説明し始めたが、相当無理してまとめたが故に、日本国内でも産業界では反発も多かった。国会承認はなかなか進まず、結果的に二〇〇二年になってようやく批准した。しかも、二〇一一年の東日本大震災の後で国内の原子力発電所が稼働を停止し、石炭火力発電に依存することになったためもあり、目標は達成できず、二〇一二年で〇・二％の上昇となってしまった。そして二〇一三年以降は延長された京都議定書の義務を日本としては継続しないことになってしまった。

米国は、クリントン政権が熱心に取り組んでいたが、九八年に発足したブッシュ政権は批准を見送った。オーストラリアも政権が労働党から保守連合のハワード政権に交替し、同じく参加を見送った。

このように、後年から見ると内容の遵守の効果という点からは疑問もある京都議定書であるが、合意直後の九八年時点では初めて先進国に温暖化効果ガスの削減義務を課したことで画期的な合意と見られていた。主催国であった日本としてはこれを世界的に周知し、大口の排出国でありながら削減義務を負っていない中国やインドにも削減を約束できないまでも少なくともエネルギーの効率的利用による排出量拡大を制御し、大幅増を防ぐとの意向を世界に向けて宣明するように働きかける努力を続けることになった。

九八年七月には、日韓環境合同委員会の日本側団長として訪韓した際に、先方から先進国としての義務を負っていない韓国も第三段階の二〇〇八年より義務的削減をコミットし、それまでは暫定措置をとるとの説明を受けた。引き続き北京に入り、中国外交部との人権対話と国連協議を行い、その際にも中国の自主的削減努力を促したが、中国側は、発展の権利があるとして、取り付く島もない有様であった。

京都議定書関連では、その後も国内での説明や各国への働きかけと共に、地球規模問題課を地球環境課に改名しそこに気候変動条約室を設置するなど重点的に取り組んだ。

4　難民問題

難民問題への対処もとかく話題になる分野であった。緒方貞子さんが国連の難民高等弁務官（ＵＮＨＣＲ）であったこともあり、日本はかなりの任意供出金をだすなど協力姿勢を示していた。但し、日本国としては難民の受け入れには非常に慎重で、法務省入国管理局は、母国で政治的、宗教的理由などで迫害の恐れのある者のみを難民と認め、経済的苦境を脱したいとの理由では認めないとの難民条約の定義に忠実で、認定者数は年間で一桁に留まっていた。また、難民認定申請者に対しても不法入国者として厳しい扱いがなされていた。このような日本の対応には内外から批判が多かった。もちろん、国の成りたちからして、米、豪、加はもとより欧州諸国とも異なり、さらに人口過多のアジア諸国に囲まれている日本としては、欧米諸国と同様の政策をとる事は無理ではあったが、いくらかでも批判をかわすべく、人権難民課・難民支援室を通じてＨＣＲ東京事務所とも連携しつつ、法務省の対応の改善を促した。結果的に、緩慢ながら少しずつ改善され、難民認定者数も一〇人台にはなった。

一方国際的な難民問題には人間の安全保障の実践として熱心に取り組んでいたところ、九九年には国際的に大きな問題が次々に発生した。旧ユーゴの内戦が続き、セルビア国内でコソボ紛争が激化し、春にはコソボの数十万人のアルバニア系住民が隣国のアルバニアとマケドニアに脱出した。そこで四月末からの連休に、高村外務大臣が、マケドニアに立寄ってから中央アジアを訪問することになり、これに随行した。まずギリシャのテッサロニキ経由でマケドニアのスコピエに入り、難民キャンプを視察した。スポーツ・スタジアムに設営された多くの狭いテントにギューギュー詰めで暮らす人々は悲惨な状況にあった。フランスなど欧州諸国の支援活動が目立ったが、日本としてもマケドニア政府に支援の用意を表明し、大臣一行は中央アジア方面へ向かった。私は大臣一行と分かれ、ＷＦＰの連絡機でアルバニアのティラナに入った。実は、東欧課長時代にアルバニアとの貿易協定の交渉を行ったことがあったが、同国を訪問するのは初めてであった。現地のＨＣＲ所長と会った後に、ミロ外相と会談し、小渕総理の親書を伝達し、ノンプロ無償を提供する旨を伝えた。さらに、現地でＷＦＰ、ＨＣＲ、ＡＭＤＡなどで活躍する日本人の青年男女と懇談したが、実に頼もしく彼等の活動ぶりを日本国内で広めるべきと思った。

九九年秋には、インドネシアからの独立を求める東チモールで、独立派と親インドネシア勢力との武力紛争が激しくなり、これまた数万人の人々がインドネシアの西チモールに逃れていた。そこで緒方ＨＣＲがジュネーブから現地入りするのに合わせて、九月十八日に日本からの現地調査団の団長としてジャカルタに入った。川上隆朗大使の公邸で緒方さんと合流し打ち合わせた後、十九日にデンパサール経由で西チモールのクバンに入り、車で現場のアタンビュアに入った。三か所のキャンプを視察したが、まだＨＣＲが活動しておらず、インドネシア政府が運営していたので充分な状況ではなく、しかも武装勢力の要員らしき者がウロウロしていて、インドネシア軍の護衛無しには危険な状況であった。

二十二日に帰国し、二十三日には国連総会に出席するためにニューヨークに向かった。そこで、国連のリザ官房長およびコナー行財政担当事務次長と国連の予算や日本人職員の増加問題について話し合い、マロック・ブラウンＵＮＤＰ総裁、ベラミＵＮＩＣＥＦ事務局長、デメロ人道支援担当事務次長、デサイ経済社会局長等の人道支援の関係者と会談した。チモールの現地視察に基づき国際社会の支援の必要性につき説得力ある説明を行うことができた。

この後も、日本が難民の受け入れには消極的である状況は変わっていなかった。

5　人権問題

国際社会における人権の擁護、推進は、国連の設立目的の一つであり、とりわけ中国、北朝鮮、キューバ、イラン、ミャンマーなど先進国からみて人権に問題がある国々に対する対応は、かなりの比重を占める問題であった。日本は原則として欧米と同様の立場をとるが、時にアジア、アフリカの諸国が一足飛びに欧米の水準に達することは困難である事情も理解して、改善が見られる点は評価するとの対応をしており、たとえばミャンマー決議などでは調整役を担いコンセンサスで採択されるように努めた。北朝鮮の事情はあまりにひどい状況であるので、人権委員会、総会で非難決議を採択すべく、多数派工作を行った。

中国に関しては時に表現ぶりをめぐり米国と調整する場面もあったが、最終的には米国に同調して非難決議に賛成したので、日中間で微妙な緊張をもたらすこともあった。一方、日中間では局長級で人権対話を再開して、九八年七月に訪中し、李保東外交部国際司長代理と意見交換を行った。当方としては、共産党一党独裁の下での「人権」の実態については、長年のソ連勤務で百も承知ではあったが、中国側が裁判制度の改善ぶりを説明することだけでも、このような対話を続ける意味があると感じた。

なお、北朝鮮が日本人を拉致したことを認めたのは、後刻小泉内閣の時代であるが、小渕内閣時代には日本として国際的にこの件での北朝鮮糾弾はまだ行っていなかった。しかし、横田めぐみさんの御両親と支援者の方々が訪ねてこられ、この件を国連の場で提起してほしいとの要望があった。新潟県人としては真に同情を禁じ得ず、何か方法がないかと探究した結果、日本政府としては表に出ず、横田夫妻が個人として人権委員会に調査を要請する方式をとることとして、この分野で国際的に活躍している横田洋三東大教授に依頼して手続きを進めることとした。振り返ってみれば、拉致問題を初めて国際場裡に出したとはいえ、腰の引けた対応であったが、当時は北朝鮮をめぐって核問題や国交樹立の問題があり微妙な段階であったので、アジア局方面では拉致問題を正面切って取り上げるのには消極的であったのである。後年、人権人道担当大使として拉致問題も担うことになったのも因縁である。

6　国連改革

国社部の担当する分野は、冷戦終結後の世界で益々グローバル化が進む中で、新たに発生したり、深刻化した様々な課題で、非常に広汎であった。これらの問題は、国連の諸部局や専門機関が担当しており、日々日本としての対応を迫られるので、実に多数の対処方針についての決裁を求められた。大部分は、部長レベルの決裁で決定することができるもので、大臣や総理の判断を仰ぐ事例は多くはなかった。それでもG－7サミットや国連総会では、気候変動問題や国際組織犯罪対策への対処などが扱われるので、九八年の英国バーミンガムでのG－7サミットに小渕総理一行の随員に加わり、九九年のドイツのケルンでのサミットに引き続くアイスランドにおける日北欧首脳会議においては、人間の安全保障が取り上げられたので、総理に随行した。

当時の日本は、世界第二位の経済大国であり、国連をはじめ各専門機関などにおいては、米国に次ぐ大口の分担金、拠出金の支出国であった。従って各機関の予算の決定についてはそれなりの発言力を有しており、米、日、独、英、仏など少数の大口支出国の非公式な会合であるジュネーブ・グループに加わっていた。国連では、安全保障理事会の常任理事国、P－5が有力であるのは現実だが、行財政面では、ジュネーブ・グループが仕切っており、日本としては、肥大化する一方の国連の組織、人員、予算について、一層の改革、効率化を求めて発言することが多かった。

国連の予算を支える分担金は、加盟国の経済規模に応じた算定方式によって決められているが、途上国には軽減措置があり、中国、インドなどもこの恩恵に浴していた。しかも、米国は、経済規模では世界の二九・二％（九八年）であったのに、一九七四年の一国の分担金の上限を決めた総会決議に基づき、負担は二五％にとどまっていた。日本の分担金は、米国に次いで二位で、米国を除く英、仏、露、中の常任理事国四ヵ国の合計よりも多く、一七・九八％を負担していた。これは、経済規模の一三・四％よりも四％以上も多いが、米国や途上国の軽減分をカバーしていたわけである。九九年については、一九・九八％とかろうじて二〇％を下回ったが、二〇〇〇年には二〇・五七％となった。ところが、米国議会の共和党系が、上限をさらに下げて二二％とするよう要求しており、それが実現すると、日米がほぼ同額を負担するようになることが予想された。これに対しては、日本国内でも自民党筋から、日本は安保理常任理事国の地位も得られないまま、米国と同額を出させられるのは納得できないとして、強い批判が出されていた。二〇〇〇年三月に米国のホルブルック国連大使が来日し、二二％案を打診して来たが、日本はこれに応じられないとしつつ、安保理議席を十五ヵ国から二十一ヵ国とする（日本が常任理事国となる含み）案について、米国が柔軟な態度をとるとの理解で、「より衡平な分担率の策定を目指すとの点で一致している」との建前で、日米が内々に協力していくことになった。この点については、私が転出した後で、結局米国が上限を二二％とすることを主張したので、日本としても、毎年改定とせず三年毎として、算定方式も変更して日本の分担を一％下げたものとするよう主張し、二〇〇三年～二〇〇五年は、米国二二％、日本一九・四七％となったのである。

振り返れば、日本の分担率は、二〇％を超えていた二〇〇〇年～二〇〇二年がピークであり、その後は日本経済の停滞が続いたため、徐々に低下していった。そして二〇一六年～二〇一八年には、二位を維持しているものの一〇％を切って九・六八％となり、他方、中国が七・九八％で三位となっている。依然として安保理改革が進まないなかで、日本が大口の分担金を出しているのは釈然としないところもあるが、金も出さなくなれば、日本の発言力は更に低下していくであろう。やはり、口を出すには、金を出していくしかないのである。

国連は元来、第二次大戦で日独枢軸側と戦った連合国（UNITED　NATIONS）を起源としている。ちなみに日本はこれを「国際連合」と訳して、「連合国」の印象をうすめているが、中国語では「聯合国」のままである。そのため、戦後復興して世界第二位、第三位となっていた日本とドイツには、その実力に相応しい地位、権限が与えられていないどころか、国連憲章には、所謂旧敵国条項が残っている。これらの条項は、一九九五年に総会で効力は失効している旨決議されているとはいえ、憲章改正は未だなされていない。（註35）

日本は東西冷戦で西側に属したにもかかわらず、国内では「革新勢力」も強く、国連を世界平和を達成するための組織として理想化してとらえる傾向があり、これがいわゆる「国連中心外交」の背景にあった。もちろん現実の国連は、常任理事国五ヵ国が仕切る安保理と途上国が多数を占める総会を軸に様々な力が作用している複雑な国際政治の場である。日本はその中で、経済、社会面を中心に随分と貢献してきており、その実績が日本の評価を高めている。

私としては、国際社会協力部長としてこれに携わり、更に人間の安全保障という新しい概念を展開し、実践する端緒をつけたのは、外交官冥利に尽きるところであった。

第15章　ポーランドの復活

1　ポーランド大使発令

国際社会協力部長として二年を過ごした九九年秋、年明けにポーランド大使に任ずるとの内示があった。予想していなかったところだが、それまでのモスクワ勤務や東欧課長の経験からポーランド事情についてはある程度の知識があったので、これを受けることとし準備に入った。

二〇〇〇年四月四日の閣議で特命全権大使に任命され、ポーランド駐箚を命じられた。同日午後に宮殿での認証式に臨み、天皇陛下の御前で侍立の閣僚から任命状を戴き、更に陛下より、日・ポ両国関係の発展を願う旨大統領に伝えるようにとのお言葉（これは「言上ぶり」と言う）とともに任務に励むようにとのお言葉を賜った。外交官として、いよいよ日本国を代表する大使として任地に赴くのは、まことに身の引き締まる思いであり、これまでの大使館員としての赴任の際とは異なった緊張感に包まれた。さらに、四月二十日には宮中において、夫妻で天皇、皇后両陛下に拝謁を賜った。両陛下は、ポーランドについて、文化交流を中心に日本との関係も良好なことを良くご存じでおられ、ショパン・コンクールやクラクフの浮世絵の美術館に言及された。特に皇后陛下は、映画監督のアンジェイ・ワイダの筋を通した生き方について述べておられた。

実は、任命日の直前に、小渕総理が倒れ、亡くなられてしまったので、四日が総辞職の最終閣議であり、五日には森喜朗内閣が成立した。香港総領事発令の際も村山内閣が総辞職し、橋本内閣が成立した日であったので、正に「政治の世界は一寸先は闇」というところであった。

様々な準備、関係者への挨拶など忙しい日々を過ごし、五月十五日にスイス経由でワルシャワに着任し、外務省儀典次長ボグミラ・ヴィエンツラフ女史の出迎えを受けた。日を経ずしてシコルスキー外務次官を表敬し、天皇陛下から元首あての信任状の写しを提出して、大使としての実質的な活動を行い始めた。そして五月二十二日に大統領官邸で、クファシニェフスキー大統領に信任状を奉呈して、正式に大使として認められた。大統領は、陛下の御訪問を期待すること、両国経済関係、とりわけ日本の投資拡大への期待、そして両国の政治対話及び国際場裡での協力について述べた。当方からは、天皇陛下よりの両国関係の発展を願うとのお言葉（言上ぶり）をまず伝え、ついで陛下の御訪問の実現に努力したい旨を述べ、さらに経済関係での大統領の個人的支援を多とする旨及び政治的対話を首相、外相レベルで続けたい旨述べた。クファシニェフスキー大統領は、四十七歳で精力的な感じであった。その後、無名戦士の墓へ献花して正式に大使としての活動を開始した。

2　亡国の復活

外交官生活では、新しい任地に赴く際は、その国の歴史を勉強して行く。ポーランドについては、基礎知識はあったが、あらためて次のような流れを復習した。（註36）

(1)　地政学的条件

ポーランドは、欧州中央部に位置し、平坦な地形の国土を有する。ロシアと同じくスラブ民族であり、言語もロシア語に近い。一方宗教はカトリックであり、正教のロシアとは異なり西欧的合理性の伝統がある。地政学的にはドイツ（プロシャ）とロシアの間に位置し、しかも国土はほとんど平坦で軍事的に脆弱であることから、苦難の歴史をたどった。そして、十八世紀後半に三次にわたって国土がロシア、プロシャ、オーストリアよって分割され、ついには地図の上から国として消滅してしまった。

(2)　親日国

亡国のポーランドについては、一八九三年に福島安正少佐が、ベルリンから単騎シベリア横断の途次ポーランドを通過した際に、「淋しき里に出でたればここは何処かと尋ねしに、聞くも哀れや、その昔、亡ぼされたるポーランド」（落合直大の歌詞）と歌われ、日本人にも知られるところとなった。日露戦争の際に、日本側はポーランド人捕虜の要請に応じて、ロシア人捕虜と分離して収容した。日本の勝利はポーランド人に勇気を与え、反露で大の親日国となっていった。

この後に独立運動の志士ピウスツキーが来日し、日本に支援を求めたこともあった。ポーランドは、第一次大戦中の一九一八年に独立を宣言し、二〇年にはピウスツキーの指揮の下にトロツキー率いるソビエト・ロシアの赤軍を破り、独立を維持した。

また、ロシア内戦の最中に、シベリアに残されたポーランド人孤児の救出を依頼された日本がこれに応じ、シベリア出兵中の日本軍が七六五名の孤児を救い日本に移送した。日本では大阪と東京で朝野を挙げて孤児たちを受け入れ、貞明皇后が御自ら孤児たちに接しられるなど手厚く介護し、戦後にポーランドに送り届けた。このエピソードにより、ポーランドは一層親日となった。(註37)

(3)　第二次大戦の惨劇

独立したポーランドは、ヒットラーのドイツとスターリンのソ連に挟まれた状況下で、英仏に頼ることになった。三九年に独ソの間で不可侵条約が結ばれた際に、ポーランドの分割を決めたモロトフ・リッベントロップ秘密協定があったことは知られていなかった。三九年九月一日、ヒットラーがポーランドを攻撃し、英仏が対独宣戦を布告したことで、第二次大戦が勃発した。西部は独軍に蹂躙され、スターリンは秘密協定に基づき東部を占領し、ポーランドは再び分割されてしまった。

ナチスは、ユダヤ人をアウシェビッツほかの収容所に集め、絶滅を進めた。ポーランド人の中には、ナチスに協力した者もいるが、危険を冒してユダヤ人をかくまった人もいた。このホロコーストにより、ポーランドは戦争前のポーランド人、ユダヤ人、ドイツ人、ロシア人、ウクライナ人などが混在する多民族国家から、戦後はほぼポーランド人だけの単一民族国家になった。

ナチスの暴虐と共にスターリンの悪行も指摘せねばならない。四〇年三月、四月にソ連のスモレンスク郊外カティンの森で、ソ連軍が四四〇〇人のポーランド軍将校を射殺し埋めていた。戦後の国造りを担うであろうエリート層を虐殺していたわけだが、ソ連は長年ナチスの仕業であると宣伝しており、ようやく八九年になってゴルバチョフがソ連の犯罪であったとはじめて公式に認めた。カティンの森の悲劇と言われ、ポーランド人が決して忘れない出来事である。また四四年八月にはナチス占領軍に抵抗して蜂起したワルシャワ市民部隊をビスワ河の対岸まで来ていたソ連軍が見殺しにした。これも自立心の強い勢力を除くことになった。

四五年一月には、親ソ連勢力によるポーランド新政府が樹立され、ロンドンにおかれていた臨時政府はソ連により無視された。更にポツダム会議により、東ポーランドはウクライナと白ロシアに編入され、ポズナンなどのドイツの東側がポーランドに編入され、国土が三分の一ほど西方へ移動した形となった。二〇〇一年にドイツに出張した際、ベルリン郊外のポツダムに赴き会議が行われた旧皇太子別邸を見学した。展示されていた中欧の地図上にはオーデル・ナイセ河に沿って赤鉛筆で線が引かれていたが、英国のイーデン外相とソ連のモロトフ外相が、ドイツとポーランドの境界線を定めた地図であった。一国の領土を大国が切り分けるという何とも空恐ろしい冷酷な国際政治の現実であった。

(4) 社会主義圏での苦労

戦後の体制については自由選挙により政府を樹立することが合意されていたのだが、結局ソ連軍が占領する中での選挙で親ソ政権が「勝利」し、ポーランドはソ連の衛星国に組み込まれた。四九年には、コメコンが設置され、ソ連を中心とする分業体制下でソ連に次ぐナンバー2の工業国となった。五五年五月には、ワルシャワ条約機構が設立され、軍事的にも完全にソ連の足下におかれた。

五三年のスターリン死後、フルシチョフのスターリン批判の後に、ポーランド各地で反ソ暴動が発生したが、政府側により鎮圧された。五六年六月のポズナン暴動も弾圧されたが、民族派とされソ連と必ずしも良くなかったゴムルカが政権を握った。しかし、ゴムルカも、同年十月のハンガリー動乱がソ連軍の出動で鎮圧され、更に六八年八月のチェコの「プラハの春」も鎮圧された際には、ソ連を支持する姿勢をとった。

七〇年代のデタントの時代には、ゴムルカに代わったギエレク政権下でいくらか経済状態は改善したが、次第に大型投資の不首尾などの付けが回り、経済が悪化して行った。

(5) 終わりの始まり

八〇年八月には、経済状況に不満を募らせた労働者のストライキがグダンスクなどで拡大し、九月にはグダンスク造船所で結成された電気工のワレンサ議長が率いる自由労組「連帯」（ソリダルノスチ）が、カニヤが率いる党・政府側と合意に達した。しかし国内は安定せず、結局事態は八一年十二月にヤルゼルスキー将軍による戒厳令により収拾されたが、ソ連軍の介入は行われなかった（乃至は行えなかった）のである。その後八四年ころからは拘束されていた連帯の指導者たちも徐々に釈放されていった（第5章3）。

(6)　体制移行

ポーランドの歴史の上で、同国出身のカトリック教会の法王ヨハネ・パウロⅡ世の存在は重要である。クラクフの枢機卿であったが、七八年に法王に選出され、八〇年代後半には東欧、とりわけ母国ポーランドの民主化運動にとって精神的支柱となっていった。

前述（第9章5）のように、ポーランドでもソ連のペレストロイカの動きを見つつ、再び連帯運動が活発となり、八九年三月に党・政府側と連帯とが初の円卓会議を行い、複数政党制の選挙を行うことが合意された。そして九月の選挙の結果、連帯を母体とするマゾヴィエツキー内閣が成立した。ヤルゼルスキー大統領の下で共産圏初の非共産党政権の成立である。

九〇年十二月には、ワレンサが大統領に就任し、連帯系各政党の連立政府が成立し、統一労働者党が衣替えした民主左派連合が野党となった。そして東欧の社会主義諸国において、民主主義、自由主義、資本主義への体制変革が進んだ。まず、九一年三月にワルシャワ条約機構の軍事機構が廃止され、七月には同機構そのものが完全に解体された。また、九一年六月には社会主義圏の経済協力機構コメコンが解散された。その年の十二月には、ついにソ連邦そのものが解体され、エリツェンが率いるロシア連邦が継承した。

九七年に、ポーランド、ハンガリー、チェコのNATO加盟が決定され、九九年には正式加盟国となり、二〇〇〇年からはこれら諸国はNATOの軍事活動でカバーされることになった。二〇〇〇年春に着任した私が翌年一月の外交団旅行に参加した際に、バスで隣席になったチモシェヴィッチ外相が、「ポーランドは三百年で最も安心して眠れる」と述べていたのが、実に印象深い発言であった。

(7) 経済改革

九〇年一月には、急進的な市場経済化改革とインフレ抑制のための緊縮政策を中心としたバルツェロビッチ改革が開始された。一気に改革を進める所謂ショック療法であり、混乱も見られたが、次第にその成果が現れ始め、九二年には実質GDP成長率がプラスに転じた。その後も拡大する消費や、急増する海外からの直接投資により順調に成長を継続し、九〇年代後半は六~七%台の高成長を続けた。

3 国家目標

着任後の数ヵ月は、このようなポーランドの歴史をおさらいしながら、各方面に挨拶まわりを続け、実情把握に努めた。何と言っても、体制変革を進めながら、NATO加盟を果たし、EU加盟を目指すのがポーランドの国家目標であった。ポーランドでは、体制変換後、政権交代がかなり頻繁に行われ、民主制が定着して行った。大統領が直接選挙で選ばれ、政府は議院内閣制であったので夫々連帯系と左派系が数年おきに交替し、時には大統領と政府が異なる党派出身であるねじれ現象も発生していた。左右の振幅の中で政権の交代があっても、欧州への復帰という大枠の政策目標では共通しており、米国との同盟即ちNATO加盟により対ロシアの脅威を相殺し、EU加盟を目指すという点では一致していた。着任当時のクファシニェフスキー大統領は左派で、政府は連帯系のブゼク首相、ゲレメク外相であった。大統領は、二〇〇〇年十二月に再選されたが、政府は二〇〇一年九月の総選挙の結果、左派連合のミレル首相、チモシェヴィッチ外相に交替した。しかし、EU加盟を目指す点では変更はなかった。（註38）

4　親日国ポーランド

それまで赴任したソ連、オーストラリア、米国、香港では夫々過去の経緯から対日感情において未だにしこっているところもあったが、ポーランドについてはその問題はなく、むしろ大変な親日国であった。前述の日露戦争での日本の勝利、ポーランド捕虜の扱い、シベリア孤児の救出などの歴史的経緯がある故であるが、現在のポーランドにおいても日本との関係を特別熱心に推進している人達の貢献も大きい。

(1) マンガ館

まず第一に上げるのは世界的に有名な映画監督であるアンジェイ・ワイダ氏の活動である。社会主義時代の厳しい環境下でも、ワルシャワ蜂起を描いた『地下水道』や社会主義建設の虚実を描写した『大理石の男』、『灰とダイヤモンド』などの名作を世に出してきたワイダ監督は、画学生であった戦時下に目にした日本の浮世絵のコレクションに強い印象を受けていた。それは明治初期にポーランド出身の貿易商ヤシェンスキーが蒐集した貴重なコレクションであるが、一般には公開されないままクラクフ国立博物館に所蔵されていたものであった。

ワイダ監督は、一九八九年に長年の映画監督としての活動に対して京都賞を授与された際に、その賞金を基にしてこのコレクションを展示する美術館を京都と姉妹都市のクラクフに設立することを発意した。これに賛同したＪＲ労働組合や岩波映画（高野悦子代表）が日本において募金活動を展開して支援した。設計は磯崎新氏が無償で引き受けた。日本、ポーランドの政府も協力し、クラクフ市中心のバベル城からビスワ川を挟む対岸の一等地に、一九九四年十一月三十日に「日本美術・技術センター」が開館し、式典には日本から高円宮、同妃両殿下が出席された。

ワイダ氏は、浮世絵をはじめとする日本美術の粋を展示すると共に、それが現代日本の最新技術による製品に繋がっていることを示したいとの考えから、「日本美術・技術センター」（別名として葛飾北斎の漫画からとってマンガ館と称す）という名称にしたのである。欧州の中央に日本美術の粋を展示するこのような施設があることは、奇跡的なことであるが、ここには舞台や茶室も備えられており、ワイダ監督と夫人のクリスティーナ・ザフバトヴィッチ女史は、ここを拠点に日本文化の発信活動を熱心に続けて来た。

日本政府はこのような活動を支援しており、大使としては開館記念日などの行事に参加したり、日本の最新技術の製品の提供を関係企業に働きかけて、自動車のエンジンやロボット、電子バイオリンなどの展示を実現した。また、妻が和服地や帯を提供し、クリスティーナ夫人がデザインしてドレスに仕立て、同館と大使館のホールでファッション・ショウを行うなど協力した。

二〇〇二年の天皇、皇后両陛下の御訪問の際には、ワイダ夫妻の御案内で同館をご視察いただいた。後にワイダ監督に頼まれて御訪問の記念プレートを揮毫したが、後年一四年十一月に行われた二十周年記念式典には招かれて夫妻で出席し、ワイダ夫妻他の懐かしい人々と再会した。ところが、ワイダ監督は、一六年十月にこの世を去った。驚いて、クリスティーナ夫人にお悔やみを伝えたが、日ポ関係の増進に多大の功績のあった同氏の逝去はまことに残念なことである。

(2)　ポ日情報工科大学

体制変革後のポーランドを支援するために、日本もODA協力を進めていた。情報工学の権威のノバツキー博士は、ポーランドの発展のためには世界で進んでいる日本の情報技術の導入が必要であると考えから、そのための高等教育機関の設立を推進した。日ポ両国政府がこれを支援し、九四年に「ポーランド・日本情報工科大学」が設立された。ポーランド国内でトップクラスの大学となっているが、他国の大学の名前に「日本」と入っている稀有の事例であり、日本側もコンピュータ機器を提供すると共に教官を派遣して来ており、例年入学式、卒業式には大使として出席し祝辞を述べた。

(3) 日本研究、日本語教育

ポーランド国内には、ワルシャワ大学、ヤゲウォ大学(クラクフ)及びアダム・ミツケーヴィッチ大学(ポズナン)で日本研究、日本語教育が行われてきており、その水準は大変高い。ワルシャワ大学日本語学科は優秀な学生の志望者が競う狭き門である。両陛下御訪問の際には、この学生達による日本語弁論大会を御覧いただいたが、随員一行や同行記者団から学生達の日本語が優れていることに驚きの声が上がったほどである。

これらの学生達の日本語学習に在ワルシャワの日本人会婦人部が協力している。ポーランドの代表的な木である柳と日本の桜からとって「柳桜会」といい、会員達は学生達を夫々の家庭に招いて日本語日常会話の上達を目指すというもので、長年の交流を通じて親日家、親ポ家が増えていくというわけである。両陛下御訪問の前月に御所で御進講申し上げた際に、妻がこのことを皇后様に御説明した経緯があったが、ワルシャワ空港に御到着の際に皇后様は、柳と桜のコサージュをあしらったお帽子をお召しであった。これに気付いた妻がクファシニェフスキー大統領夫人に連絡すると共に、「柳桜会」の皆さんに連絡した。一同が感激したのは言うまでもない。

(4)　ショパン

日本人は、ポーランド人に次いでショパンの音楽を愛する民族であると言われている。時に物悲しく時に激しいが哀愁を帯びるショパンの曲は日本人の心の琴線に触れるのである。

五年毎に開催されるショパン・コンクールには多数の日本人が参加しており、またヤマハ楽器と河合楽器がピアノを提供して協力している。二〇〇〇年秋には、第十四回ショパン・コンクールが開催されたところ、一〇〇人の出場者の二割が日本人であり、中村紘子さんと遠藤郁子さんが審査員であったので、移転前の公邸の最後の大きな行事としてこれらの関係者を招いてレセプションを催した。また、出場者に和食のお弁当の差し入れを行った。予選から会場に通い、若い出場者の熱烈な演奏に魅了されたが、優勝は中国のリ・ユンディで日本からは佐藤美香さんが六位に入賞した。

ショパン演奏の威力は外交活動の上でも大きいものがあり、この後で新公邸が完成し、新しいピアノも入った頃に、第十三回コンクールで五位に入賞した経歴を有する宮谷理香さんが来訪したので、特に依頼して外交団を招いてのディナー・コンサートで演奏してもらった。何しろ卓越した演奏であるので、クリストファー・ヒル米国大使他の招待者をうならす素晴らしい夕べとなった。

なお、ポーランド各地の音楽学校には多くの日本人留学生が学んでおり、両国の交流に貢献している。ワルシャワのショパン音楽院の卒業式に出席して励ますのも大使の役目であった。

(5)　日本企業の進出

ポーランドは、首都ワルシャワ、南部の古都クラクフ、北部のグダンスク、西部のポズナン、南西部のブロツラフなどの都市が歴史的な旧市街を中心に発展しており、またウッジやカトヴィツェなどの工業都市、さらには古城や貴族の館、壮麗な教会などを有する中小都市が全国に適宜に散らばって存在している。人口も多く労働力が豊富であり、EU加盟も予想されるので、企業進出には好条件であった。着任当時、進出していた日系企業はわずか数社であったが、続々と新たな進出が続き、トヨタ自動車、YKK、ブリジストン・タイヤなどの全国各地の新工場開所式に参列し挨拶する機会が続いた。離任する頃までには二十数社となっていたが、その後も増え続け、二〇一六年現在では二八七社に上っている。

ちなみにポーランド語はロシア語と同類であるので、ワルシャワ大学の講師を家庭教師に依頼して習得に努め、挨拶は出来るだけポーランド語で行った。

5　天皇、皇后両陛下御訪問

ポーランド在勤時の最大の出来事は、何と言っても天皇、皇后両陛下の御訪問であった。二〇〇〇年暮れに新大使館事務所、新公邸が完成したので引越しを行い、二〇〇一年からはポーランドの関係者や外交団を招いての設宴を催すなど外交活動を活発化し、またその頃増えてきた日系企業の工場開所式に出席するなど多忙な日々を続けていた。

八月末に本省より二〇〇二年七月に両陛下の中欧（ポーランド、ハンガリー、チェコ、オーストリア）御訪問を実現したいので受け入れについて先方政府の意向を確認せよとの訓令に接したので、早速ネスート儀典長に申し入れた。

おりしも九月十一日の米国におけるテロ攻撃があり、騒然としたなかで準備に入った。更に日本では外務省のスキャンダルが問題となり、ＡＰＥＣ大阪会議の際の会計処理も不適切であるとされた。私も知らぬことだったとは言え監督責任が問われ、厳重訓戒を受け、俸給の二〇％自主返納三ヵ月という処分を受けた。この件に区切りがついた後でポーランド側と本格的な打ち合わせに入った。

翌年二月には先年に両陛下御訪問があったオランダとドイツにも出張して各大使館の経験を聞くなどしたが、二月十二日に御訪問についての正式発表が行われた。式部官長、儀典長をはじめ外務省、宮内庁、警察庁の担当者からなる先遣隊が二回にわたって来訪し、現地視察を行うなど入念な準備が続いた。ちなみに、公邸料理人の平石君は洋食シェフであるが、内輪の御夕食については、私の妻と相談しながら洋食と和食の二通りの献立を準備し、先遣隊の試食の結果、和食で行くことになった。

そして六月に長男の結婚式のために一時帰国する機会があり、十日の夕刻に夫妻で御所に伺い、夕餐を賜りつつ、御進講申し上げた。紀宮様も加わられ御三方に実に三時間にわたり、様々な角度から御説明できて大変貴重な機会となった。特に歴史についてはスラブではあるがカトリックで西欧文化との共通性が多い点やプロシャやロシアとの関係などについて詳細に御説明し、御下問にもお答えしつつ、体制変革、経済発展、日本企業の進出にも言及した。妻からも自然環境、ショパン・コンクールと日本人、チェンストホーバへの巡礼などについて御説明申し上げた。両陛下は、ポーランドについて実によく御存知であり、当方が驚くばかりであったが、直前にこのような機会をいただいたことは大変ありがたかった。

そして七月九日から十三日まで四泊五日の御訪問が実現したが、その模様については、霞関会の会報十月号に寄稿した一文を再録する。

天皇皇后両陛下のポーランド御訪問

今夏の天皇皇后両陛下の中・東欧四カ国御訪問は内外からとても良い御訪問であったとの評価を得た。かつての社会主義圏のチェコ、ポーランド、ハンガリーとオーストリアを二週間にわたって御訪問になったのであるが、各国ともいずれおとらぬ親日国であり、歴史的にも日本との関係で特に難しい問題もなく、最近は日本からの投資が活発化している中での初めての御訪問であったので、各地において大歓迎を受けられた。

ポーランドは一九八九年の円卓会議による自由選挙を経て、民主主義、市場経済への変革に成功し、経済発展が目覚ましく、国民生活は急速に西欧に追いつきつつあり、二〇〇四年のＥＵ加盟を目指して交渉の最終段階にある。かつてのワルシャワ条約メンバーが今やＮＡ

TOのメンバーとしてバルカンやアフガニスタンに部隊を派遣しているわけでこの国を巡る状況は全く様変わりしている。しかしながら、日本ではまだまだ灰色のイメージが払拭されておらず、知られざる国であった。

この国の親日感は日露戦争にさかのぼり、シベリア孤児の救出というエピソードをふまえ、両大戦間の盛り上がりを経て社会主義時代でも変わることがなかった。伝統を現代に生かしつつ経済大国になった日本へのあこがれは強く、ワルシャワ大学日本学科を中心とする日本文化の研究水準は、世界有数である。体制変革後はワレンサ大統領がポーランドを第二の日本にしようと述べたように、日本の経済力への期待が高まった。日本側も体制変革に協力すべく技術協力を続け、「ポーランド・日本情報工科大学」はプロジェクト方式技術協力の成功例のトップにあげられている。日本経済の低迷が続いたため、日本からの投資は欧米や韓国にも後れをとっていたが、ようやくここ三、四年で活発化し、私も各地で新規工場の開所式に参加する機会が続いている。さらに一年半前に完成した新大使館と新公邸に移転し、様々な調整、試行を経てようやく円滑に回転し始め、外交活動も活発化させたところであった。

かねてからの累次にわたる御招待を受けての両陛下の御訪問は、このように絶好のタイミングで行われた。今回のご訪問地はワルシャワを除くとクラクフを含めプラハ、ブダペスト、ウイーンといずれもかつてのオーストロ・ハンガリー帝国の版図であったところであり、歴史的な建造物も多く、音楽、演劇、絵画など文化遺産が豊富で中部ヨーロッパの美しい文化都市である。当然見るべきところは多く御日程の候補には事欠かない。ところがワルシャワは緑が多く美しい街ではあるが、第二次大戦で徹底的に破壊され、中心部の王宮、旧市街などは昔どおりに復旧されたものの、文化遺産ではやや見劣りする。御日程の作成に悩むところだが、幸い、東京からのご指示は、当国の歴史、文化に敬意を表しつつ、大統領や首相をはじめ出来るだけ幅広く各界の人々と親しく接しられ、友好親善を深めることが主眼であり、単なる名所旧跡の御視察であればむしろ必要ないというものであった。

結局四泊五日の御滞在日程がくまれ、初日七月九日は、大統領官邸での歓迎式典、クファシニェフスキー大統領御夫妻との御会見、無名戦士の墓への御献花、大統領御夫妻主催の公式晩餐会と続く公式日程で埋まった。三十五度にもなる晴天下の戸外の諸行事が続き、ポーランド側関係者は今年一番の暑さだと閉口するほどであったが、両陛下は常に変わらず、御威厳のある中にも温かく自然で真摯な御振る舞いで臨まれこの両陛下のお人柄に接した大統領以下の人々は、たちまち自然に両陛下に尊敬と敬意を表すのであった。御料車の窓から丁寧に会釈を続けられる両陛下に、沿道の老若男女がことごとく手を振り歓迎申し上げる光景は、まことにうれしい限りであった。

晩餐会でクファシニェフスキー大統領は、シベリア孤児の救出にも言及しつつ、両国関係の歩みを振り返り、今後の一層の発展への期待を述べられた。これに対し、天皇陛下は御言葉の中で、ポーランドの歴史に言及され、「貴国の人々は自由と独立を目指し、多くの犠牲も伴った様々な困難を乗り越え、今日のポーランドを築いてきました」と讃えられ、その精神的よりどころとして文化の役割が大きかったことを例を挙げてお述べになった。さらに我が国との関係でコルベ神父とゼノ修道士の活動におふれになった後、「人生の最後の瞬間まで博愛の精神を貫いたコルベ神父や、当時の筆舌に尽くしがたい苦難の中で命を失った数知れない人々に思いを致す時、あのような悲劇が、人類によって、二度と再び引き起こされてはならないとの切なる思いを新たにいたします」と述べられた。お言葉が出席者に深い感動を与えたのは言うまでもない。

十日は議会での上下両院議長御引見、ミレル首相夫妻御引見、ワジェンキ公園の水上宮殿での首相夫妻主催昼食会が行われた。昼食の後、青空の下でプォツク少年少女舞踏合唱団による民族ダンスと歌が披露された。広島など日本各地を訪れたこともある子供たちは、「さくらさくら」やポーランドの歌で日本でも知られている「森へ行きましょう」を日本語で歌ってくれた。午後からの旧王宮及び旧市街御視察については、観光ガイドのような説明にならぬように再建作業に携わった人たちから直接説明を受けながら御視察いただき、さらに「ワルシャワ、過去、現在、未来」という十分ほどの映像を御覧いただくこととした。これは「ポ・日情報工科大学」の学生にコンピューター・グラフィックを駆使して作成してもらった。旧市街では日本語で「ようこそ帝さま」と書いた手製のプラカードを持った若者など多数の群衆に取り囲まれ、大歓迎を受けられた。両陛下は多くの人々にお声をかけられ、また握手をなされるので、市民の歓迎はますます盛り上がっていった。夕刻にはワジェンキ公園内のショパンの像の下でのピアノ・コンサートに臨まれた。ここでも多数の市民から温かい歓迎を受けられた。連日のテレビや新聞の報道ぶりも 大変好意的なものでいよいよ御訪問は佳境に入った感があった。

三日目はクラクフへの日帰り御視察であったが、大統領御夫妻が専用機を提供され同行された。ちょうど二十歳ずつ両陛下よりお若いが、二期目に入り、国民的人気も高く国際的にも活躍する、新しいポーランドを体現するような大統領御夫妻も、すっかり両陛下のお人柄に魅了されたかのようで、機内やサロンバスの中では終始お話がはずんでいるご様子であった。街全体が世界遺産であるクラクフは御視察先の選定に困るほどであるが、ヤゲウォ大学の御視察とノーベル文学賞のミウォシュ、作曲家のペンデレツキーをはじめとする知識人との御懇談を組み合わせ、昼食会は中央広場御視察後にその中心の織物会館階上の国立博物館で催してもらうことにした。広場では一万人を越える人々が歓迎し、日本語のプラカードを持って「ようこそ、ようこそ」と声をそろえている若者たちに両陛下が親しくお声をかけられるなど、まことに御訪問のハイライトの感があった。古都クラクフの中心のバベル城と歴代国王が戴冠式を行った大聖堂を御視察の後、ビスワ川対岸に建つ「日本美術技術センター」を創設者アンジェイ・ワイダ監督夫妻の御案内で御視察になる。ヤシェンスキー・コレクションを中心に六〇〇〇点もの日本の美術品を所蔵する通称「マンガ館」は、七年前に高円宮同妃両殿下により開館され、安藤広重展を開催中の今日は両陛下をお迎えするというので関係者は感激この上もない。大統領御夫妻も興味深そうにポーランドの誇る日本美術品を御覧になった。クラクフを後に帰路に就いたが、天候には依然として恵まれており、ワルシャワにとっての良いお湿りになった一雨も、大統領機着陸とともにあがって過ごしやすくなった。

四日目はワルシャワ郊外の旧軽井沢のような趣のコンスタンチンにあるリハビリ・センターを御視察になった。ここは推薦された大統領夫人も同行されたが、いろいろな障害を持つ児童の職業訓練や病気による機能障害からのリハビリを行っているところで、両陛下は訓練にはげむ子供たちや患者と懇切にお話になり、パラリンピックの優勝者による障害者フェンシングを御覧になった。子供たちからみんなで描いた絵をプレゼントされた時は優しいお顔が一層お優しくなったようにお見受けした。

大統領御夫妻と御四方だけの御昼食の後、ワルシャワ大学を御視察いただいたが、ここは学長の御挨拶を除き日本語のプログラムとした。日本語学科の学生五名が三分ずつ「今後の日ポ関係のために自分は何ができるか、何をしたいか」とのテーマでスピーチするのをお聞きになり、さらにその他の学生も含めた関係者と御懇談の後、日ポ関係史のパネルを御覧いただいた。学生の日本語は大変上手で、次の御訪問の際は是非御通訳を勤めたいとの希望も尤もと思えるほどであった。両陛下はさらに、かつて国賓として訪日されたワレンサ前大統領を御引見された。夕刻公邸において二五〇人をお招きして答礼レセプションを挙行した。大統領はじめ首相、上下両院議長各夫妻、ヤルゼルスキー元大統領、マゾヴィエツキー、オレクシー各元首相等々の顔ぶれが外国大使公邸で一堂に会したのは例のないことであった。皆様には日本食を楽しんでいただく一方で、両陛下に御紹介申し上げたが、シベリア孤児にはまことに御懇篤なお言葉をおかけいただき、一同感涙にむせんだ次第は日本のテレビでも放映されたとおりである。これにて行事を終了し、引き続き公邸にて和食で内輪の御夕食を召し上がって頂いた。まだまだ完全には西欧並とはいかない当国で、ともかく新公邸でいくらかでもおくつろぎいただけたことはまことに冥利につきるところであった。

このように御訪問が大成功に終わったのは、何よりも両陛下の誠意あふれる御振る舞いにポーランド側関係者が感激し、大歓迎申し上げたことによるが、その背景には諸先輩、関係者が築いて来られた良好な関係があり、また関係者が周到な準備を行い、チーム・ワークよく協力したことがあるところであり、この紙面を借りて感謝申し上げる次第である。

百年に一度のことと言われる天皇、皇后両陛下の御訪問は、まことに大成功であった。よく「陛下のご訪問は大使一〇〇人に勝る」といわれるが、まさにその通りであり、元来親日国であるポーランドが、更に親日になったと言える。

6　ポーランド外交の機微

前述のようにポーランドは、ＮＡＴＯに加盟し、ＥＵ加盟を果たすことでヨーロッパに完全に復帰することを大方針としていた。

二〇〇一年九月十一日の米国におけるテロは、NATO加盟を果たしたばかりにとっても大変な出来事であった。日本ではあまり知られていないが、ニューヨークの貿易センタービルの倒壊の際に犠牲となった消防士にはポーランド系が多数含まれていた。米国には多くの移民がいるが、共にカトリックで警察官にアイルランド系が多く、消防士にはポーランド系が多いのである。このため、米国大使館は、直ちに大使館前の通りを一部閉鎖してまで弔問のための記帳台を設けた。大統領以下の指導者をはじめ多くのワルシャワ市民が記帳のために列を作ったが、私達夫妻も早速駆けつけ、外交団として最初に記帳した。

クファシニェフスキー大統領は、米国のアルカイダに対する対応を全面的に支持する立場を明確にした。そして、アフガニスタンのタリバン政権に対する米国の軍事行動に、ポーランド軍の部隊を派兵した。更に二〇〇三年のイラク戦争にも派兵した。これは、英国ブレア政権、オーストラリアのハワード政権と並んで、米国ブッシュ政権の軍事行動を徹底的に支持するもので、NATOの一員として米国の信頼できる同盟国としての立場の実践であった。ほんの数年前まではワルシャワ条約機構の有力メンバーとして西側と対峙していたポーランドの立場の激変を示すものであり、民主主義国としての価値観を共有し、テロに屈しないとの立場を示すものであった。その背景には、依然として軍事大国であるロシアの脅威から国を守るためにNATOに加盟したわけで、NATOの信頼に足るメンバーであることを示すことによって、いざという時の米国、NATOの支援を担保するための政策に基づくものであると言える。

このようなポーランドの行為を米国が高く評価したのは当然であり、ブッシュ大統領は、私の在任中に二度も来訪した。国務省のセルビア語の専門で、かつて旧ユーゴの紛争処理のデイトン合意の達成にも貢献した経験をもち、元来民主党系であったクリストファー・ヒル大使が、これらの訪問の際に大統領の目にとまり、後にイラク大使を務め、更に韓国大使を経て、東アジア担当の国務次官補に就くことになったと言われている。アフガニスタン戦争とイラク戦争に派兵することは、同盟のためには血も汗も流すことを意味しているわけで、国の安全保障を米国との同盟に頼っている日本もこのポーランドの姿勢には学ぶべきものがあるところである。

他方、統一労働者党の青年指導者であったクファシニェフスキー大統領は、ロシアとの関係を改善する外交を展開し、二〇〇二年一月にプーチン大統領がロシアの大統領として八年ぶりにワルシャワを公式訪問した。ポーランドとしては、ロシアとの経済関係の活発化を期待しており、またプーチンとしては、九・一一を契機として米欧と協調し、それにより経済力の改善、国民生活の発展をはかることを目指しており、ポーランドとの関係改善もその脈絡でとらえられるものであった。このように米露両国との関係を良好に保つところにポーランド外交の機微があるとつくづく感心した。

ところで、当時のポーランドは、ややオールド・ファッションの外交儀礼を実践しており、国賓の来訪の際は、大統領官邸の前庭での歓迎式典に各国大使も着任順に整列し、大統領と国賓が順次挨拶してまわる慣例となっていた。それで、ブッシュ大統領やプーチン大統領とも握手し挨拶する機会を得たが、ブッシュ大統領には、大統領が良い天気をもたらしてくれた旨述べたら、"I like it"と笑っていた。プーチン大統領には、同様のことをロシア語で述べたのだが、私の前の大使もロシア語で話しかけていたので、クファシニェフスキー大統領が、「ああ、皆さんロシア語を話すんだ」と言い、プーチンが、「何しろ、隣国だからね」と応じた一幕もあった。たわいもないエピソードであるが、当時は前述の通り米欧との協調路線をとるプーチンの出方から、日露関係の改善も期待できるかとも見られたところである。

7　EU加盟

ポーランドは、EU加盟を目指して交渉を続け、二〇〇二年末に交渉がまとまった。このEU拡大は、旧ソ連圏を中心とする東方への拡大であり、二十世紀後半を規定した東西冷戦による欧州分割の最終的終焉を意味した。

十一月後半のプラハにおけるNATO拡大決定により、旧ワルシャワ条約加盟国のルーマニア、ブルガリア、スロバキア及び旧ソ連邦構成共和国のバルト三国が加わり、欧州の安全保障体制の根本的変化が明確になったことと相俟って、かつてのコメコン加盟の中欧四カ国、旧ソ連のバルト三国、さらには旧ユーゴの一角スロベニアがEUに加わったことにより、欧州はナポレオンによる一時的制覇の時期を除けば、一二〇〇年前のシャルル大帝時代、あるいは一六〇〇年〜二〇〇〇年前のローマ帝国以来の統一の時代を迎えることとなった。もっとも、主権国家は残っており、単一の政治権力の下にはないので、群小国が並立しつつ、経済社会活動が全欧州的に行われていたルネッサンス時代に近いとも言えた。

新規加盟国側から見た場合の意義は先の両大戦に比肩するほどの歴史的重みを有していた。最大の新規加盟国であるポーランドにとっては、八九年以来目指してきた、社会主義圏・ソ連圏からの離脱、欧州への復帰がようやく成し遂げられる画期的出来事であった。即ち、NATO加盟とEU加盟により本来あるべき姿にようやく戻ったということであり、長い間の犠牲に対して、ドイツはもとより、英、仏も報いてくれていいではないかとの思いもあったのである。ポーランドが、独、仏、英、伊（各二九票）に次ぎ西とともに二七票の投票権を有する六大国の一つとなることや、ポーランドの要求を多少受け入れる形で最終合意が達成されたのは、けだし歴史的に見て当然であるとしたのである。

一般市民にとっては、連帯運動も直接的には経済的苦況からの脱却を願う労働者の要求から出発したものであることを想起すれば、西欧の大資本、効率的農業によって席巻されてしまうのではないかとの不安をいだきつつも、「明日の生活の改善」に期待して支持していると見られた。

日本としては、拡大するEUに対して積極的な外交を展開していくべきであることについては、異論のないところであったが、なんと言っても目に見える形で我が国のプレゼンスを示すことが重要で、そのタイミングが極めて重要であったので、要人の訪問などについて意見具申した。

この合意を受けて、二〇〇三年六月七日に国民投票が行われ、八割近い賛成を得て正式に加盟が決定した。私は、五月に帰朝命令を受けており、各方面に離任のあいさつを行っている最中で、六月六日にはクファシニェフスキー大統領に挨拶し終わったところであった。国民投票の結果が確定した八日夕刻には、オペラ劇場でプッチーニの『燕』を鑑賞して外に出たところ、劇場前の広場に群衆が集まってお祭り騒ぎになっており、大統領が歓呼に応えているところだったので、その場であらためて大統領に祝意を表して九日に離任したのであった。

8　その後のポーランド

その後ポーランドは、〇六年に正式にEUに加盟し、順調な経済成長を続け、リーマン・ショックの経済危機でもEU内で唯一マイナス成長にならず乗り切っており、一九九〇年に六二〇億ドルであったGDPは、二〇一四年で五四八〇億ドルになるなど目覚ましい発展を遂げている。さらにシェール・ガスの埋蔵も確認され（但し、一六年現在まだ実際には開発されていない）、エネルギーの対ロシア依存からの脱却への期待も出るなど一層の発展が見込まれている。

また、一四年からは首相のトゥスクがEU大統領に就任したこともあり、EUの有力国の地位を固めているが、一五年にはEU全体の経済不振が続く中で、国内でカチンスキー弟が率いる右派が政権を握り、ドゥダ大統領、シドゥウォ首相の下、国粋主義的な路線をとっており、EUと対立する局面も出ているのが懸念される。

日ポ経済関係はその後も順調に発展しており、ポに進出している企業数は三百社近くに達し、貿易額も三二八九億円（一五年）となっており、一六年初めにはポーランド航空が東京・ワルシャワ間の直行便の運航を開始した。

私達夫妻も、歴代在京ポーランド大使と良好な関係を保ち、ショパン二百年祭の委員やパデレフスキー協会の顧問などを務めながら、大使館の文化交流行事に参加したりしている。

9　閑話休題、マダム・エミコ・コレクション

ポーランドは、欧州の東側にあって、スラブ国家でありながらカトリック国であり、豊かな文化の伝統を有している。妻もそれに魅了されていたが、ある時目にした果物、ケーキ、アイスクリームなどを盛るためのガラスの器の魅力にひかれ、収集するようになり、三年間で百点を超えるまでになった。これらを日本に持ち帰っても収容する場所もないので困っていたところ、ワルシャワ王宮博物館館長のロッテルムンド博士の紹介で、クラクフ国立博物館の応用美術部門に収蔵されることになった。

日用に使用されていたものが多く、ポーランド人もまとまって収集する対象としていなかった物を、外国人が「用の美」があると見て集めたもので、後年二〇一四年十一月にクラクフを再訪し、同館を訪れたら「マダム・エミコ・コレクション」としてカタログも整理されてきちんと収蔵されていた。これも、外交官夫人としての貢献の一つである。

第16章 外交の担い手を育てる

1 研修所長

ポーランドより帰国し、参内して両陛下へのご報告を行い、さらに夫妻で午餐にお招きいただきポーランドご訪問について思い出話で和やかな時を過ごすなどした後で、七月二十二日付で外務省研修所長に任命された。

外交官の養成が大切であることは論を待たないが、戦前の日本にはそのための機関はなかった。吉田外相は、日本が敗戦への道をたどった理由の一端が日本に外交の勘（ディプロマテック・センス）が欠けていたためであり、外交官の養成が必要であると考えており、四六年三月一日に文京区茗荷谷に「外務官吏研修所」が開所され、その後「外務省研修所」と改められた。（註39）

所長は当初事務次官が兼任したが、佐藤尚武前駐ソ大使が帰国した際に、首相兼外相となっていた吉田の任命により、四六年八月から四七年五月まで初代の専任所長を務めた。かねて尊敬する大先輩である佐藤尚武は、ロシア勤務が長くまた駐ポーランド特命全権公使でもあったので、私もいくらか似たコースをたどっている。そこで、自伝『回顧八十年』をあらためて読んでみた。長い外交官生活で、ロシア、ポーランドの他、国際連盟事務局にもおり、駐白大使と駐仏大使も務め、一時外相も務めた。戦時中に駐ソ大使を務めていたが、四五年六月八日付で、戦争終結のためにソ連に期待するのは誤っているとの意見を本省に打電し、更に七月二十日には、①もはや戦争継続は不可能であり講和を提唱するしかない　②日本は一時外国の支配下に置かれても回復する　③外交政策の根本的建て直しが必要である　④国家滅亡の一歩手前で食い止めて七千万同胞を救うべきだ、との長文の意見具申を打電した。しかし、東京の動きは遅く、ついに八月八日にモロトフ外相からソ連の対日宣戦布告を通告されたのであった。この意見具申電は、的確な情勢判断に基づき、敢えて本国の方針に異を唱えるもので、日本外交史に残る名文である。あらためて読んでみて、外交官の出処進退のあり方を示していると再認識した。(註40)

吉田は研修所を設置することで、外交再開に備えて要員を温存するとともに、外務省員の訓練と若い職員の養成を目指したとされるが、佐藤尚武を初代所長に就けた理由が分かる気がした。

その後も研修所長の職は歴代相当シニアーな人達が務めており、外務省として外交官養成に重きを置いていることを示しているわけで、私としても重責と感じた。所長は省議や幹部会のメンバーであり、当時同期の竹内行夫事務次官と共に最もシニアーであったので、これらの会議では所管外の諸問題についても折々に発言した。

2　研修所の業務

茗荷谷の研修所の建物は、戦前から戦時中にかけて外務省文化事業部所管の対支文化事業で中心的役割を担った東方文化学院の東京研究所として、義和団事件の賠償金を使用して一九三三年に建造されたもので、私達が入省した際も地下鉄茗荷谷駅からここに通った。歴史を感じさせる重厚な建物であったが、竹下内閣時代に、中央官庁の地方分散の方針の下に、神奈川県相模原市の返還された旧米軍施設の一角に移転した。教室と共に宿泊施設も有する立派な施設で、緊急時に外務本省の通信機能を担う予備施設も付設されている。但し、本省と離れているので、各課に配属されて実務研修を受けている若手が継続して語学研修を受けられるように、本省の一角にも研修所分室として教室が設けられている。所長の執務室も両方に設けられている。

研修はⅠ種職員（旧上級職、現在は総合職）を対象とするⅡ部と専門職（旧語学研修生と中級職）を対象とするⅢ部（この両部の研修は合同で行われる）、初級職対象のⅣ部、各省庁からアタッシェとして在外公館に赴任する職員を対象とするⅤ部のコースがあった。なお、幹部研修コース向けのⅠ部は、開店休業状態であった。さらに、警備官研修、首席事務官研修、大使・総領事のための館長研修、および在外公館の次席研修が設けてあり、さらに義務ではないが館長夫人研修およびアタッシェの夫人のための赴任前研修も行っていた。

これらの各コースの開始に当たっては、所長として講話を行ったが、それまでの経験に基づいて、外交官は華やかに見えるが実際は厳しい海外の勤務環境で地道な活動を積み重ね、ネットワーク作りとチームワークに励む必要がある旨を述べて、たゆまぬ自己研修の重要性を指摘するのを常としていた。

私達が入省したころは、国家公務員試験とは別に、外務省独自の外務公務員上級職試験、語学研修生試験、外務公務員中級職試験が行われており、試験科目も憲法、国際法、国際私法、外交史、経済学、語学など外交官としての基礎知識を問う独特のものであった。私はかねて外交官は歴史的観点を有することが重要であると考えており、八〇年代に上級職試験の必須科目から外交史が外された際には、不可解なことだと省内の主任課長会議で反対したが、押し切られてしまった経緯がある。さらに、国際社会協力部長当時には、外務公務員上級職試験を廃止し、国家公務員I種試験合格者のなかから採用することになった。語学研修生と中級職の試験は、あわせて専門職試験とされ外務省独自の試験が残ったが、いわゆる外交官試験が廃止されたのは、「外交官の特権意識」への批判に対処するためとのことであったが、私はこれに対しても省内幹部会で最後まで反対の立場をとったが、これも押し切られた。外交官が国内官庁の行政官に求められる素養に加えて様々な見識を求められるのは洋の東西を問わず自明のことで、私としては外交官試験は復活すべきとの考えである。

また、在外研修の時期についても問題があった。私達の時代は、入省直後の三ヵ月間、茗荷谷の研修所で語学を中心に日本文化などの研修を受けた後に、直ちに海外での二年間（ロシア語、中国語、アラビア語は三年間）の研修に出たわけだが、私達の次の年次から本省で一年間の実務研修をしてから海外研修をすることになり、更に私の就任当時では、入省直後の研修の後に二年間本省勤務に従事した後に、あらためて赴任前研修を受けて海外に出発することになっていた。これは入省直後に在外に出すと、学生気分が抜けぬままで公務員としての自覚に欠け、誤った特権意識をもってしまい、研修効果も上がっているとはいえないとして、本省で鍛えてから自覚をもって研修に臨ませるとの論によるものであるが、私としては、語学の習得や外国文化の吸収には早期に海外に赴任した方が望ましく、従前の仕組みに戻すべきと考えている。

3　外交官の養成

上級職を国家公務員試験合格者から採用すると、国際法、外交史、国際経済論などの既習者とそれらの知識が欠けている者が出てきたので、グループ分けして国際法と国際経済学の演習コースと短期で特訓するコースとが設けてあった。I種（上級職）と専門職とは多くの授業を合同で行っており、職種の壁を越えて連帯意識が生まれてくることが期待されていた。日本外交の歩みについては、先輩大使と専門の学者による講義を準備し、日本文化や一般教養についても一流の講師を依頼した。

主な講師は次の方々で、私が直接依頼して引き受けていただいた方も多い。日米関係：栗山尚一元駐米大使、日中関係：国分良成慶応大学教授、日韓関係：後藤利雄元駐韓大使、日露関係：

袴田茂樹青山学院大学教授、日本外交史：五百旗頭真神戸大学教授、日本外交：北岡伸一東大教授、国際法：小和田恆ＩＣＪ判事（元国連大使）、山本草二上智大学教授、国際人権法：横田洋三東大教授、日本経済：行天豊雄元大蔵省財務官、北城恪太郎経済同友会会長、経済情勢：堺屋太一作家、日本文化茶道：千玄室裏千家大宗匠、日本文化：芳賀徹東大教授、行政官の心得：古川貞二元官房副長官、この他にも多くの専門家に依頼した。実に錚々たる顔ぶれであり、私もできるだけこれらの授業を傍聴した。

語学の講師陣は、ネイティブの経験豊かな顔触れを揃え、レベルに応じた少人数クラスが多く用意されていた。

外交官の養成のためには、座学だけでなく日本の実情を実際に体験することが有益である。そこで陸上自衛隊の富士学校の視察を行い、研修所周辺の大手企業の工場視察も実施した。私達の頃には日本文化の理解を深めるために関西方面への研修旅行が実施されていたが、予算がカットされⅡ・Ⅲ部研修では実施できていなかった。各省出身者向けのＶ部研修では実費個人負担で実施されており、私も同行したが、飛鳥や京都の史跡現場で専門家から説明を受け、裏千家今日庵で抹茶を味わうなど充実した内容であり、このような研修を外務省若手にも実施することが望ましいと実感した。

4　若き外交官へ

『ローマ人の物語』や『海の都の物語』などイタリアの歴史についての著作で読者を魅了していた作家の塩野七生さんに講師をお願いしたが、都合がつかないとのことであった。ところが、二〇〇四年五月号の文藝春秋に塩野さんによる「若き外交官僚に」との要点次の文が掲載された。

外交官たちの研修で話をせよとの依頼を断わったが、もしも外交官の卵たちに話をしていたら、どのようなことを言ったであろうかと考えた。何よりも先に、彼らがこれからやろうとしているのは、「外交」ではなく「外政」である、即ち、外国と交わっていればことは済む任務ではなく、外国との間で政治をするのが任務であると言っただろう。

外政省としてもよい外務省が目標にすべきことは、日本の国益を守ることである。どうやれば、国益追求には有効か。マキアヴェッリは、「いかなる事業といえどもその成否は、参加する全員が利益を得るシステムを、つくれたか否かにかかっている」と言った。グローバル時代だからといって、国益追求に新らしい形があるわけではない。国際政治の世界では、①拒否権　②常任理事国　③海外派兵も可能な軍事力　④核兵器保有　⑤他国に援助も可能な経済力、の五本の剣を有していないかぎり、主役にはなれない。日本は経済力という剣しか指していない。国連や国際政治の場での日本は絶望的で救われない状態にあるように思えてくるが、勝負を決める手は一つ残っている。だがそれについての詳述は紙数がつきたので別の機会にまわすが、明日の外政担当者には、マキアヴェッリの「常に勝ちつづける秘訣と

は、中ぐらいの勝者でいることである」との言葉を贈りたい。（註41）

なかなか、興味深い指摘であったので、Ⅱ・Ⅲ部研修生にこの文を示して、夫々考えるように指示した。その旨塩野さんに御礼方々連絡をとったところ、彼女からは「残る一手」ついて研修生達がどう考えるかを知りたいとのことであったので、皆に回答を書かせて、五月に塩野さんが一時帰国した際にお会いしてお渡しした。彼女は日比谷高校出身で、外務省にも同級生がかなりいるので、外交官養成の必要性については大変理解があり、日本でも各国の若手外交官を招いて交流させるような研修が有益であるとの点で意見が一致した。

5　世界研修所長会議

世界各国とも外交官養成のための機関を有している。なかでもオーストリアのウイーン外交アカデミーが、ハプスブルグ帝国の外交官養成コースから発展して、二五〇年の伝統を誇っている。同アカデミーと米国ワシントンのジョージタウン大学の外交事務研究所（Foreign Service Institute）が共催で、世界各国の同様の機関の所長を集めた会議をウイーンと他の場所とで交互に毎年開催している。〇三年九月にはアドリア海の真珠と呼ばれた風光明媚のクロアチアのドブロヴニクで開かれた。紛争後の新興国における外交体制樹立の問題とＩＴを利用した e-learning

について、各国の実情の紹介や問題点の指摘が行なわれた。また、地域別の会合も開かれ、アジア地域ミーティングでは次年の座長を日本として引き受けた。さらに韓国の提案で、ＡＳＥＡＮプラス日、中、韓三ヵ国の地域会議を翌年春に行うこととなった。

この会議が〇四年五月にインドネシア外務省主催でジョクジャカルタで開催された。カンボジアとベトナムは不参加であったが、ＡＳＥＡＮ各国と日中韓が参加し、程よい人数であったので有意義な意見交換ができた。インドネシアが大変なホスピタリティを示し、古都ジョクジャカルタ、近郊のボロブドール遺跡を視察し、さらにバリ島の視察も行った。夫人プログラムも用意されていたので妻も私費で同行した。この地域会議はその後も持ち回りで開催されており、日本も〇七年と一六年に主催している。

次いで〇四年六月にはウイーンで世界会議が開かれたので、途次パリに立寄り、ＥＮＡ（高等行政学院）で日本外交について講演した。原稿は英語で準備したが、研修所の仏語講師に頼んで仏語訳も用意し配布したので、アフリカの仏語圏の若手外交官達も含む学生達から活発な質問もあり、有益であった。

ウイーンでの会議では、経済外交のための訓練、配偶者教育、危機管理について議論された。アジア地域会合で座長を務め、本会議に報告もした。やはり米国の徹底した訓練ぶりが目立っていた。折しも、外交アカデミー設立二五〇周年の記念式典がウイーンのシティ・ホールで行われ、更に拡大ＥＵ関連のシンポジウムも行われ、米国のグロスマン国務次官が二十一世紀の課題として講演したが、テロ対策に賛同国を募る姿勢が目立った。

6　変動する国際情勢

この時期は、アフガニスタン戦争とイラク戦争が続いていたが、サダム・フセインが捕えられるなど戦闘はほぼ終了していた。しかし、各地でテロが頻発しており、国造りはなかなか進展していなかった。

〇三年十一月三十日にはイラクのティクリートで日本大使館の車が襲撃され、奥克彦在英大使館参事官と井ノ上正盛駐イラク大使館三等書記官が殉職した。将来有為の人材がこのような形で失われたことはまことに痛ましく残念なことであり、ご両人の葬儀には外務省関係者のみならず、多くの参列者があった。研修生に対しては、外交官の職務は世情言われているようなパーティーに明け暮れているようなものではなく、このように厳しいことがあり得ることを覚悟しておくべきことを示したものであった。

また、個人的には〇四年の十月十六日には次男の結婚式が行われたが、新婚カップルが新婚旅行から帰国した十月二十二日の夜に、故郷の新潟県中越地方で大地震が発生し、甚大な被害が生じた。実家の建物も被害を受け、結局後刻取り壊さざるを得なかった。

第17章　21世紀の大国オーストラリア

1　四半世紀ぶりのオーストラリア

二〇〇四年十一月に駐オーストラリア大使に任命された。小泉純一郎総理、町村信孝外相に挨拶の上、国連大使に就任する前任で同期の大島賢三大使と東京で引継ぎを行い、年末にキャンベラ入りし、二〇〇五年初めより活動を開始した。前回の勤務からちょうど二十五年ぶりであった。八〇年当時は、二〇万人弱であったキャンベラの人口は三二万人になっており、連邦議会ビル、外国貿易省などの新しい官庁ビルが増えていた。日本大使館も若干増築されていたが、大使公邸は昔のままであった。周辺の大使館街はほとんど変わっていなかったが、中国が米国大使館の近くに新築した大きな新大使館に移っていた。

二月三日にマイケル・ジェフリー連邦総督に信任状を奉呈した。ちなみに私の時までは、天皇陛下からオーストラリアの元首であるエリザベス女王あての信任状を女王の代理たる連邦総督に提出したが、私の後任の時からは宛先が連邦総督になった。カナダ、ニュージーランドについても同様に変更されたので、これにより総督が元首と同等の扱いとなり、天皇の公式訪問の接遇は女王本人でなくとも総督が行えると宮内庁が判断出来るとされ、その後カナダへの両陛下の訪問が行われたのだが、豪州とニュージーランドへの天皇としての訪問はまだ実現していない。

続いて、豪州政府の各方面への着任挨拶、旧知の人たちとの再会、外交団への表敬など過密な日程が始まったが、アレキサンダー・ダウナー外相に正式に着任表敬を行っていない段階で、メルボルンで日豪会議が二月十一日から開催され、日本からは逢沢一郎外務副大臣が来豪した。ダウナー外相と副大臣との会談も行われたので、同席しそこで挨拶も行った。マイケル・ルストレンジ外貿次官ともその直前にメルボルンで会談したが、ジョン・ハワード首相、ダウナー外相の信任が厚い有能な人物で、日本との関係を重視しており、この後も任期中、公私にわたり様々な連絡、連携を行っていくことになる。

日豪間の協力関係は、経済面のみにとどまらず、文化交流から政治面まで広がり深化していたが、さらに安全保障面でも協力が進み始めていた。例えば、着任直前にインドネシアのスマトラ沖で大地震が発生し、津波により周辺国も含めて甚大な被害が出ていたが、東チモールでの平和維持活動で連携の実績があった豪州軍と自衛隊は、インドネシアへの救援活動で協力していた。

2　イラク派遣の日豪部隊の協力

ハワード政権は、米国の同盟国としてアフガニスタン戦争とイラク戦争に派兵しており、小泉政権も自衛隊の施設部隊をイラクのサマーワに派遣し、復興活動に従事させていた。折しもその地域の治安を担当していたオランダ軍が撤退し、代わって英国軍が担当することになった。そして英国の負担を軽減するために、豪州軍六〇〇名を増派するとの案が豪政府内で検討されており、ダウナー外相は乗り気だが、慎重なハワード首相とヒル国防相を説得するために、英国と日本からの正式な依頼が必要であるという話になっているとの情報が入っていた。前述のルストレンジ次官との会談では、そういう話はあるものの目下政府首脳が検討中であり、町村大臣に直ちに対応を願うことはないと考えるが、十六日に予定されているダウナー外相への正式な着任表敬の際に政府内での検討結果を伝えるとのことであった。

十六日午後にキャンベラでダウナー外相への正式な着任表敬を行った。儀礼的な話はなく、直ちにイラクの件になり、先方より、「豪州は英国の要請に応じて、高く評価する日本の自衛隊が活動するムサンナ県の治安環境の為に四五〇名増派する用意があるが、小泉首相よりハワード首相への電話による依頼を一両日中にも行っていただくことが条件である」との話があった。当方から、「英国が一三〇〇名のオランダ軍の代替に六〇〇名の増派を決定し、それで安全は保たれるとの説明を対外的に行っている以上、日本から依頼してそれに応じて豪州軍が出ていくというのは説明として苦しく、有志連合の間での調整の結果による再編成であるとの説明でなければ難しいであろう」旨応答した。

この件では、東京でもマクリーン豪大使から谷内外務次官に同様の申し入れがあり、様々な角度から検討が行われ、有志連合の内部調整の結果に応ずるという線でいくことで豪側にも伝えた。そこで、十八日夕刻に総理からハワード首相に電話したところ、ハワード首相の押しが強く、「日本から要請（リクエスト）されたので豪州軍をサマーワに増派する旨両首相が合意した」ということになってしまった。二十二日にハワード首相がイラク増派を発表し、「イラクの民主化定着の為に、英、米との協力の重要性を踏まえつつ、日本の自衛隊を守るために四五〇名を増派する」旨述べた。これに対する豪州国内の論評は賛否両論様々であったが、日本への影響はほとんど見られなかった。退役軍人会の一部には、豪州軍が日本人を守るというのは容認できないとの声もあったが、クルーズ会長が前向きなコメントを出してこの極論を退けた。

よく考えてみると、日本の自衛隊が武力行使につながり得る活動は行えないという国際的にきわめて特異な制約下に置かれているために、自らが滞在している地点の周囲の治安維持活動を行えず豪州軍に守ってもらうということになったわけで、日本として、豪側の対応を批判することは出来ないところである。

3　ダウナー外相との早朝ゴルフ

着任早々でデリケートな案件から渡り合うことになったが、ダウナー外相は、オーストラリア人らしく気さくな人柄で、任期中、公式な場面はもとより外相主催のレセプションや外交団旅行など様々な機会に同席した。なかでも何回か早朝ゴルフに誘われて同行したことがあった。某日夕刻に外相秘書官から、明朝六時からロイヤル・キャンベラ・ゴルフ・クラブで大臣が一緒にプレーを望んでいるので都合はどうかと電話がくる。当方としては、もちろん万難を排してお相手するわけだが、韓国、スイスなどの大使が一緒の場合もあったが、二人だけの場合もあった。外相は、地元アデレードで製造されていた三菱自動車の車を自分で運転してきて、自分でプル・カートを曳き九ホールをプレーして引き上げる。当方としてはその際に、よもやまの話を交わすのは得難い機会であった。もっとも外相は、その日の午前の外貿省幹部会でゴルフの結果を伝えるらしく、午後にはルストレンジ次官などから、「今朝は、大臣にやられたそうですね」などと揶揄われるのには閉口した。

そのような機会には機微な話はしないのが礼儀だが、ある時外相より、「豪州がＡＳＥＡＮとの関係で東南アジア友好協力条約（ＴＡＣ）に加わることが、米国との同盟との関係で問題とならないか検討中だが、二〇〇四年に加わった日本はどうのように解決したのか」との質問があり、当方から、「日本が加わる際にも同様の懸念があったが、かねて国際法解釈の権威と自負している我が条約局が了承したので、問題はないと思う」旨答えた。その後、豪州は二〇〇五年にＴＡＣに加わった。

また地元アデレードから三菱自動車が撤退する方向になった頃に、「撤退やむなしであるとしても、正式発表のタイミングは地元の選挙の後にしてもらえないか」との内話があったので、三菱側に伝えて要望通りにしてもらったこともある。なお、退官後に三菱重工の顧問となった折に、三菱自動車の会長でもあった重工の西岡会長とこの件の円満なハンドリングについて話題となった。

4　ハワード首相の対日重視姿勢

長期政権を続けていたハワード首相は、米国との同盟関係を重視し、アフガニスタン戦争とイラク戦争に派兵していたが、日本との関係も重要視しており、折に触れて言及してくれた。着任早々の一月二十六日の「オーストラリア・デイ」（豪州の国祭日）には、ハワード首相夫妻が、日頃は住んでいないキャンベラの首相公邸で、外交団や政府関係者を招いてのレセプションを催したので、さっそく夫妻で出席し、良いタイミングで首相夫妻はじめ豪州関係者への着任の挨拶ができた。

その後三月末のシドニーの「ロービー研究所」の完成記念ディナーで、ハワード首相は、「世界におけるオーストラリア」と題して講演し、対米関係に言及した後で、「日本大使が出席しているが、」と前置きし、「日本とは互恵の経済関係で戦略パートナーであり、小泉首相との経済枠組み合意に基づいて共同研究が続けられており、その成果に期待している。豪、米、日が民主国家とアジア太平洋の繁栄に協力していく」と述べ、最大級の言及を行った。その席には政治家、外交団、研究者、政府高官が出席しており、私達にとっては格好のデビューとなった。その後もシドニーやメルボルンでの同様の機会に、いつも「日本大使が見えているが、豪日関係はアジア太平洋で最も重要である」と言及してもらった。内外の有力者が出席しているところで、日本に対する高い評価を公にしてもらったわけで、大使としては大変有り難いことで、同僚の各国大使の羨望の的となるのであった。

ハワード首相夫妻が、〇五年四月十九日から二十一日にかけて、愛知万博の「オーストラリア・デイ」に出席するために訪日したので、私達夫妻も接遇の為に一時帰国した。二十日に行われた小泉総理との首脳会談では、政治面ではイラクにおける両国の協力関係を互いに評価しあった。経済面では、日豪自由貿易協定（ＦＴＡ）をめぐって、直ちに本交渉に入りたいとする豪側に対し、日本側は農業への打撃が大きいとして反対の立場をとる農業関係者、農林水産省の抵抗があって、正式交渉に入ることにはならなかったが、日豪経済合同委員会関係者などの推進派の巻き返しがあって、小泉総理の決断で、日豪経済合同委員会の下でＦＴＡの利点・不利益を研究するフィジビリティ・スタデイ（Ｆ／Ｓ）を二年かけて共同で行うことが合意された。両首相が共同記者会見でこの旨発表し、ハワード首相が、研究の後にさらに進むかどうか決めると述べたこともあり、反対の声は大きくはなかった。ハワード首相は、二十一日に名古屋に入り万博を視察し、「オーストラリア・デイ」の行事をこなして離日した。

当時は、小泉総理の靖国神社参拝の後で日中関係がギクシャクしており、バンドン会議五十周年のアジア・アフリカ首脳会議の際に（四月二十三日）、胡錦濤国家主席と小泉総理の会談が行われて関係修復がはかられたが、まだ予断を許さない状況であった。そのような状況下で日豪友好関係を示すことができたので、ハワード首相訪日は、この面でも成功であった。

通常首相は、共にエリザベス女王を元首にいただく英本国、カナダ、ニュージーランドの各首相が派遣する高等弁務官を接受するが、各国の大使の着任挨拶は受けない。しかし、米国と日本（のちに中国も）の大使は別格で、首相に着任の表敬を行うのが慣例となっていた。私は既に訪日に同行して親しくなっていたわけだが、改めて七月十三日にシドニーの首相のオフィスで、公式にハワード首相表敬を行った。当方から首相自ら様々な機会に対日関係を重視することを明確に述べている姿勢を評価している旨述べ、国連改革についてのG－4案支持について謝意を表明した。首相からは、日本重視を述べつつ、捕鯨問題とWTOの農業問題についての言及があった。また、日本の対中国関係、対北朝鮮関係について関心が表明された。そして四半世紀前の勤務の時代に話が及び、当時ハワード首相はすでにフレーザー政権の蔵相であり、日豪閣僚会議に来豪した宮澤喜一経済企画庁長官との会談が行われた際に、私がノート・テイカーとして同席したが、英語で専門用語を交えた内容の濃い議論が交わされたので、メモを取るのに大変苦労した旨披露すると、首相は「それは大変だったでしょう」と大笑いになった。この首相表敬は豪州における日本の重みとそれを反映した日本大使の地位を示すものであった。

二〇〇五年は、第二次大戦終結六十周年であった。キャンベラには戦争記念館があり、無名戦士の碑とともに、第一次大戦のガリポリ作戦から第二次大戦を経て今日までの戦没者の氏名を刻した壁があり、館内には当時の兵器や軍装など様々な戦争にまつわる品々が展示されている。なかでも第二次大戦での日本軍との激しい戦闘や、捕虜としての困難な状況の展示が多い。日本軍の飛行機や特攻隊員が残した遺書も展示されていて、見て回ると厳粛な気持ちになる。目立つのは、開戦直後にシドニー湾に潜入し、豪海軍の宿泊艦「クタバル」を撃沈した日本海軍の特殊潜航艇の展示である。かつては二艇の残骸の部分を合わせて一艇の形にして屋外においてあり、来豪した大平正芳総理が、献花された。その後は増築された館内においてあり、小泉総理も訪豪時に献花し、豪州側の海軍葬の扱いを評価した経緯がある。

私も着任後に公式に戦争記念館を訪れ、無名戦士の墓に献花し、日本軍関係の展示を見て回ったが、聞けば例年八月十五日には対日戦勝記念式典が行われ、各国大使が参列しているが、日本大使は招かれていないとのことであった。ところが、第一次大戦の戦勝記念日のANZAC・Dayには連合国であった日本はもちろん、敵であったトルコやドイツの大使も招かれているので、六十周年の式典には日本大使として是非とも参列したいと記念館側に申し入れた。前例がないとして若干のやり取りがあったが、六十周年なので参列できることになった。当日は、無名戦士の碑の前で、ジェフリー総督、ハワード首相以下政府関係者、軍関係者、退役軍人会員、各国大使が参列し、厳粛な式典が行われた。連合国側の大使が献花した後に、私達夫妻が献花した。式典終了後、総督が日本大使が参列したことを多とすると声をかけてくれて、周囲の参列者が拍手してくれた。また、その夜の社交行事の際にハワード首相も、日本大使の出席は良かったと述べてくれた。日本大使の参列、献花については翌日のキャンベラ・タイムズの一面トップで、また全国紙オーストラリアンでも写真入りで大きく取り上げられ、六十周年の節目の年の和解の象徴として評価された。

ちなみに退役軍人会には既に日本と戦った人達はほとんど残っていなかったにもかかわらず、日本に対するわだかまりは完全には解消されていなかった。そこで、日本外務省の招待で退役軍人会の会員を毎年日本に送ってきており、和解を進める上で有意義であった。このような努力の結果、各州への公式訪問の際に無名戦士の碑への献花を行ったが、ニュー・サウスウエールズ州と北部準州では、州の退役軍人会が初めて日本大使の献花を認めたのであった。

日本人墓地があるカウラの日本庭園は見事に整備されており、付属の文化センターが茶道や生け花などの日本文化の発信場所になっていた。カウラは、日豪の和解と協力の象徴的な場所として「聖地」のようになっているので、大使として様々な機会に訪れ、またカウラの人達を外務省招待で日本に送り出したりした。

天皇、皇后両陛下は、皇太子時代にカウラを訪問されており、庭園に桜を植樹されている。それが立派に育っていることを確認し、帰朝した際に両陛下に御報告申し上げた。多くの人たちの寄付により、墓地と庭園をつなぐ道の両側に桜が植えられ並木になっているが、私達も離任に際して桜を植えてもらった。

〇六年十一月に、行方不明であった三艇目の特殊潜航艇（伴大尉、芦辺二曹艇）がシドニー沖合の海底で発見された。日豪間で協議し、引き揚げないで歴史的遺物としてそのままにしておくことにされた。折から〇七年八月六日に海上自衛隊の練習艦隊がシドニーに入港する機会に、豪側と合同の慰霊祭をクタバル軍港で行うことになった。一八〇名の練習生が威儀を正して整列し、「海行かば」を斉唱する中で、日本から遺族も参列されて厳粛な式典が行われた。さらに豪海軍の駆逐艦で現場に赴き、洋上で遺族とともに日本酒を注ぎ、花輪をささげる式も行った。防衛庁訓練課長時代には、練習艦隊を送り出す式にも何回か出席したが、このような形で任地において練習艦隊を迎えるのは、また感慨ひとしおであった。

6　各州訪問

オーストラリアは、連邦国家であり、各州に女王任命の総督がおかれ、州首相率いる政府と議会が設置されている。連邦政府の権限は、外交、貿易、防衛などの対外関係にかかわる事項が主で、教育、保健など市民の生活にかかわる分野は各州の権限である。したがって国民は、キャンベラの連邦政府よりも各州の政策動向を身近に感じている。連邦の政権と各州の政権が異なる党であることもしばしばである。

大都会で、邦人も多く駐在するシドニー、メルボルン、ブリスベン、パースには、総領事館が設置されており、日本との経済関係や邦人保護を担当しているが、新任の大使は、夫妻で各州を公式に訪問する慣行になっていた。

(1) サウス・オーストラリア(六月末)

ワイン醸造元のアダム・ウィン在アデレード名誉総領事が、日程調整にあたってくれた。日程はおおむね各州で同様であるが、総督との面会(夕食会の場合も)、州首相、関係閣僚、野党党首などとの会談、州政府によるブリーフィング、地元経済関係者、日本商工会や日本人会との懇談(レセプションの場合も)が組み込まれ、さらに日本と関係の深い企業や鉱山などの視察、日本語学科などのある大学への視察が含まれるなど盛りだくさんである。

アデレードで総督代行の最高裁長官と会談し、ラン首相、野党指導者との会談などの行事を済ませた後、人里離れた内陸部に位置しているが、ウラン、銅、金、銀を産出する効率的な鉱山で、多くを日本に輸出しているオリンピック・ダムの鉱山を視察した。地下三〇〇メートルから七〇〇メートルにあり、車も通れる広いトンネルが縦横に二五〇キロも続いているとのことで、印象深いものであった。

次いで、チャーター機で海岸のポート・リンカンを訪れた。漁業の中心地で、マグロ、ハマチ、カキ、アワビなどの養殖が盛んで、日本に向けて輸出するために日本の水産業者も駐在していた。日本の専門家が、大型の生け簀で養殖されたマグロの尾の付け根の部分を切って品質を検査した後に、冷蔵で築地市場に航空便で輸出する流れになっているが、市場の状況によっては直ちには輸出せず冷凍にして保存される。豪州の漁業者は対日輸出で潤っており、「マグロ御殿」ともいわれる豪邸が並んでいた。彼等が日々の為替レートの変動に敏感であったのは、なるほどと思われた。ここで、地元業者と渡りをつけて、日本向けの様々な魚をキャンベラの公邸に送ってもらう手はずをつけた。

さらに、カンガルー島でコアラ、ワラビー、カンガルー、アザラシなどを自然のなかで観察した。もちろん、ワインの産地のバロッサ・バレーも視察した。日本企業としては、三菱自動車の工場を視察した。かつてのクライスラーの工場を引き継いで操業していたが、前項3のように後に操業停止、閉鎖されることになった。

(2)　ウェスタン・オーストラリア（七月下旬）

州都パースは、かつて旅行リポーターの兼高かおるが、「天国に一番近い街」と形容した美しい都市であるが、何せ広大な大陸の西端にあり、世界の各都市のいずれからも遠い。キャンベラからメルボルン経由で五時間のフライトである。資源ブームが続いており、街には新しいビルが立ち並んでいた。ジョン・サンダーソン総督主催の昼食会に招かれた。総督は、かつてカンボジアのＵＮＴＡＣで軍事部門の責任者であった際に、プノンペンで面談したことがあったので、話が弾んだ。ギャロップ首相と会談し、首相主催のレセプションでは、日本と西豪州との互恵の経済関係に言及して、中国を念頭に置きつつ、日豪が価値観を共有していることを強調した挨拶を行った。鉱産物関係者の会合でも同様のラインで説明した。また、長く州首相を務め、対日関係の発展に貢献したチャールズ・コート卿にも面談したが、元首相は私の前回の勤務時代も首相であったので、天然ガス開発を始めた往時を懐かしがっていた。コート卿の息子で後年州首相を務めたリチャード・コート氏が、一七年春に駐日大使として着任している。

次いで北のカラッサに飛び、対日輸出用のLNGの精製施設とリオ・テントの鉄鉱石積み出し施設を視察した。日本向けの施設が今や対中輸出に使用されているのは、いささか妙な感じではあった。さらに翌日は小型機でブルームまで北上した。現在は日本との関係は希薄になっているが、かつては多くの日本人がいわゆる南洋真珠の採取に従事していた。ここで没した九一九人が眠る日本人の墓地を訪れた後に、今も盛んな真珠産業を視察した。ブルームから豪州大陸を斜めに横切りメルボルン経由でキャンベラに帰ったが、あらためて豪州の広さを実感した。

ちなみに、当時の西豪州は労働党政権下にあり、やたらに中国との経済関係の進展を評価し、日本との関係を無視するような報道が行われていた。そこで、パースでの現地紙とのインタヴューで、「中国に、『井戸を掘った人を忘れない』という言い方があるが、今日の西豪州の鉄鉱石や天然ガスの開発は日本との協力のもとに進められてきたことを想起すべきである」と述べたところ、現地紙に、「Japanese envoy warns（日本大使が警告）」という見出しで記事になった。キャンベラに帰った翌日にダウナー外相主催の豪州・ASEAN映画祭のレセプションに参加したところ、この記事が話題になっていたらしく、ルストレンジ次官が、「パースでなかなかの発言を行ったね」とニヤリとし、さらに中国の傅瑩（フーイン）大使（彼女は有能な外交官で、その後駐英国大使を経て全人代スポークスマンを務めている）が、「パースで中国との関係の増大を批判するような発言をしたのか?」と尋ねて来たので、「中国の諺」を紹介したのであると答えた一幕があった。

(3)　北部準州（八月上旬）

州都ダーウインに赴く前にウルル（エアーズ・ロック）に立ち寄った。『世界の中心で愛をさけぶ』という本と映画で有名になっていたので、日本からの観光客が週に二〇〇名から四〇〇名も訪れていた。観光案内の日本人スタッフたちと懇談し、ウルルが単なる世界最大の岩というだけでなく、アボリジニーの聖地である点を訪問者に伝えるべきことを指摘しておいた。次にカカドゥ国立公園を訪れ、熱帯雨林の広大な公園のごく一部を視察したが、まだ日本人観光客は少ないとのことで拡大の余地はあると見られた。

ダーウインは南洋真珠の本場であり、明治時代から日本人ダイバーが真珠採りに従事しており、さらに御木本が開発した養殖真珠の種入れは現在でも日本人技術者しか出来ないとのことで、日本との長い関係が続いている。名誉総領事には、有力真珠業者のロスリン・ブレーチャー女史が任命されていた。キャンベラの美術館の評議員も務める有力者で、自宅で歓迎レセプションを催してくれて、各界の人々を紹介してもらった。参加した在留邦人の多くはここに根付いた女性であったのが印象的であった。

主席大臣のクレア・マーチン女史との会談では、沖合の天然ガスの開発輸入について、東京ガス、東京電力との契約が成立したので、日本との経済関係が拡大することに期待が表明された。

ダーウインは、大戦中に日本軍が爆撃し、被害を受けており、戦後は対日感情が厳しいところであったが、この記念館を視察し、犠牲者の碑に献花した。

(4) クイーンズランド州(九月末)

まずゴールドコーストを視察した。快適なリゾートタウンで五千人もの退職後の日本人が暮らしているとのことであった。州都ブリスベンでデ・ジャージー総督代行、ビーティ州首相、ブリスベン市長、政府関係者などと面談した。クイーンズランド州は日本に石炭、農産物を輸出しており関係は良好であった。各所で日本と豪州は価値観を共有しているが故に良好な関係を築いてきていることを指摘し、中国との関係については、その発展を所与のこととして、国際社会の良き一員たらしめることが日豪の共通の目標であることをアピールしておいた。

さらに北部のケアンズを訪れたが、日本からの観光客が多いので、ブリスベン総領事館の出先として出張駐在官事務所が置かれている。市の関係者と面談し、在留邦人と懇談した後、グレートバリア・リーフと熱帯雨林を視察した。

(5) ヴィクトリア州(十月下旬)

州都メルボルンでランディ総督夫妻の招待で、立派な総督官邸のゲストとしてエリザベス女王も滞在した部屋に宿泊した。伝統を重んずる土地柄で、総督が関係者を招待したブラック・タイ・ディナーを催してくれた。ブラックス首相との会談などの各州と同様の日程をこなし、豪日経済合同委員会のヒュー・モーガン委員長の主催で、資源関係や金融関係の関係者との懇談を行い、豪日協会でスピーチを行った。企業視察は、トヨタの組み立て工場を視察した。

メルボルンの市長は、初めてのアジア系で香港出身であったので、厚遇してくれた。

なお、メルボルンでは、競馬のメルボルンカップに日本の馬が出走し、自動車のF－1レースにはトヨタが参加していたので、後にそれらにも参加した。

(6)　ニュー・サウスウエールズ州　（二〇〇六年二月）

州都シドニーには、公私で様々な用事があり、着任以来毎月のように訪れてはいたが、公式訪問の日程調整が難航していた。二〇〇六年に開始された日豪交流年の行事でクイーンズランドのタウンズビルを訪問した帰りにシドニーに滞在し、公式訪問とした。総督のバシル女史は、レバノン系の医師でなかなかの知日家であった。また、州高裁長官のスピーゲルマンはポーランド系で、かつてウイットラム首相の秘書官として日豪基本条約の交渉にもかかわっていた親日家であった。

(7)　タスマニア州　（〇六年十一月末）

調整に手間取り、ようやく実現したが、州都ホバートではコックス総督の招きで総督官邸に宿泊し、総督主催のブラック・タイ・ディナーでレノン首相はじめ州の主な人士と懇談出来た。タスマニアは、自然は風光明媚で、気候も日本に似ている。羊毛、食肉、水産物、ワインなどを日本に輸出しているが、日本と季節が逆な点を生かし、さらに「オーストラリア産」とはせずに「タスマニア産」として、高級感を出して差別化を図っている。ピーター・シェリー名誉総領事も、日本向けの水産物加工業を営んでいる。大型スーパーのイオン・グループの直営の牧場を視察した際には、日本の日々の需要見込みに応じて、食肉として処理し、空輸出荷しているのが印象的であった。

各州を回ってみて、なんといっても豪州が広大な国土を有することを実感するが、人口が集中している各州都が都市国家のように機能しており、互いの間は数百キロ離れている。まさにジェフリー・ブレイニーの名著『距離の暴虐』のとおりであると感じるところであった。

7　日豪交流年

(1)　基本条約三十周年

二〇〇六年が日豪友好協力基本条約の締結三十周年にあたることから、「日豪交流年」として、両国で政府間に限らず友好団体や姉妹都市間など様々なレベルでの交流プログラムが企画されていた。基本条約は、七三年にゴフ・ウィットラム首相が訪日した際に、田中角栄総理との間で、両国の基本的関係を規定する条約の検討開始が合意され、その後の交渉を経て、七六年にマルコム・フレーザー首相の訪日の際に、三木武夫総理との間で調印された。第一条で、「両国の関係の基礎は、両国間およびその国民の間の永続的な平和及び友好とする」とうたい、「政治、経済、労働、人権、法律、科学、社会、文化、諸企業、スポーツ、環境などの分野で、相互理解と協力を推進する」というものである。日本として、このような基本的関係に関する条約を締結しているのは、米国、韓国（後に中国）に次ぐもので、豪州との関係が重視されていることを示している。前回豪州に勤務した時期はこの条約が発効した直後であって、豪側で「豪日交流基金」が設立されて活動を開始していた。

両国関係は、その時点からさらに発展していたが、改めて交流年として草の根レベルでのプログラムを数多く実施することは有意義であった。日本では、〇五年三月に、今井敬新日鉄名誉会長と室伏稔伊藤忠商事相談役の日豪経済合同委員会の正副会長を委員長、副委員長とし、経済界を中心に各界の関係者を委員とし、外務省大洋州課を事務局とする「日豪交流年実行委員会」が発足しており、各種企画を交流年プログラムと認定し、資金支援を決定していた。豪州側は、四月に元駐日大使アシュトン・カルバート前外務貿易省次官を委員長とする実行委員会が発足した。

(2)　キック・オフ

〇五年五月に、交流年のロゴマークの発表を外貿省で、ダウナー外相と行った。一〇〇に及ぶ応募作品の中から選ばれたのは、メルボルン大学に学ぶインドネシア人学生イボ・ウィジャヤ君の作品で、AとJを組み合わせたシンプルなものであった。

〇六年一月に麻生外相が来豪し日米豪戦略対話を行う機会に、交流年のオープニングを行うことが予定されていたが、米国のライス国務長官の来豪が延期されたので、外相来豪も延期となった。ちょうど一月に小池百合子環境大臣が、米国が打ち出しオーストラリアが賛同してシドニーで開催されることになった「クリーン開発と気候に関するアジア太平洋パートナーシップ」会合のために来豪するとのことで、交流年のオープニングを行ってもらうことになった。一月十二日にシドニーのシャングリラ・ホテルで、ヴェイル副首相と小池大臣出席の下に、交流年のキック・オフのレセプションを催した。川田司総領事が準備した生け花、お茶、琴などのアトラクションが盛りだくさんで盛会であった。

続いて交流年の様々な行事が、一月十四日にクイーンズランドのタウンズビルでの和太鼓の林英哲一座の演奏会を皮切りに始まった。同地で大使主催でレセプションを行った上で行われたプレミアは大盛況であった。タウンズビルは、ちょうど一一〇年前に最初の日本領事館が開設されたところで、当時の領事館の建物が残っており、それをよく保持している現在の所有者に外務大臣表彰を行った。

二月二十四日には、キャンベラでオープニング・レセプションを林英哲一座の参加も得て公邸で行った。続く和太鼓の公演はスタンデング・オベーションの大成功であった。

(3)　首相出席の写真展

基本条約三十周年記念写真展がキャンベラの最高裁判所のロビーで開催され、六月十五日にハワード首相の出席を得てオープニングを行った。首相は、日豪両国が先進民主主義国として、価値を共有する真のパートナーであるとして、対日関係の重要性を強調するスピーチを行った。その中で、小泉首相に言及した後に、私にも言及してもらい、政府関係者や各国大使が列席の中で面目をほどこした。

(4)　オペラ「かぐや姫」

平井秀明作曲の和製オペラ「かぐや姫」を交流年行事として、キャンベラで公演したいとの企画が提案されていた。平井氏は、祖父に作曲家平井康三郎、父にチェリストの丈一朗をもつ音楽一家育ちで、私のワシントン勤務時代に、バルチモア・オーケストラで副指揮者として活躍していた。そのころ、大使館の新しい広報文化センターの柿落としを平井丈一朗のチェロ演奏で行った経緯があり、秀明氏とは旧知の間柄であった。キャンベラ公演については、紆余曲折を経て、交流年行事として実現の運びとなり、六月十六日にオーストラリア国立大学で実現した。両国のプロの歌手が主要なキャストを務め、日本からの市民合唱団、キャンベラ・コーラス、ウオーデン児童コーラスがバックを歌い、キャンベラ・シンフォニーが演奏するという文字通りの交流プログラムとして行われた公演は大変好評で、一回の公演で終わってしまうのは惜しいところであった。前日に関係者を招いて公邸でレセプションを催した際に、かぐや姫には不可欠な竹が見当たらないというので、公邸の庭の竹を数本切って提供するというエピソードがあった。このオペラは、「夕鶴」に次ぐ日本製の本格的オペラで、この後日本国内のみならず、オーストリアのザルツブルグ、チェコのプラハやロスアンジェルスで公演し、好評を得ている。

(5) 大茶会

豪州各地には裏千家の支部があって茶道の普及に努めているが、シドニー支部から千玄室大宗匠の来豪を実現して大茶会を催すとの企画に助力を得たいとの申し入れがあった。早速大阪のAPECや研修所でお世話になった大宗匠に直接依頼したところ、快諾をいただいた。

九月九日の重陽の節句に、公邸にジェフリー総督夫妻を招いて、玄室大宗匠にお点前を披露してもらうことになった。総督は各国大使公邸の個別の招待には応じないのが慣例となっていたが、交流年に当たって茶道のデモンストレーションを視察するということで、公邸に来てもらうことになった。京都の今日庵から先遣隊が派遣され、公邸の立礼のセットや道具を調べ、不足する道具は日本から持ち込むなど周到な準備が行われた。当日は、総督夫妻を正客とし相伴客はヒュー・モーガン豪日経済委員長夫妻、キャサリン・ハリス豪日財団理事長と夫君、イアン・チャブ・オーストラリア国立大学学長夫妻とマエバ・ガロウェイ夫人であった。和やかな雰囲気の中で大宗匠が茶道の何たるかをわかりやすく説明しながらお点前を披露され、一同はまず薄茶を味わった。続いて越川料理人が調理した京料理の晩餐会に移った。こうして皆さんには初体験であったが、ゆっくりと日本のお茶と懐石料理を味わってもらうことが出来た。

さらに九月十日には、ナショナル・ギャラリーで大宗匠の講演会と茶道のデモンストレーションが行われた。いつもながら、玄室大宗匠の講演は、ウイットに富んだ軽妙な内容であり、一般の来場者は楽しく日本文化の一端を味わった。

(6)　生け花展示

キャンベラでは、毎年春（九月）に「フロリアーダ」として、大掛かりなフラワー・ショウが開催されているが、交流年行事の一環として、日本の生け花の展示を行うことになり、妻が会員夫人有志とともに大掛かりな作品を展示した。ちなみに妻は草月流の師範であるので、この機会の他にもキャンベラ美術館やシドニーの州立ギャラリーなどで、生け花の実演を行い、文化活動に寄与している。

(7)　西豪州「ロイヤル・ショウ」

九月に、日本では小泉内閣が退陣し、安倍晋三政権が成立した。十月初めに、西豪州の見本市「ロイヤル・ショウ」に交流年行事として日本館が開設されることになったので、パースに赴き、カーペンター首相と会談した後に、揃ってオープニングに臨んだ。首相には、天然ガスの開発をめぐって国内を優先するとの方針に対して、日本向けの輸出に影響が及ばないように要請した。この機会に資源関係者と懇談し、リオ・テントの四十周年レセプションに出席した。

(8)　シドニー「日本祭り」

交流年行事の中で最も大掛かりな「日本祭り」が、十月十三日、十四日にシドニーで行われた。まず、総領事公邸での「前夜祭レセプション」、「よさこい踊り」などで盛り上がり、翌日には全豪豪日協会連合会総会で挨拶した後に、日本側の今井実行委員長、室伏副委員長とともに「日本祭り」のオープニングに出席した。三十五度を超える猛暑の中で、夕刻にかけて市民三万人が集まって様々な日本の夏祭りを楽しんで大盛会であった。

豪日協会連合会の夕食会では、フレーザー元首相が出席し、日豪関係について故事来歴を矍鑠として披露していた。実は、交流年にちなんで基本条約締結に尽力したウイットラム元首相とフレーザー元首相を叙勲するべきと考え東京に稟請していたが、この直前に旭日大綬章を授与するとの内示があったので、両元首相に私から直接電話で意向を確認し、快諾を得ていた経緯があった。夕食会では改めてフレーザー元首相に挨拶したが、大変上機嫌であった。この年から、外国人に対しても大綬章は皇居で親授式があることになり、フレーザー元首相は東京で受章した。ウイットラム元首相は、高齢のため日本行きは無理とのことで、後刻シドニー総領事公邸においてかつての秘書官など関係者も列席する中で私から伝達したのだが、大変喜ばれた。ウイットラム元首相は二〇一四年十月に、またフレーザー元首相は二〇一五年三月にそれぞれ逝去したが、結果的に生前に叙勲出来て喜ばれたのは良かった。

(9)　交流年の総括

交流年行事としてラグビーの日豪対抗戦が日本で行われることになり、ハワード首相選抜チームの壮行会が十月末に議会の首相オフィスで行われたので、これに参加し首相とともに激励した。十一月にキャンベラで在豪公館長会議を開催し、引き続いて全豪日本商工会総会を開催した。

各参加者から交流年行事で盛り上がっているとの報告があり、このモメンタムを継続して両国関係をさらに飛躍させる方途について討議した。交流年を記念する切手も発行され、行事は日本で約四百件、豪州で約五百件に上ったが、各種行事の準備作業から実施にわたってかかわった人達の努力の賜物であるが、このようにして交流年は大成功のうちに幕を閉じた。

8　安全保障面での協力

(1)　安全保障面での協力の進展

日豪関係は、様々な分野で発展していたが、前回の勤務時代に比較して大きく発展したのが安全保障・防衛分野での協力である。戦後の厳しい反日感情が、経済関係の進展に伴い徐々に薄らいでいき、冷戦時代には、日豪両国とも米国の同盟国として、ＲＩＭＰＡＣに参加するなど、行動を共にするようになった。その根底には、両国が民主主義、自由主義経済、人権などの基本的価値観を共有していることがあり、国際問題に関してもほぼ同様の対応をしてきた。九〇年代には、東チモールＰＫＯには日豪が共に部隊を派遣し、現場での協力が進んでいた。

二十一世紀に入ってともに長期政権を続けていた小泉首相とハワード首相は、それぞれ米国との同盟関係を重視しており、とりわけ九・一一の米国へのテロ攻撃に際して、ともに直ちに米国支持を打ち出していた。そして豪州は、アフガニスタン戦争とイラク戦争に派兵し、日本も特別立法を以て自衛隊による後方支援を行っていた。そして、前述のようにイラクにおける自衛隊の駐屯地周辺の治安を豪州軍が担当していた。

このような状況の下で、両国政府が、安全保障面の協力をさらに進めるべきとの共通認識を有するようになっていった。私としても、この面での協力を推進すべきと考えていたので、赴任前に防衛庁に挨拶に行き、旧知の守屋次官と協議し賛同を得ていた経緯がある。

前述の愛知万博へのハワード首相訪日の際に、小泉首相との会談で、イラクにおける部隊間の協力について互いに評価しあうやり取りがあった。〇五年五月には大野功統防衛庁長官が来豪し、ヒル国防相との間でイラク情勢を中心に意見交換を行い、両国間で「親善訓練」を実施することなど、米国を介さない防衛協力を進めることで合意した。そのころ防衛駐在官より、防衛庁の統幕が発案し内局も支持して、日本では実施困難な陸海空自衛隊の統合訓練を豪州国内で行うことを制服のチャンネルで豪側に打診しているとの報告が内々あったので、本省に報告し、制服の間で協力が進められる前に外務省と防衛庁が協議し、日本政府の方針を定めた上で進めるべきと意見具申した。

(2)　日米豪戦略協議

〇六年三月初めに、新任のネルソン国防相を表敬した。この頃、自衛隊部隊のイラク撤退が検討されていたが、豪側からは自衛隊が残る限り豪軍が治安維持に当たり、撤退後は四五〇名の規模のまま場所を移し、イラク治安部隊の訓練に当たるとの方針が示された。

日、米、豪はテロ対策に協力していたが、中国の軍事面での抬頭に対応する要素もあって、三国の外相レベルの戦略対話が、三月中旬にシドニーで開催されることになった。米国からはライス国務長官、日本からは麻生外相が来豪し、ダウナー外相がホストを務めた。戦略対話は、協力を進めるという点では異存はなく、スムーズに進行した。米国がNPT体制の枠外にあるインドとの原子力分野での関係を特別扱いで進めることに方針転換したことをNPTの観点からどうとらえるかについて、米国がやや強引に押してきたが、オーストラリアとしてもインドへのウラン輸出の可能性もあるので、結局弱腰となり、米の言い分をそのまま受け入れることになった。この機会に別途日豪外相会議が行われ、「包括的な戦略関係の構築に向けて」とする共同ステートメントが発出され、この分野での日豪協力の推進が約束された。

ところで、この三国対話に、米国の事務方トップとして、かつてポーランド大使として同僚であったクリストファー・ヒル国務省東アジア担当次官補が参加した。揃ってライス長官に「ワルシャワ・パクトのメンバーでした」と挨拶し、笑いを誘った。二人で朝食をともにして懇談したが、ポーランドの後に駐韓大使を務めていたヒルは、北朝鮮の核開発問題に取り組む六ヵ国協議の米国代表として、ブッシュ大統領以下の強硬派の圧力に苦慮している様子であり、韓国に対して日本に働きかけて米国の態度をやわらげたらどうかと促すなど苦労していた。日本にとっての拉致問題の困難さもよく理解していた。

ちなみに、ポーランドでは欧州域外の国でポーランドとの経済関係が深い米、日、韓の三国の大使館は緊密な関係を保っており、私もヒル大使とともに韓国の宋旻淳（ソン・ミンスン）大使とも親しく付き合っていたが、同氏が六ヵ国協議代表を経て盧武鉉（ノムヒョン）政権の外相に就任しており、〇六年十二月に盧大統領に同行して来豪した際に、外交団も招いた豪側主催の昼食会の席上で再会した。韓国外相と日本大使が何百人もの満座の中でハグしあう光景は、おそらく珍しいものであったであろう。この三名は、翌年のＡＰＥＣの際に再会した。外交官生活にはこのような巡りあわせもあるのである。

なお、〇六年六月二十日にイラク派遣の自衛隊部隊を撤退させることが発表された。小泉首相が、任期末を控えて決定したものである。一ヵ月半かかるという完全撤退が、豪州軍の治安維持の下で無事終了することを願った。

(3) 準同盟関係

日本では九月末に、小泉首相が退陣し、安倍晋三新首相が就任した。十月末に、例によってダウナー外相と早朝ゴルフをした際には、さっそく安倍政権についての評価、対北朝鮮政策、日米豪三国戦略対話などについて意見を交換した。

安倍首相は、祖父の岸信介首相が開いた日豪の関係を各般の分野で発展させることに関心を有しており、安全保障面での協力を、日米豪にインドも加えた四ヵ国の間で築いていく考えを有していた。十二月にインドのシン新首相が訪日した際に、コミュニケで四ヵ国対話について謳うという案があったが、米、豪から中国を刺激するし、六ヵ国協議を控えているのでタイミングが悪いと反対が出て、結局日印間では、米、豪に言及せず、「同様の関心を有する国々との協力を進める」という表現ぶりになったとのことであった。

○七年三月に、ハワード首相が訪日することになった。安全保障面での協力を推進することをうたう文書を発出することになり、事前に相当のすり合わせを行い、政務担当の細野公使と三宅書記官が粘り強く交渉し、取りまとめてくれた。

三月十三日に、東京で安倍、ハワード両首相が、「安全保障協力に関する日豪共同宣言」に署名し、発表した。その内容は、両国が共通の基本的価値（民主主義、自由、法の支配）、共通の安全保障上の利益に基づく戦略的パートナーシップを進め、地域と国際社会の平和と安定に貢献し、繁栄し、開かれ、かつ安全なアジア太平洋地域という目的達成の為に協力する、と言うもので、協力の分野として、国際組織犯罪、国境の安全、テロ対策、軍縮並びに大量破壊兵器及びその運搬手段の拡散対抗などを列記し、外務、防衛担当相の会議（２プラス２）を定期化するものである。（註42）

この宣言は、日米安保条約のような集団的自衛権に基づく同盟条約ではないが、両国の首相が署名した重みのある文書であり、特に日本が米国以外の国と防衛協力についてこのような文書を交わすのは初めてであった。これについて、三月十四日付の読売新聞は、「日豪『準同盟国』に」との見出しで、「宣言は日豪を『準同盟国』ともいえる関係に高めるもので、アジア太平洋地域の安全保障にとっても重要な文書となった」と大きく報じた。オーストラリアにおいても、シドニー・モーニング・ヘラルドが、「貿易関係に始まって発展してきた日豪関係において、防衛、安全保障面でのこの宣言はごく自然なことである」と報じた。ハワード首相は、これは中国に向けたものではないことを指摘し、ＡＮＺＵＳとは異なり相互防衛の条約ではない点を述べていた。

その後、両国で政権が交代し、日本は民主党政権、豪州は労働党政権になったが、安全保障面での協力は、着実に進展し、一〇年五月には、「日豪物品役務相互提供協定（ＡＣＳＡ）」が署名され、一二年五月には、「日豪情報保護協定（ＩＳＡ）」が署名された。

さらに、一二年末に第二次安倍政権が成立し、豪州でも一三年に保守党のアボット政権が成立し、一四年の安倍首相訪豪時には、「防衛装備品及び技術の移転に関する協定」が署名され、両国関係は「新たな特別な関係（New Special Relationship）」とされ一層緊密となった。

思えば、太平洋戦争で敵であった米国についで、オーストラリアと安全保障面で準同盟ともいうべき緊密な関係になったということは、歴史的に大変意義深いことである。すなわち、中国の抬頭、インドの勃興、さらにはインドネシア、ベトナム、フィリッピンなどアジア諸国の発展が見込まれ、国際環境が大きく変動することが予想される二十一世紀において、価値観を共有し、相互補完の経済関係を有する先進民主主義国の日豪両国が、このように協力し合うことは、地域の安定にとって重要な要素となるのである。

9　様々な課題

基本的には良好な日豪関係であるが、個別案件では利害が必ずしも一致せず、調整を要する場面もある。

(1)　日豪ＥＰＡ

日豪間に自由貿易取極を結び、経済関係を一段と発展させることが、両国にとって利益となるとの総論においては、両国の間で異存はなかった。しかし、豪州側は、農産品についても例外なく対象にすべきと主張するのに対し、日本は、米、牛肉、乳製品などの主要農産物については例外とすべきと主張し、意見が対立していた。しかも、日本国内では、農業を保護しようとする農業関係者の意を受ける農林水産省と工業製品で一層の自由化を望む産業界では、立場が大きく異なっており、調整がついていなかった。

〇三年七月のハワード首相の訪日時に、「日豪貿易経済枠組み」が署名され、貿易及び投資の自由化と円滑化を目標に政府間で協力対話や共同研究を進めることになった。この第一次共同研究が終了した〇五年四月にハワード首相が訪日し、小泉首相との間で、経済連携協定の実現可能性、メリット、デメリットを含めた新たな政府間共同研究を開始することが合意された。

この第二次共同研究の最終報告書が〇六年十二月にまとめられ、経済連携協定の交渉に入る際には、柔軟性を発揮する例として、「関税撤廃からの除去及び再交渉もあり得る」との表現でまとめることで、農業関係者の抵抗を抑えた。そして十二月十二日からフィリッピンのセブ島で開かれるＡＳＥＡＮ首脳会議の際に、日豪首脳会談を行ってＥＰＡの交渉開始を合意するとのシナリオでまとまっていたが、セブ島でテロの脅威があり、さらに台風の接近があるとのことで首脳会議が延期されてしまったので、急遽十二日に安倍、ハワード両首相間の電話会談で交渉開始が合意され、発表された。

その後も、実際の交渉開始時期をめぐってさらに農業関係者からの引き延ばしが続いた。〇七年二月下旬に、全国農業協同組合中央会の宮田勇会長一行が来豪したが、要するに日本独特の現行の農業保護政策が最適という意見であった。これでは交渉する意味がないわけだが、国内対策上の訪豪であったのであろう。そして三月のハワード首相訪日の際に、ＥＰＡについてはセンシティビティを認識しながら交渉を進める旨両国首相が表明し、ようやく四月から本格交渉に入ったのである。

〇七年は日豪通商協定締結五十周年に当たっており、七月三日には議会で記念晩餐会が行われ、ハワード首相が日豪関係の重要性を強調するスピーチを行い、六日にはブリスベンのＡＰＥＣ貿易大臣会合に甘利経済産業大臣が来豪した際に、両国貿易担当大臣が出席して祝賀式典が行われ、交渉促進について言及された。

この後の交渉は、両国で政権交代もあり、進展がないまま続いたが、日豪両国ともＴＰＰ交渉に加わる傍らで、米、牛肉、砂糖などについて米国を念頭に入れて、センシティブ品目については関税撤廃とはしないものの相当の自由化を進めるとの内容で、一四年七月に合意に達し、一五年一月に発効した。合意の達成には、日本農業をめぐる環境が大きく変化していることが背景にあるが、両国の政治指導者、日豪経済合同委関係者の長年にわたる努力と決断の結果である。農産品の大口対日輸出国であるオーストラリアとの間でＥＰＡが結ばれたことは画期的なことであり、両国関係は一層緊密になったのである。なお、この日豪合意に押される形で、TPPも一五年秋に合意に達したのだが、一七年のトランプ政権の出現で、米国がTPPから離脱することになったのは、実に残念なことである。

(2)　捕鯨問題

日豪関係の上で、全く立場が対立しているのが、捕鯨問題である。既に一九七八年からの一回目の豪州勤務の際から日豪関係でのどに刺さった骨のような問題であった。

豪州、ニュージーランド、米国では反捕鯨運動が益々盛んとなった。ミンク鯨は増えているので適切な資源利用を行うべきとの日本などが展開した議論は、オーストラリア人には全く耳に入らず、かつて大乱獲を行ってきた自らの過去への贖罪意識から来るものか、もはや宗教的信念に近い絶対的反捕鯨論なのである。国際捕鯨委員会（IWC）においても、日本の主張は入れられず、ようやく生態を調査するための「調査捕鯨」が認められるのみとなった。それでも西豪州のフリーマントルに寄港して南氷洋に向かう日本の調査捕鯨船団が、確信犯の反捕鯨団体による執拗な妨害に合うことが常態化していた。豪州与野党を問わず政治家からはいつも反捕鯨論を持ち出された。一六年に就任したターンブル首相は、ハワード政権で環境大臣であり、表敬訪問した際やAPECで来豪する安倍首相の出迎えの為にシドニー空港で待つ間にも捕鯨反対を説いていた。

〇六年七月にANUでの日本関係の行事に出席する際に、キャンパス内でTVクルー（後にA

BCの番組と分かる）がいきなりマイクを向けてきて、「オーストラリア人が生態調査の為に日本人を殺してもよいのか」というとんでもない質問をしてきた。非常識な悪ふざけの質問であり、「何を言っているのだ」と質問を遮ったが、この場面が放映され、またインターネットで流されて、さすがにやりすぎだとのコメントがあったが、一時話題になった。

ところで、日本の調査捕鯨は、農水省の補助なしには行うことが出来ず、捕獲した鯨肉が有効利用の為に食用として市場に出回っているのは事実である。鯨肉は、戦後に食用として必要であった状況が一変し、高級嗜好品になっている。豪州側の主張が理不尽であることは確かであるが、日豪関係全般の中での重みと実益を考慮したら、豪州人が庭先と考えている南氷洋での調査捕鯨を強行するのは賢明な策ではないと考えられる。南氷洋まで出かけて来ないで、日本沿岸での捕獲にとどめれば、豪州での批判はほとんどなくなると思われる。

その後、一〇年に、オーストラリアが国際司法裁判所に日本の調査捕鯨がＩＷＣ決定に反する違法なものであるとして訴え、一四年に日本側敗訴の判決が出されるに至った。あらためて、日本国内で捕鯨について国益上総合的な判断を行うべきと思われる。

(3) 国際問題での協力

国際情勢のなかで、日豪は、テロ対策での協力の他にも様々な案件で協力した。北朝鮮の核開発問題への対応については、日本が六ヵ国協議の参加国として直接関与しているのに比して、豪州の関与は間接的ではあったが、首脳会談、外相会談をはじめ様々なレベルでの意見交換を通じて、常に日本と同様の立場をとり、支援してくれた。

やや微妙であったのは、国連の安保理会改革についての取り組みであった。日本は、ドイツ、インド、ブラジルとともに四ヵ国グループ（G－4）を結成し、安保理常任理事国入りを目指す運動を展開した。このため、〇五年五月には、在外の全大使を本省に召集して、対策会議が行われた。キャンベラにおいても四ヵ国の大使の連携を図り、五月に共同で豪州政府に支持要請を行ったが、豪州としては拒否権を有する常任理事国が拡大することに難色を示していた。これを受けて、G－4としては、改革成立後十五年後の見直しまでは拒否権を行使しないとの修正案を、六月中旬に豪側に提示して共同提案国になるように促した。ルストレンジ外貿次官は、豪州としては拒否権そのものに反対していること、ドイツが常任理事国になると欧州がオーバープレゼンスになること、さらに、豪州は安保理の地域枠で西欧枠に入れられているために非常任理事国になるのも困難な状況であり、地域枠の見直しを要求しているところであるので、G－4案の共同提案国になるどころか、支持についても政府部内で決定されていないとの硬い立場であった。

七月五日にシドニーにおいて、川口順子前外相がダウナー外相にデマルシュを行ったが、豪州の立場は変わっていなかった。ところが、七月十二日になって、ルストレンジ次官から電話で、G－4案を支持する旨の連絡があった。そこで七月十三日に、大使としてハワード首相に表敬した際に、これに謝意を表した。しかしながら、国際的には中国によるアフリカ諸国の切り崩しもあって、八月四日のAU首脳会議でG－4案指示への一本化は不調に終わり、盛り上がりもすっかりペースが落ちてしまった。せっかく有力国の一つである豪州の支持を得られたのに残念なことであったが、もともとＧ－４案で中央突破を図るのは無理があったといえる。

⑷　広報活動

大使の活動は、ここで記してきたような様々な課題について政府関係者と交渉したり調整するのであるが、広報も最も重要な活動である。赴任中に各地で日豪関係について数多くのスピーチを行った。基本的な内容は、日豪が民主主義、自由市場経済、人権、法の支配などの基本的価値観を共有しており、その上に立って双方の努力により相互補完の経済関係を発展させてきた点を指摘するものとした。また、新聞、雑誌、テレビなどでも広報に努めたが、キャンベラはシドニーやメルボルンとは異なり、メディアの本拠地ではないので、なかなか米国のワシントン時代の活動のようにはいかなかった。

10　ＡＰＥＣシドニー会議

ＡＰＥＣ（アジア太平洋協力会議）が、二〇〇七年に創設国のオーストラリアに戻ってくることになった。

二月にパースで鉱業担当相会議、三月にホバートで中小企業担当相会議、アデレードで運輸担当相会議、五月にダーウィンでエネルギー担当相会議、七月にケアンズで貿易担当相会議、そして八月にサンシャイン・コーストで財務相会議があった。大使館としては、経済班の各省アタッシェが手分けして担当し、各地に出張して出席者のサポートを行った。九月にシドニーで外相会議が行われ、引き続いて首脳会議が予定されていた。

そこで、安倍総理の豪州公式訪問を併せて行うことが検討され、七月には、谷内正太郎外務次官が来豪し、ルストレンジ外貿次官との次官級協議を行い、首脳会議の地ならしを行った。総理の訪豪前にインド訪問が検討されていたので、私としては、中国の進出を念頭に置いて、日豪協力の重要性を示すために、総理にインドから西豪州のパースに入ってもらうことを進言したが、日程上無理ということであった。そこで、資源関係の会社の本社があるメルボルンで演説を行ってから、シドニーに向かう案を立てて、豪日経済合同員会のモーガン委員長と連絡を取り合っていた。しかし、七月末の参院選挙での自民党の退潮もあって、国会運営が困難になるので総理の二国間訪問の部分は延期するとの決定がなされ、八月一日に総理からハワード首相に電話で伝えられた。絶好の機会を逃すので残念であったが、その時点では総理の体調がすぐれないことは知られていなかった。

シドニーでの外相会議、首脳会議にはキャンベラの大使館を空にしてシドニー総領事館とともに対応した。九月四日に、町村外相とダウナー外相との二国間外相会談が行われ、安全保障に関する首脳宣言に基づく行動計画について合意した。五日には、オペラ・ハウスで外相会議が行われた。韓国からは、宋旻淳外相が出席し、随員も含めた夕食会で私と米国のヒル国務次官補が同席しているところに通りかかり、ワルシャワの三人が再会した。宋大臣はここに合流したいというので、「大臣閣下はメイン・テーブルへ」と案内した一幕があった。町村大臣は、各国外相との二国間会談を精力的に行って、北朝鮮核問題への対応を中心に意見交換した。

九月八日の首脳会議にむけて、ブッシュ米国大統領、胡錦濤中国国家主席、プーチン・ロシア大統領など各国首脳がシドニー入りしてきた。六日に胡錦濤主席の歓迎昼食会に出席したところ、香港からはドナルド・ツァン行政長官が出席していた。ツァン長官は、私が総領事時代の財政長官であり、久々に再開したが、同じシャングリラ・ホテルに滞在していたので、朝食の際にも意見交換ができた。

安倍総理夫妻は、七日にシドニー入りした。出迎えたのはターンブル環境相（のちの首相）であったが、総理を待つ間、しきりに反捕鯨を訴えていた。

八日には、まず日米豪三国首脳会談が行われ、続いて日米首脳会談が行われた。次いで、オペラ・ハウスで首脳全体会議が行われ、さらに日露首脳会談が行われた。その夕刻には、文化行事が行われ、ＶＩＰ席の各国首脳が観客に紹介されたが、安倍総理は欠席し、私が代理で出席した。実は官邸側からお粥を用意してくれとの依頼があったと川田総領事が耳打ちしてきていたので、総理は体調がすぐれないのではないかと察した。

九日朝に日豪首脳会談が行われ、気候変動とエネルギーの効率的利用についての声明と安全保障に関する首脳宣言に基づく行動計画が発表された。まとめの全体会議の後に、気候変動問題への対応などを盛り込んだシドニー宣言が発表された。

ＡＰＥＣを終えて、九日にシドニーで行われた内外記者会見において、安倍総理は、アフガニスタン戦争での多国籍軍を支援するインド洋での給油活動に関して、特別立法の継続は対外公約であるとして、「職を賭して取り組む」と言明し、更に「内閣総辞職もか」との問いに対して、「職にしがみつくつもりはない」と述べた。思わず同席していた薮中外務審議官と顔を見合わせたほどであり、参議院で成立しない場合でも衆議院で三分の二で再議決することを示したという見方もあったが、微妙な発言であった。

全日程を終了した総理夫妻は、九日夜にはシドニーのハーバー・ブリッジの袂のレストランでの夕食会でゆっくりと魚料理を楽しんだ後に日本に出発した。但し、昭恵夫人は、洞爺湖G－7サミットは自分たちではないかもしれないと述べていたとのことであった。大使館出張組は、十日の昼食会で打ち上げした後にキャンベラに帰った。日本で総理は十日に所信表明演説を行っていた。ところが十二日昼過ぎに、総理は突然記者会見で、健康問題のために辞任すると発表した。その夜に、ロバート・マッカラム米国大使公邸で、日米豪の関係者を招いた夕食会があり、出席者からの質問攻めにあった。シドニーでの総理は体調不良かとの疑念が現実となった辞職であった。

11　帰朝とハワード政権の終焉

いささか尻切れトンボのような安倍政権の幕切れだが、私はここで帰国することになった。九月十五日付で帰朝命令を受け、各方面に離任挨拶をして回っている間に、九月二十六日に日本では福田康夫内閣が成立し、町村官房長官、高村正彦外相という布陣となった。ところが、豪州でもハワード政権も退陣することになるのである。
まず、ハワード首相に離任の挨拶をすべく申し入れていたところ、十月十一日にシドニーで実現した。ハワード首相からは次のような発言があった。

日豪関係は確かに進展しており、自分は小泉総理、安倍総理と良き関係を築いた。日米豪三ヵ国首脳朝食会も有意義であった。福田新総理とも電話会談を行う。日本は豪州にとって重要なパートナーである。これまでも最大の顧客であったし、そうあり続けると思う。豪州国民は豪日関係の重要性を認識しており、イラクのムサンナ県への豪軍派遣に際しても、日本の部隊が活動する地域の安全維持のためであるとのことで、国民の理解が得られやすくなった経緯がある。豪州の若者が、日本に関心を有して日本語を勉強し、観光その他日本関係の仕事に従事するようになっている例も多い。日豪はＡＰＥＣのような地域協力の場や国際場裡全般において更に協力を進展させる余地がある。貴使は在任中良い仕事をされた。今後とも豪州に関心を持ち続け、更に活躍されることを望む。

この離任挨拶は、日頃からシドニーの首相官邸に住んでいるハワード首相がキャンベラに来る予定はないというので、わざわざシドニーに赴いて行った。ところが、首相は私と会った後にキャンベラに来て、十四日に総督と会談し、下院解散の裁可を得た。そしてその日に、十一月二十四日に下院の総選挙と上院の半数の選挙が行われるとの発表があった。このあおりで、閣僚への離任の挨拶は次々とキャンセルとなり、ダウナー外相とは結局電話で離任挨拶することになった。キャンベラでの政府関係者、外交団との挨拶や送別会が続いたが、シドニーとメルボルンにも赴き離任の挨拶を行った。十月十九日にジェフリー総督夫妻を表敬し、二十二日には公邸で離任レセプションを行った。いずれの機会にも日豪関係がかつてないほど進展していることが指摘され、こちらから各方面の支援に謝意を表することになった。

12　ハワード退陣と退官

十月二十六日に帰朝し、皇居での記帳、総理官邸や外務大臣への報告などをおこなっている間に、豪州では十一月二十四日の総選挙で、ハワード首相率いる保守連合が敗れ、ケビン・ラッドが率いる労働党が勝利した。ハワード首相の敗因は、様々な点があげられるが、長期政権で実績も上がっていたのであるが、何といっても十一年も続いており、国民の間に「そろそろ交代の時期ではないか」というムードが広がったことによる。

結果的にハワード政権の最後の三年間の日本大使となったわけだが、この間にも日豪関係が大いに進展したので、「もって瞑すべし」というところであった。

後任の小島高明大使への引継ぎなどを行い、十一月三十日付で依願免本官となり、入省以来四十一年八ヵ月の勤務を終えて退官した。第二の人生への準備もあってあまり感慨にふけっている暇もなかったが、とにかく大過なく勤め上げたことで安堵した。

第18章 三つの帽子

オーストラリアから帰国し退官した後には、第二の人生を歩むわけだが、思いがけず、三菱重工、京都産業大学そして外務省の三か所に勤務することになった。日本語で言えば、「三足の草鞋を履く」というところだが、ちなみに外国人の友人には分かりにくいので、「三つの帽子を被り替えることになった」と知らせた。

1　三菱重工業

退官が迫った頃、三菱重工業の顧問に就かないかとの意向打診が外務省を通じてあった。帰国後、同社の海外部門の役員と面談し、海外戦略本部（後にグローバル戦略本部）の顧問として、勤務することになった。三菱重工業（ＭＨＩ）には、それまでも退官した大使が顧問を務めており、前任は大田博元駐タイ大使が五年ほど務めていた。

ＭＨＩは、世界各地に製品を輸出するのみならず、米国、アジア大洋州各国、ヨーロッパで多くの直営や合弁の生産拠点を展開していた。また、発電設備、交通インフラ、生産工場などの建設、設置を行ういわゆるプラント輸出を実施していた。これらの海外での活動は、各事業部門が縦割りで実施しているが、海外戦略本部は、これを地域的に横割りで把握して円滑な展開を図る部署である。顧問は営業などのビジネスに直接係わることはないが、海外活動に関連する情勢についてアドバイスし、外務省や在外公館への連絡、相談などを行う職務であった。〇八年一月より品川の三菱重工業本社に週三回出勤し始めた。

ＭＨＩは、岩崎弥太郎の起業以来、船舶、重機械、航空機、鉄道車両、発電設備などを生産し、日本の基幹産業の中枢を担ってきている。また戦闘機、護衛艦、潜水艦、戦車など防衛部門も重要であり、私も防衛庁の訓練課長時代に、名古屋工場の戦車製造部門や神戸造船所で製造中の潜水艦を視察したことがあり、更にＭＨＩがライセンス生産をしていたＦ－15戦闘機に体験搭乗したこともあったので、当初から違和感なく務めることが出来た。具体的には、海外で発生した問題に関連して現地を管轄する在外公館や外務省の地域課に支援を依頼するなどの案件処理に係わったり、海外実務に携わる社員の研修で国際情勢全般や地域情勢についてブリーフを行った。また、海外拠点で働く外国人社員を本社に集めて研修させる際に、日本の政治外交について英語で講義することも行った。

それから、有意義であったのは、長崎、広島、神戸、名古屋など全国各地の工場を視察して、巨大なH－2ロケット、大型客船、大型発電タービンや小型コンプレッサー、ETC機器に至るまでの実に幅の広い製品の生産現場を見学する機会を設けてもらったことであった。日本の産業の中軸を担ってきた長崎造船所などで歴史を学びながら、現場の人達と意見交換を行い国際情勢についてブリーフしたりするのは、楽しくまた有益であった。

更に、海外にも出かけ、〇八年十一月に上海浦東の中国総拠点を訪れ、周辺の工場も視察した。〇九年春には、ニューヨークのロックフェラー・センター内の米国支社で開かれた拠点長会議に出席し、ワシントンDCの新拠点の開設を見届けて、原子力部門の米国拠点も視察した。そして同年末には韓国に出張し、ソウルで韓国事務所の面々と懇談した。次いで高速鉄道で釜山に向かい同地事務所を訪れた。このような海外拠点の視察は、各地で奮闘している多数のMHI要員の実体験を聞くことが出来て、興味深かった。

MHIには、一二年末まで五年間勤務し、後任の武藤前駐韓大使と交代した。

2　京都産業大学

(1)　客員教授

退官前に京都産業大学で教えないかという話が来た。これは、当時の理事長廣岡正久教授からの提案であった。廣岡氏は、私の一回目のモスクワ勤務の際に、初代の専門調査員として在ソ連大使館に赴任してきた学者で、ロシアの宗教、思想についての碩学である。同氏とはその後も交流があり、国際社会協力部長時代に招かれて京都産業大学で人間の安全保障について講演したことがあった。廣岡理事長からは、手紙で招聘されただけでなく、キャンベラに訪ねて来て勧められた。新しい挑戦であるがこれを受けることにした。採用に当たって学長他の面接を受けたところ、学位（博士級）、研究実績、著作、論文などが審査条件となったが、ハーバード大学のMA、人間の安全保障などについての各種の論文、著書『極東共和奥の興亡』などが評価されて、客員教授に就任することに決まった。外務省からの客員教授は初めてであったが、個人研究室をもらい、研究費もあり、教授会には出席できるが投票権はないという待遇であった。他方、客員教授といえども、学生側からの教員評価の対象となった。

(2) 大学の概要

左翼全盛時代の六五年に保守派の論客で元京都大学教授の天文学者荒木俊馬が創立したもので、「国際感覚を持ち、祖国日本の国家社会に責任、義務感に徹する、真の自由民主主義の愛国的日本人を養成する」産学協同の大学として、経済学部と理学部で洛北の元京大演習林跡に開校した。二〇一七年度現在、経営、法、外国語、文化、コンピュータ理工学、総合生命科学、現代社会学を加え九学部からなり、学生数一万三〇〇〇名、大学院生一九五名を擁する中規模の総合大学となっている。

（3）　シラバス

〇八年の春学期から、授業を始めたが、二年生から四年生向けの大人数の選択科目の講義を担当した。徐々に担当科目を増やしていって、春、秋それぞれ二科目を担当したが、受講生は、一五〇人から三〇〇人であった。また、一〇名前後の少人数の英文原書講読と自由研究も受け持った。授業では、国際関係の基本的な枠組みとその近年の発展について外交官としての体験を織り交ぜて講義した。毎回A－4版二枚程度のレジメを用意して配布した。それぞれのシラバス（最終年のもの）は、次の通りである。

【人間の安全保障論】　①安全保障とは何か　②人間の安全保障、概念の形成　③議論の進化　④国連の活動　⑤日本の活動　⑥日本の活動（続）　⑦国家安全保障と人間の安全保障　⑧紛争と介入、保護する責任　⑨難民と避難民　⑩平和構築、開発と成長　⑪地球環境問題　⑫保健衛生と教育・能力付与　⑬テロと国際組織犯罪　⑭社会的保護、経済問題　⑮今後の課題

【国際政治B】　①概括、米国－東西対立　②冷戦の勝利　③国際新秩序の形成と米国　④ソ連・ロシア－社会主義の理想と現実　⑤冷戦の敗北　⑥ロシアの復活　⑦ポーランド－悲劇の歴史　⑧ヨーロッパの復活　⑨香港－帝国主義の遺産　⑩東と西の交差点－一国両制　⑪オーストラリア－英国の流刑地、ラッキー・カントリー　⑫アジア・太平洋に生きる　⑬日本－西側の一員　⑭経済大国、普通の国へ　⑮今後の世界

【グローバリズム論】　①グローバル化とは何か　②グローバル化の歴史（冷戦時代まで）　③

現代のグローバル化（冷戦後の世界）④グローバル化の光　⑤グローバル化の影　⑥グローバル化をどう見るか　⑦グローバル化と国家主権　⑧グローバル・ガヴァナンス、歴史と政治面　⑨安全保障面　⑩経済面（貿易、金融、運輸・通信）⑪経済面（開発、資源）⑫社会面（人権、人道、人間の安全保障）⑬地球環境問題　⑭グローバル化と地域協力　⑮今後の課題

【平和構築政策】　①平和構築とは何か　②平和と安全保障－考え方の変遷と国際的仕組み　③冷戦時代の戦争、紛争－国連軍、ＰＫＯの発展　④冷戦後の紛争－ＰＫＯの変遷　⑤平和構築の考え方－国連での議論の推移　⑥平和構築委員会　⑦平和構築の要素　⑧人間の安全保障　⑨保護する責任　⑩平和構築の実例　⑪困難な平和構築　⑫日本の活動－平和協力法、ＯＤＡ　⑬地域機構の活動　⑭ＮＧＯの活動　⑮今後の課題

【国際政治学英文原書講読】　"Foreign Affairs", "Economist", "Herald Tribune" の論文を読み、現代国際政治を理解

【自由演習「国際紛争」】　当初三回ほど、授業で冷戦史を講義し、その間に学生が中東紛争、朝鮮戦争、キューバ危機、カシミール紛争、北方領土問題などのテーマを決定する。参考文献などを指導し、順次中間発表を行わせ、期末に最終発表を行わせペーパーにまとめて提出させる。

これらの授業のために、かなりの準備を行ったが、幸いに研究費の配分があったので最新の学術書を随分と購入し参考にするとともに、国連の動きや日本外務省の動向を取り入れた。

(4) 試験

講義の試験は、記述式にしたが、むろんふるい落とすのが目的ではなく、理解を深めるのが目的であるので、出題傾向を事前に示唆し、学生に準備を促した。

何百人もの答案を読んで採点するのは、相当な負担で毎学期末には、一週間ほど缶詰め状態となった。成績分布は、毎回同様で、不可（六〇点以下）三〇％、可（六〇点代）四五％、良（七〇点代）二〇％、優（八〇点代）五％、秀（九〇点代）二、三名であった。優や秀の答案は、大変よくできており、私が書いてもこれほど要領よくまとめられないのではないかと思われるほどであった。優秀な受講生のなかには研究室に訪ねてくるなど熱心な学生もおり、神戸大大学院から東大大学院（人間の安全保障専攻）に進んだ者や同志社大学院に進学した者がいた。

客員教授の定年が七十歳であったので、一五年三月で退任した。七年間の教授生活は、グローバリゼーションを実感しながら、中国の抬頭を実感し、リーマン・ブラザーズ・ショックに翻弄され、アラブの春の拡散にうろたえる現実の国際政治、経済の動きを追いかける年月であった。外交官としての経験を織り交ぜた講義は、おおむね好評であったが、学生に強調したのは、様々な現象に惑わせられることなく、どのような物差しで見るべきかが重要である点であった。これらを通して、私としても改めて国際関係について整理して理解を深めることが出来たし、その都度の国際問題について関心を持った学生達と授業後に議論するのも楽しいことであった。

3　外務省参与・人権人道担当大使

〇八年は、一月から三菱重工に勤務し始め、四月から京都産業大学で教鞭をとることになったので、その準備に追われていたところ、三月末になって、外務省人事課長より、外務省参与・人権担当大使に就任してもらえないかとの打診があった。

人権担当大使は、第一次安倍政権で設けられたポストで、斎賀富美子さんが務めていた。彼女は、ノルウェイ語の専門で、ノルウェイ大使を務めていたが、国連の社会分野で長い経歴を有していたので、北朝鮮の拉致問題、女性の地位向上を担当する人権担当大使に併任され、ノルウェイから帰国してから人権大使専任となっていた。私も、かねてより国連の社会分野のエキスパートとして彼女を知っていたが、特に国際社会協力部長時代には、様々な場面で助けてもらった経緯がある。私が退官したころに、斎賀大使は、当時設立された国際刑事裁判所（ＩＣＣ）の判事に就任することになったので、その後任として、人権担当大使に就いてほしいという打診であった。三菱重工と産大に加えて就任するのはかなりの負担であろうと予想されたが、退官後も公の仕事ができるのは冥利に尽きるとも考えられるので、この要請を引き受けることにした。そしてかねて人間の安全保障を推進することにかかわりたいと考えていたので、「人道」も付け加えて、「外務省参与・人権人道担当大使」としてもらった。

四月一日に外務省で福田内閣の高村外務大臣より辞令の交付を受けた。そして週一回登庁し、人権人道課よりブリーフを受け、関連の公電などをフォロウし、在京の各国大使に国連の人権理事会や第三委員会、総会での北朝鮮決議につての支持要請を行うなど業務を行った。条約審査やＵＰＲ審査の日本政府代表としてジュネーブにたびたび出張し、更にニューヨークでの国連総会やその他の国際会議に出張した。

この間に、福田内閣も九月には麻生太郎内閣（中曽根弘文外相）に替わっていた。

人権問題は、国連では重要な事項ではあったが、私が国際社会協力部長時代には、人権条約の履行状況の国別審査を含めて数多くの案件はほぼ課長対応で処理しており、北朝鮮決議や中国決議などの政治性の高い案件についてだけ部長が対応し、大臣、総理官邸の了承を得て対応するというのが通例であった。その後、外務省の機構改編の結果、国際社会協力部は解体されて、人権人道課は総合外交政策局に置かれ、国連担当の審議官が実質的責任者となっていた。一方国連においては、人権委員会が人権理事会となり、すべての加盟国が普遍的・定期的レビュー（ＵＰＲ）を受けることになったので、各国とも高いレベルの代表を派遣していた。また、人権条約の国別審査にも課長レベルではなく、シニアな大使レベルで対応するのが通例になってきていた。そこで、年次の人権理事会については国連担当の審議官が対応し、ＵＰＲ審査と条約審査の日本政府代表を私が務めることになった。

三つの帽子を被り替えながら勤務を始めた〇八年六月には、新潟で末弟の上田修一家と暮らしていた母ヒロが九十一歳で永眠した。激動の戦後を生きて四人の子供を育て、助産婦としてまた地域の婦人会長として社会にも貢献した一生であった。

4　国連と人権

人権の尊重は憲章にうたわれた国連の活動の主目的の一つである。機構としては、経済・社会理事会の下部組織として設置された人権委員会（ＣＨＲ）が、人権に関する諸問題を討議する場となり、さらに総会の第三委員会及び総会本会議においても人権問題が扱われた。四八年十二月には、総会において世界人権宣言が採択され、その後国連において様々な人権文書・条約が策定されてきた。

しかしながら、冷戦時代には、東西両陣営のイデオロギー対立が先鋭となり、米国と西欧を中心とする西側が共産圏諸国の全体主義・一党独裁、自由の剥奪、人権弾圧を非難すれば、ソ連を中心とする東側は、西側の植民地支配、資本主義国における労働者の搾取を非難した。さらに両陣営のいずれにも属さない第三世界の国々は、非同盟グループを形成し、東西両陣営からの介入を許さず、発展の権利を重視する立場をとった。このため、国連として世界の人権保護、促進に果たす役割は十分機能しているとは言えない状況であった。

冷戦終結後、国連の人権分野における活動の強化が課題とされ、九三年の世界人権会議において、国連人権高等弁務官を置くことが決定された。さらに、〇五年の国連首脳会合の合意に基づき、人権委員会に替わる人権理事会（ＨＲＣ）が〇六年に設置された。

5　条約審査と国際会議

(1)　Ｂ規約審査

〇八年十月に、自由権規約（Ｂ規約）の対日審査がジュネーブで行われた。夫々の人権条約には、個人の資格で選挙により選ばれた専門家からなる委員会が組織されており、順守状況について当該国から提出された文書による報告と口頭による説明に対して質疑応答が行われる。その結果は、後日委員会としての審査報告として発表される。

Ｂ規約は人権に関する基本条約であり、様々な点が議論されるので、私が団長となり、外務省、法務省、内閣府、厚生労働省、警察庁などの担当者からなる大型の代表団でこれに臨んだ。

日本ついては、かねてより次のような諸点が問題とされていた。

①「国内人権機構の設置」…日本には政府から独立した人権擁護機関がなく、人権擁護局が法執行権力機関たる検察庁と同じく法務省に属している。

②「個人通報制度の導入」…各人権条約には、国内の裁判手続きでも救われない場合に、個人が人権条約委員会に訴えることができる個人通報制度が規定されているが、日本はこの条項を留保して受け入れていない。

③「死刑制度の廃止」…日本では刑罰として死刑制度が維持されているが国際的には廃止した国が多い。

④「代用監獄問題」…日本では警察の留置場に拘留される期間が長く、実質的に監獄の代用になっている。

⑤　慰安婦問題への対応

このうち、①や②については検討すべき点であるが、慰安婦問題については偏った主張に基づく日本非難がなされており、死刑廃止論にいたっては、委員それぞれの信条や信念に基づく主張が繰り返された。審査に先立って、担当の委員が来日し、政府側の担当官庁のみならず、NGOとして日本弁護士連合会のいわゆる人権派弁護士達や在日朝鮮人グループ、アムネスティ・インターナショナルの日本支部などの政府に批判的なグループとの意見交換を行っている。さらに、各国の場合では見られない日本の審査の特異な点は、会場で政府に批判的なNGOの関係者が多数傍聴しており、別途各委員に個別にロビーイングを行っていることであった。とりわけチマチョゴリを着た在日朝鮮人グループが慰安婦問題で訴えるのは、印象的であったと思われた。またジュネーブ駐在の邦人記者達も、朝日や毎日は日本政府を批判するトーンで報道するのが常であった。うがった見方をすれば、これらの人達は、日頃日本国内では主張は注目されないので、このような「国際的な場」を利用して「国際的に批判されている」として日本にアピールする方法をとっているのである。

審査においては上記の諸問題などをめぐって委員たちとの間で結構厳しい応酬が行われた。帰国後の三十日に発表された委員会の最終報告には、これまでと同様に上記の①から④が指摘され、ほかに女性の扱いについて、結婚年齢や再婚禁止期間など法律上の差別があり、社会的進出も遅れているなどの指摘があった。問題だったのは、新たに⑤の慰安婦について指摘されたが、これまでの日本側のとった措置については全く無視した一方的に日本を非難する内容であった点であり、日本として国際社会の偏った認識を正すための一層の働きかけが必要であるとの認識を関係者で共有した。

(2)　ＡＳＥＭ人権セミナー

○九年二月にフランスのストラスブールでＡＳＥＭ（アジア欧州会合）の非公式人権セミナーに出席した。アジアと欧州の専門家が集まって議論することは有益であり、またプログラムの一環として欧州人権裁判所を見学して、この面で先を行っている感のある欧州の実態を知ることが出来たのは有意義であった。但し、出席者には学者が多かったせいもあってか、全体会合、分科会とも欧州側の死刑廃止の主張が強く、その線で結論文書がまとめられそうになったので、全体会合で発言し、死刑廃止でコンセンサスが達成されたかのごとき文言を訂正させた。欧州側の一方的な主張は受け入れられないところであるが、この後も各条約の審査の際にも主として欧州側の委員からは日本を批判、非難する発言が続いたのである。

このセミナーは、一二年六月に韓国のソウルで開催され、これにも参加した。「ＩＣＴ（電子情報技術）と人権」という最新のテーマで、議論の応酬よりも情報共有の会合が主であった。

(3)　北朝鮮人権問題

北朝鮮の人権状況が劣悪であることは、周知の事実であり、毎年国連の人権理事会や総会で改善を促す決議が採択されていた。日本は、特に拉致問題が未解決であるので、毎年決議の提案国となっていたので、在京の各国大使に対して日本案を支持するようデマルシュを行った。拉致問題には、国際社会協力部長時代にかかわっていた経緯があるが、解決を目指して横田夫妻等の家族会の方々が出席して国内各地で行われる集会にも参加した。

○九年三月には、メルボルンで豪州と韓国の団体が主催する北朝鮮人権に関する会議が開催されたので、日本から出席した。帰朝後一年少々でのオーストラリアであったので、マイケル・ダンビー議員など旧知の人達も多かったところで、拉致問題を中心に説明し、理解を深めてもらった。その会議では人権理事会で任命された北朝鮮人権問題の報告者であるタイ出身のムンタボーン教授の報告が、包括的で有益であった。また、北朝鮮の政治犯収容所の実態についての本を出版した脱北者本人の報告は迫真であった。

6　政権交代と人権問題

(1)　政権交代

○九年夏は、日本国内で自民党政権が弱体化していた。八月末に女子差別撤廃条約の審査が行われ、志野光子人権人道課長が代表団長として対応した。

八月三十一日の総選挙で自民党が敗れ、政権交代が実現することになった。その直後の九月八日にローマでG‐8の会議の一環で「女性に対する暴力会議」が開催された。各国からは女性閣僚が多く参加したが、日本では政権交代の時期で閣僚クラスが出席できなかったので、私が出席した。アフリカやアジアの女性大臣からは、女性へのドメステック・バイオレンスや、FGM（女性器切除）、名誉殺人、酸散布などについて口々に非難し、対応策についてG‐8の支援を期待する発言があった。私からは、人間の安全保障の観点からの取り組みなどを説明した。

九月十六日に民主党の鳩山由紀夫内閣が成立し、岡田克也外相が就任したが、私は引き続き、外務省参与・人権人道担当大使を続けた。弁護士出身の千葉景子新法務大臣は、就任の記者会見で、独立人権委員会を設置し、個人通報制度を導入する旨の発言を行ったので、条約審査での対応方針が変わってくる可能性があった。

(2)　人種差別撤廃条約の審査

一〇年二月に人種差別撤廃条約の審査が行われた。日本政府代表としての冒頭発言では、アイヌ先住民対策につての説明などを行った。これに対しての質疑応答では、B規約審査に比せば限定的になるが、個人通報制度、独立人権機関の設置や人権教育について指摘があり、沖縄人を先住民族として扱えという主張や部落解放問題、在日朝鮮人の状況についての議論に集中した。内容は日本国内のNGOにインプットされた偏った見方からの議論が多く、反駁したり説明するのに骨が折れた。

(3) 児童の権利条約の審査

この頃、沖縄の普天間基地の移転先をめぐる迷走で鳩山内閣の外交が混乱状況に陥っていたが、一〇年五月には児童の権利条約の審査が行われた。そもそも旧野党系の人権派は「児童の権利条約」を「子供の権利条約」とすべきという愚にもつかぬ主張を相変わらず繰り返していた。この勢力が政権側になったわけだが、当然のことながら、批准済みの条約名を変更することはあり得なかった。質疑では、児童ポルノの単純所持が処罰対象になっていない点が批判された。もっともな指摘であるが、民主党側は「表現の自由」の観点から処罰対象とすべきでないとの意見であり、自民党政権時代よりも前進しなかったので説明に苦慮した。

結局、鳩山内閣は、外交で行き詰まり、六月に菅直人内閣に交替した。一一年三月十一日に東日本大震災が発生し、東北地方の太平洋側は、地震と津波で甚大な被害を受けた。特に、福島の原子力発電所の事故が深刻であり、菅内閣はその対策に追われ、もたついていた。

この頃プライベートでは、四月に三男が結婚し、新妻を伴ってドバイに赴任した。

(4) 民主主義共同体

一一年六月末にリトアニアのビリニュスで、民主主義共同体の閣僚会議が行われたが、日本からは閣僚が出席する余裕がなく、私が政府代表として出席した。この会議は、米国がクリントン政権時代に、ポーランド、モンゴルなど社会主義体制から民主主義政治体制に変わった国々を集めて開催してきたもので、二〇〇〇年春に私が大使であったワルシャワで閣僚会議が開催され、米国からはオルブライト国務長官が出席したが、日本からは閣僚ではなく有馬龍夫政府代表が出席した。その後、この会合の事務局がワルシャワに置かれ、日本大使館もこれに人的支援をしていた経緯がある。

ビリニュスの会合には、米国からヒラリー・クリントン国務長官が出席しており、隣国ポーランドからはクファシニェフスキー元大統領が出席していたので、久々に挨拶ができた。さらに往時外務次官でありその後外務大臣となっていたシコルスキー氏が出席しており、来日した際に会っていたが、ここでまた再会した。日本代表として、人間の安全保障の考え方に基づく民主化支援の実績などを説明した。そして次期開催国であるモンゴルが、この会合の運営に当たる理事会への日本の積極的関与を要望して働きかけてきたので、日本はこれに応えることになった。

この後一二年七月にウランバートルで開催された運営理事会の会合に出席したが、その際もクリントン国務長官が出席していた。ちなみに、モンゴル訪問は、日・モンゴル国交樹立の時に行きそびれてから四十年を経て実現したのだが、ウランバートル郊外の草原へのツアーなど興味深かった。

(5)　国連総会

未曽有の大災害とはいえ東日本大震災に対する菅内閣の対応はもたつきが続き、一一年九月には同じ民主党の野田佳彦内閣に交替していた。

同年九月下旬の国連総会開催中に、〇一年に南アフリカのダーバンで開催された人種差別撤廃会議の十周年を記念する会合が行われることになり、日本政府代表として出席するためにニューヨークに出張した。会議ではアフリカ諸国が奴隷貿易の賠償を要求したり、イランがホロコストは無かったと言ったり、アラブ諸国がイスラエルを人種差別国と言ったりする有様で、これを見越して、米、豪などの西側諸国はボイコットしていた。案の定シリアとイランの発言が激しかったので、日本として発言を求め、この会合を対立の場とすべきではない旨言及した。

7　保護する責任

この頃、一〇年初めにチュニジアで始まった民主化を求める「アラブの春」といわれる動きが、一一年にはエジプトに波及しムバラク長期政権が倒された。さらに長らくカダフィ政権が続くリビアにも波及し、内戦状態となっていた。

三月十七日に、国連において「保護する責任」に基づいて安保理決議が採択された。かねてから関心が高い問題であったので、この件に関し小論をまとめ、霞関会のホーム・ページに発表し、さらに後刻、シリアのケースにも言及して、京都産大の法学部紀要に論文を掲載した。要するに、「保護する責任」に基づいて国際社会が一致して行動したのは画期的であるが、リビアのケースは、最初で最後になる可能性があり、シリアのケースでは米国とロシア、中国との対立から、この考え方に基づく安保理の合意は成立しないであろうというものである。（註43）

8　UPR

国連の人権理事会（HRC）における普遍的定期的レビュー（UPR）は、全加盟国に対して行われるもので、日本についても私が人権人道担当大使に就任した直後に一回目のレビューが行われていた。一二年十月に二回目のレビューを受けることになり、私が団長を務めた。これについても、小論を発表したが、そこに述べた審査の意義は次の通りである。

UPRによって国連の全加盟国が人権状況について審査を受けるのは、画期的な制度であり、意義がある。例えば、米国は世界各国の人権状況について国務省が報告書を出すなど他国の人権に厳しい国であるが、他方で人権条約に参加していなかったり、留保するなど独特の対応をしている。そのような米国に対して、第一回UPRにおいて二二八もの勧告がなされた。米国は、九六を受諾し、七五は部分的に受諾し、死刑問題など五七については受諾を拒否した。他方の極端なケースとしては北朝鮮で、第一回UPRにおいて一六七の勧告がなされたのに対し、北朝鮮は、五〇を即座に拒否し、一一七について対応を検討の上追って回答するとした。

日本に対しても、独立人権機関の設置、個人通報制度の導入、死刑制度の廃止ないしモラトリアム、代替収容制度の廃止ないし改善、取り調べの可視化、弁護士の立会などの諸点について日本政府に早急な現状改善を促す意見が出されてきている。

一方、UPR審査は、各国代表としての発言であり、そこには折々の国際情勢の下での日本との関係が反映されてくる。日本代表団として理事国から選ばれたトロイカに背景を説明して理解を得る努力も行える。したがって各国の発言とそれをまとめた報告書は、各条約の委員会における議論よりもバランスが取れている。各国代表の発言には、日本の努力を評価し、日本の支援に感謝する発言も多くなされた。ただし、死刑制度、個人通報制度などについては、多くの欧州諸国がEUとしての統一方針に沿ったと思われる発言があった。慰安婦問題については、特定の国による発言に限られており、これまでの日本の努力を無視ないし軽視している傾向が見られた。

日本は、UPRにも条約審査にも極めて誠実に対応しており、不誠実な北朝鮮などとは比較にならないが、日本の実情について必ずしも十分理解されていないきらいがあるので、これまでにもまして、丁寧で積極的な対外説明の努力を重ねる必要がある。（註44）

9　条約審査の継続

この後、結局野田内閣は行き詰まり、一二年暮れの総選挙で自民・公明連合に敗れ、政権が交替することになった。民主党政権の三年間では、当初表明された独立人権機関の設立、個人通報制度の導入などは手つかずのまま実現されなかった。一二年十二月に安倍晋三首相が返り咲いた。私はこの政権交代でも引き続き、外務省参与・人権人道担当大使を務めた。

⑴　A規約審査

一三年四月末に、A規約（経済的、社会的及び文化的権利）の審査があった。相変わらず、独立人権機関の設置や個人通報制度の導入についての指摘があった。韓国出身の辛委員が慰安婦問題を取り上げ、ドイツは戦争被害者に補償を行ったのに、あたかも日本は何も行っていないがごとき発言を行ったので、私から、「ドイツは東西に分割されたため国家賠償を行っておらず、西ドイツがナチスの残虐行為に対して個人補償を行ったのに対して、日本はアジアの諸国に多大の国家賠償を行っており、韓国との間でも請求権の処理について合意されて、この問題も含めて補償は国家間では解決済みであったが、人道的見地から後にアジア女性基金による支援を行った」と述べて反論した。ここでも日弁連関係者とチマチョゴリの女性が数名傍聴していた。

⑵　拷問禁止条約審査

続いて同年五月には、拷問禁止条約の審査が行われた。この際も代用監獄、取り調べでの弁護人立ち合い、独立人権機関の設置、入管収容所での取り扱いなどが取り上げられた。また、慰安婦問題も取り上げられたが、当方からは淡々とこれまで日本がとった措置について説明した。

モーリシャス出身の委員が、執拗に日本の取り調べは自白強要で「中世の国」だと述べるので、私から、日本が中世の国だという発言があったが、人権の分野で日本は最も進んだ国一つであると反論した。その際例によって傍聴していた日弁連関係者などが笑い声を上げるなど不規則発言を行っていたので、それをやめるように言い返した。その場は、委員長が傍聴者に静粛を促しただけであったが、数週間後に日本のＮＧＯ関係者が、私が「シャト・アップ」といった点を問題視し、一部報道された。

Ａ規約審査と拷問禁止条約審査の最終勧告が、後刻出されたが、いずれも慰安婦問題を取り上げ、特に後者は、関係者の直接処罰を求める厳しい内容となっており、日本側の言い分は全く無視しているもので、日本として文書で再反論を行った。

⑶　退任

一連の条約審査を通じての認識であるが、確かに日本の人権関連の制度や法制に不備な点もあることは認めるが、総じて、欧米の委員（及び途上国の委員もおおむね欧米の教育を受けているので同様）は、日本が人権分野で欧米には劣っているという先入観を持って臨んでおり、更に一部委員が日本での現地調査の際に、日本のＮＧＯから一方的な情報をインプットされている様子が見て取れた。そこに韓国や中国の国を挙げてのロビーイングで慰安婦問題をことさらにあげつらうことになり、それを日本のメディアが報道するということが繰り返されていた。

一三年秋には、ＵＰＲの第三回審査が予定されていたが、第二回審査で日本の方針として発言した内容は、民主党政権下では何らの進展もなかったことから、次回審査で弁明するような形になってしまうことが予想された。そこで、官房長にそろそろ退任したい旨申し入れてあったが、国連総会を前に九月二十日付で退任することになった。

パートタイムではあったが、退官後も五年半にわたり外務省にオフィスを有し、外務省参与・人権人道担当大使として勤務できたのは、まことに得難い体験であった。

第19章　社会とつながる余生

1　JANZ

一四年十一月で七十歳となり、一五年三月で京都産業大学客員教授を退任したところで、年金生活者となったが、六月初めに日豪ニュージーランド協会（Japan Australia New Zealand Society）の会長に就任することになった。豪州から帰国した際に同協会の会員になっており、新年会などの行事に参加していたが、会長の高橋雅二元駐豪大使から後任となるように勧められ、社会とのつながりがあり、オーストラリアとの関係を保てる立場でもあるので、引受けることとし、理事会、総会の承認を得て就任した。

ＪＡＮＺは、古く一九二八年に日豪協会として発足し、その後日ニュージーランド協会と合併して今日に至っている。戦前は徳川家達公爵が名誉会長を務め、戦後は高松宮殿下、次いで桂宮殿下を名誉総裁に戴いており、今上陛下が皇太子時代に両国をご訪問になる際には皇太子・同妃両殿下の歓送会を催し、更に八八年の設立六十周年記念式には両殿下の御臨席を賜った。また七十周年記念の際には現皇太子・同妃両殿下の御臨席を賜るなど皇室との深い関係を有していることを誇りにしている。

かつては、貿易を通じて両国との関係が深い多くの有力企業が法人会員であったが、近年その多くが退会してしまい、財務基盤が弱体化している。しかしながら、豪州及びニュージーランド両国との友好協力関係に携わる数多くの団体の中で、ＪＡＮＺのみが公益社団法人となっており、これにより在京の両国大使館と緊密な連携を保っている。

会長職は全くのボランティア活動であるが、縁のあったオーストラリアとの友好親善関係の増進に携わることとができるのは有意義であり、一八年の九十周年を見据えて一層の活性化を図っていくつもりである。

2　国際情勢のフォロウ

退官後も国際関係の動向には関心があり、外務省の現役とＯＢが加入している霞関会が、毎週月曜日に現役の局長クラスを招いて行う月曜講演会に出席している。ちなみに一一年から二年間は霞関会の副理事長として一般社団法人への切り替え業務などを担当した。

国際情勢のフォロウのためには、外務省との関係が深い国際問題研究所の会員として、折々の研究会に出席しているが、ほかに防衛省関連の平和安全保障研究所の会員であり、さらに平和政策研究所にも参加して最新情勢を入手している。これらに基づいて、様々な機会に豪州やロシア関連で講演するなどの発信を行っている。

また、東京倶楽部の会員となり、社交行事とともに講演会などに参加している。

折から一七年一月に史上類を見ない異端児のドナルド・トランプが米国大統領となり、国際情勢の不確実性が高まっており、その動向から目を離せない状況になっている。これからも、研究会などを通じてフォロウし、発信も行っていきたい。

3　趣味の世界

(1)　船切手

個人の趣味として船の切手の蒐集を続けている。七一年にモスクワからワルシャワに出張したところ、モスクワに比べれば物資は豊富ではあったものの、さしたる土産物もなかったので、ホテルのキオスクで美麗な船の切手を購入した。これがその後四十年以上続けている船切手コレクションの始まりであった。その後、各任地で収集を続けてきて四千枚余りを保有しているが、世界では二万枚以上の船の切手が発行されているとのことである。これらは、船そのものの歴史もさることながら、世界各地の探検、航海、海戦の歴史を描くものが多く、外交官の趣味としては格好の題材である。一二年からは日本郵趣協会の船切手部会（現在は船切手研究会）に加わり、二ヵ月に一回の例会でマニア達の蘊蓄を楽しんでいる。

(2)　絵画

七〇年代半ばころから、油彩画を始めた。実は、妻が持っていた油彩画のセットを使ってみたのである。当時外務省の美術クラブが新制作協会の張替真宏氏を講師に招いて、土曜日の午後に様々なデッサンや油彩画を学んでいた。このクラブに加わり、木炭によるクロッキーを習ったり、油彩画の基礎を教わり、やがて作品を省内の展覧会に出品し、公務員絵画展に出展するようになった。さらにＮＨＫの市民講座にも参加してかなり熱心に学び、二科展のアマチュア部門にも出展した。当時は仕事も忙しい時期であったが、絵を描くことに没頭しているとむしろ疲れも癒される感じであった。そして水彩の風景スケッチもはじめ、赴任先、出張先で随分とスケッチを重ね、今日まで続けている。各地でスケッチをすると、カメラで写すよりも一層印象に残る気がして、外交官の趣味としてはうってつけと思う。作品の何枚かは後に霞関会会報誌の表紙を飾った。

妻は美術が得意で、鑑賞と制作（植物画が専門）に熱心であるので、その影響もあり、日本でまた世界の赴任先、旅行先で、数えきれないくらい多くの美術館やギャラリーを訪れて鑑賞した。印象的であったのは、モスクワのプーシキン美術館、トレチャコフ美術館、レニングラードのエルミタージュ美術館、ボストンのボストン美術館、ガードナー美術館、ニューヨークのメトロポリタン美術館、近代美術館（MOMA）、ワシントンのナショナル・ギャラリー、サックラー・ギャラリー、フリーア美術館、フィリップス・コレクション、さらにシカゴ美術館、中国の故宮博物館、西安の兵馬俑博物館、香港の徐氏コレクション、もちろんパリのルーブル、オルセー美術館、ギュスタフ・モロー美術館、ロダン美術館、ロンドンの大英博物館、テート・ギャラリー、フィレンツェのウフッツイ美術館、ウイーンの美術史博物館、クラクフのチャルトルスキー美術館、マドリッドのプラド美術館、トレドのエル・グレコ美術館などである。

日本でも様々な博物館や展覧会を訪れており、今後も楽しみの一つである。

(3)　読書

趣味というよりも生活の一部であるが、子供の時から乱読と言えるほど親しんできた。学生時代には、気負って岩波文庫の百冊を読破しようと試みたが、トルストイの『戦争と平和』、ドストエフスキーの『罪と罰』、『カラマーゾフの兄弟』をはじめロシア文学を読み、特にドストエフスキーの作品はほとんどを読破した。また、夏目漱石の作品も学生時代にほぼ全作を読んだ。

外交官になってからは、もちろんキッシンジャーやジョセフ・ナイなどの国際関係の専門書は、各種読んできているわけだが、日本外交に関しては、学生時代に読んだ陸奥宗光の『蹇蹇録』に最も感銘を受けた。そして、幕末の川路聖謨、岩瀬忠震、榎本武揚、勝海舟などについての書物を読み、陸奥や小村寿太郎の各種評伝、伝記を読んだ。幣原喜重郎、重光葵、吉田茂、広田弘毅の回想録や評伝も印象深かった。

外交関係に限らず、広く歴史関係の書物をあさるわけだが、とりわけ、日本の古代、戦国時代、幕末に興味があり、中国の歴史も好んで読んでおり、宮崎市定、上田正昭、網野善彦、山内昌之、袴田茂樹、北岡伸一などの著作を読んできた。小説でも、戦前の森鴎外、芥川龍之介の歴史物を読み、戦後の井上靖、遠藤周作、海音寺潮五郎、綱淵謙錠、吉村昭、阿川弘之、陳舜臣などを好んで読み、特に司馬遼太郎の作品はほぼすべてを読破し、『坂の上の雲』、『菜の花の沖』、『飛ぶが如く』などを楽しんだ。さらに、山本周五郎と藤沢周平も文庫本でほぼ全作を読破しており、武家物を中心に今も時折読み返している。また、塩野七生の『ローマ人の物語』、『海の都の物語』なども愛読した。塩野さん以外これらの作家のほとんどが亡くなり、新しい作品が出ないのは寂しいところだが、今は宮城谷昌光の中国物、中村彰彦の幕末物などを楽しんでいる。

外国物では、ジェフリー・アーチャー、トム・クランシー、ジョン・ル・カレなどの東西冷戦を背景にしたスパイ物をペーパーバックで読んだ。今やスパイ物は現実味が無くなったが、現在はケン・フォレットやダン・ブラウンの歴史が絡む物語を愛読している。ロシア文学は、いくつかの作品を除いて大部分は翻訳で読んだので、現在は改めて『カラマーゾフの兄弟』を原文で読み始めた。また、最近は、かつて読んでいなかったフランスの長編、マルタン・デュ・ガールの『チボー家の人々』、ロマン・ロランの『魅せられたる魂』と『ジャン・クリストフ』を読み、大河ドラマのような展開であると思ったが、第一次大戦前後のヨーロッパの情勢が改めて理解できて興味深かった。これからもこのような読み残した世界の名作を楽しめそうである。

あとがき

外交官として携わってきた職務は、決して華やかなものではなく、日頃の地道な活動の積み上げであって、国際政治の大きな動きのただなかに置かれると、「木を見て森を見ない」状況になりがちで、備忘録にも大小様々な出来事が記されていた。その中から、取捨選択するのに骨が折れたが、何とか時代の流れを反映した動きを選択して整理してみた。

整理にかかると、いかに多くの人達と接して恩恵を被ってきたかを、今更のように感じさせられた。家族の支えはもちろんであるが、外務省の先輩、同僚、部下、国内各方面の人達、各国の外交官、ジャーナリスト、文化人などの助けがなければ、到底任務は達成できなかったであろう。煩雑さを避けるために、本文中にいちいち名前をあげなかったが、改めてこれらの方々に謝意を表するところである。

本書の出版には、岳陽舎青山慶示社長、青山郁子編集デザイナーにお世話になったことを特に記しておきたい。

二〇一七年十一月に七十三歳になったが、幸いに健康に問題はない。二〇二〇年の東京五輪の際に金婚式を迎えることになるが、妻恵美（通常は「英躬子」を使用）が、三人の息子たちを育てながら、三回の厳しいモスクワ勤務をはじめ、オーストラリア（二回）、米国、香港、ポーランドの各地で、外交官夫人として、自宅設宴を行っての交際、生け花や植物画を通じての文化活動などで大いに活躍してくれた。また、私の退官後は、外交官夫人が集う「かすみがせき婦人会」の会長を務めた。この間、子供たちを日本に残しての赴任もあり、様々な困難に直面したが、何とか乗り切ってきたのは、妻の働きのおかげであり、それ無くしては、不可能であったといえる。

幸いに息子たちも自立し、それぞれ良き伴侶を得て子供（私達の孫）にも恵まれているのが、何より有難いことである。

これからの余生は、七人の孫達の成長を楽しみにしながら、社会とつながる活動を続けていきたいと思うところである。（二〇一八年　新春）

註一覧

序章　国際政治への関心

註1　私は、一九四四年十一月一日に上田武治・ヒロの長男として、新潟県高田市で生まれた。家族は、その後生まれた次弟実、妹陽子、末弟修と母方の祖母ヤスの七人家族であった。上田家は、戦国時代末期以来、代々越後高田榊原の家臣であった。大正十一年に鉄道会社に勤めながら絲雨の雅号で文学活動に励んでいた十代目の祖父秀造が三十三歳で早世し、ヤスとヒロが残されたが、後に新潟県庁に勤務していたヒロが、縁あって同県三島郡塚山村（現長岡市）の米山伊知太郎・キイの三男で職業軍人であった武治と結婚した。上田家を継いだ武治が、戦後米山家の地元で役場に勤務したので、私達はそこで育った。

　上田家の歴史については、七代目の尚登と八代目の尚賢が書き残した「家譜」によって、徳川家康に仕え後に榊原康政の家臣となった初代の次郎兵衛兼明以降、代々の事跡が記録として残っている。兼明は、小牧長久手の合戦、大阪夏の陣などに参陣しており、尚登は、赤倉温泉の開発に携わり、京都の公家山科家で衣紋（今でいう儀典）を修め日光参拝などの各種の儀式にかかわったこと、尚賢も衣紋を修得して、堀田正睦に嫁した榊原家の姫に随行して堀田家に勤めたことなどが記されている。その後尚賢は、京都留守居役や江戸留守居役を務めた。なお、この「家譜」に基づき、「上田家の事跡」を別途まとめてある。

註2　朝鮮戦争については、北朝鮮の金日成が、ソ連のスターリンと中国の毛沢東の承諾を得た上で、戦端を開いたことが明らかになっている。次の書物が参考になる。

児島譲『朝鮮戦争』（全三巻）文藝春秋　一九七七年

デイヴィッド・ハルバースタム『ザ・コールデスト・ウインター、朝鮮戦争』（上・下）山田耕介・山田侑平訳　文藝春秋　二〇〇九年

第1章　悩める大国

註3　教科書であった名著の例

Merle Fainsod, "*How Russia is Ruled*", Harvard University Press, 1967

Adam Ulam, "*Expansion & Coexistence*", Frederick A. Prager, 1968

Zbigniew K. Brzezinski, "*The Soviet Block*", Harvard University Press, 1967

E.H.Carr, "*The Bolshevik Revolution 1917-1923*", vol.1.2.3 Pelican Book, 1966

Isaac Deutscher, "*Trotsky* : vol.1-The Prophet Armed, vol.2-The Prophet Unarmed, vol.3-The Prophet Outcast", Vintage Books, 1966

Leon Trotsky, "*The Russian Revolution*", Doubleday Anchor Books, 1954

註4　上田秀明『極東共和国の興亡』アイペックプレス　一九九〇年

第2章　虚構の大国

註5　中川家は、伊予大洲出身で中江藤樹の高弟であった中川謙淑が池田光政に仕えて以来、代々岡山池田藩に仕える儒者の家柄であり、明治時代の初めには中川横太郎が社会活動家として、小学校や薬学校の設立、病院の充実に努め、最初期のキリスト教布教活動を展開した。横太郎の孫の兼雄が東京帝大卒業後法曹界に入り、青島とハルピンで司法領事を務め、大審院検事となったが、戦後は弁護士として活躍した。

兼雄の次男が祖先の名前謙淑を継ぎ、軍人となり陸軍航空隊を経て、戦後は航空自衛隊でパイロットとして勤務し、ソ連大使館防衛駐在官となっていた。同伴家族として惠美は、モスクワ大学歴史学部で美術史を専攻していた。

註6　新関欽哉『日ソ交渉の舞台裏』日本放送出版協会　一九八九年

同『ベルリン最後の記録』日本放送出版協会　一九八八年

第3章　喧騒の日本

註7　ソ連邦結成五十周年記念集会におけるブレジネフ演説「来年には重要な日ソ交渉が行われるはずです。その目的は、第二次大戦当時から残された諸問題を解決し、両国間の関係を条約の基礎の上に据えることです。われわれは、討議されるすべての問題について、相互に受け入れることのできる合意の成立をめざしています。しかし、日本側もまた同じ意図を示す場合にのみ、交渉の肯定的結果が期待できることは明らかです。ソ連邦としては日本との真の善隣関係の確立を望んでいます」

茂田宏・末沢昌二編『日ソ基本文書・資料集』世界の動き社　一九八八年

註8　田中訪ソの詳細は、新井弘一『モスクワ・ベルリン・東京』時事通信社　二〇〇〇年　五五～一〇〇頁を参照

註9「日ソ共同声明　1973年10月10日モスクワで署名」『我らの北方領土』外務省　二〇〇七年版

第4章　ラッキー・カントリー

註10　オーストラリアの歴史については、マニング・クラーク『オーストラリアの歴史・・距離の暴虐を超えて・・』竹下美保子訳　サイマル出版会　一九七八年

竹田いさみ『物語　オーストラリアの歴史』中公新書　二〇〇〇年　を参照

ラッキー・カントリーについては、

Donald Horne, "*The Lucky Country*", Penguin Books 1964

距離の暴虐については、

Geoffrey Blainey, "*The Tyranny of Distance, How Distance shaped Australia's History*", 1966　を参照

註11　カウラの蜂起の経緯にては、次を参照

土屋康夫『カウラの風』KTC中央出版　二〇〇四年

山田真美『ロスト・オフィサー』株式会社スパイス　二〇〇五年

Steven Bullard, "*Blankets on the Wire*" Australian War Memorial, 2006（田村恵子訳『鉄条網にかかる毛布』）

Hugh Clarke, "*FIRE ONE*" Angus & Robertson, Australia, 1978

註12　「(9)大平総理大臣のメルボルンにおける演説（80年1月17日、メルボルン）」『わが外交の近況　昭和五十五年版（第24号）』（Ⅰ資料　2我が国が行った主要演説）

第5章　老害大国

註13　「(10)第26回ソ連共産党大会におけるブレジネフ書記長報告（対日関係部分及び「平和提案」関連部分）（仮訳）（81年2月23日、モスクワ）」『わが外交の近況　昭和五十六年版（第25号）』（Ⅰ資料　5諸外国等における主要文書）

第7章　東欧との関係

註14　ゴルバチョフ関連の参考文献

クリスチャン・シュミット＝ホイア『ゴルバチョフ』朝日新聞外報部訳　朝日新聞社　一九八六年

読売新聞ソビエト取材班『ゴルバチョフのソ連』読売新聞社　一九八七年

ミハイル・ゴルバチョフ『ペレストロイカ』田中直樹訳　講談社　一九八七年

佐瀬昌盛・木村汎編著『ゴルバチョフ革命』サイマル出版会　一九八八年

ピーター・ジュヴィラー『ゴルバチョフのペレストロイカ』木村汎編　勁草書房　一九八九年

袴田茂樹『ソビエト・70年目の反乱』集英社　一九九〇年

第8章　報道課長

註15　村田良平『村田良平回想録』ミネルヴァ書房　二〇〇八年　上巻三八一頁

第10章　新しい国際秩序の模索

註16　村田良平　前掲　下巻九九頁

第11章　ODA大国日本

註17　"Japan's Aid Policies And Institutions", *Journal of International Development* Vol.7, No.2, 1995

第13章　香港返還

註18　後に現地で入手したものを含めて、参考になった文献

中嶋嶺男『香港回帰』中公新書　一九九七年

陳舜臣『実録アヘン戦争』中公新書　一九七一年

陳舜臣『アヘン戦争（上・中・下）』講談社文庫　一九七三年

陳舜臣『香港』文藝春秋社　一九九七年

許家屯『香港回収工作（上・下）』青木まさこ他訳　筑摩書房　一九九六年

Margaret Thatcher, "*The Downing Street Years 1979-1990*", Harper Collins, London, 1993

Percy Cradock, "*Experiences of China*", John Marry, London, 1994

Frank Welsh, "*A History of Hong Kong*", Harper Collins, London, 1993

Christopher Patten, "*East and West*", Random House, New York, 1998（邦訳：クリトファー・パッテン『東と西』塚越敏彦他訳　共同通信社　一九九八年）

註19　中英交渉の経緯は、

Percy Cradock　前掲、許家屯　前掲　など参照

註20　一国両制とは、元来台湾向けに提案されたもので、中華人民共和国の内部に、共産党が支配する政治制度と国家統制が強い社会主義市場経済制度を採る本土と、一応の複数政党制度の政治制度と自由主義資本主義経済体制をとる特別行政区を併存させるという制度、日本語では「一国二制」という。但し、外交と国防は中央政府が行う。

後に、九九年にはマカオもポルトガルから返還され、同様の特別行政区となった。

註21　パッテン総督は著書『東と西』で、「香港サイドから見れば、本当に重要なのは日本ととりわけ米国である」としている。（前掲邦訳一四九頁）

註22　総督の下でナンバー2であるChief Administrator は、中国語では「布政司」であり、日本語では意訳して「行政長官」としていたが、返還後の特別行政区のトップがChief Executive「行政長官」となったので、布政司の日本語訳を「政務長官」に変えたものである。

註23　尖閣を巡る経緯については、文藝春秋一九九六年十二月号に、富坂聡により、「尖閣諸島　誰が『反日』の首謀者か」との記事が掲載された。

註24　「8ヵ国デンヴァー・サミット、コミュニケ（仮訳）」

一九九七年六月二十二日外務省

政治情勢、香港：我々は間近に迫った香港に対する中国の主権回復が歴史的性格を帯びていることを認識している。この金融・経済センターに対して我々が有する長期的利害関係にかんがみ、我々は一九八四年の英国と中国との間の共同宣言及び中国の一九九〇年の基本法に記された中国の約束を歓迎し、その約束を重視する。これらの約束には、香港の持続的な安定及び繁栄を確保すること並びに香港の生活様式、独立した通貨・経済制度を含む高度の自治、基本的自由及び法の支配を維持することが含まれる。これらは、香港の将来の経済的成功にとって不可欠な基盤を提供する。我々は香港で新しい立法会のための民主的な選挙が可及的速やかに行われることを期待する。我々は、中国が共同宣言及び基本法において「市民的及び政治的権利に関する国際規約」及び「経済的、社会的及び文化的権利に関する国際規約」の規定が引き続き香港において適用されることを保証したことについて真剣に留意する。

第14章　人間の安全保障

註25　この間の経緯については、後年京都産業大学で講義した際に「人間の安全保障の発展」としてまとめた。

上田秀明「人間の安全保障の発展」『産大法学』第四四巻第二号　京都産業大学法学会　六二九頁～六五〇頁　二〇一〇年九月

註26　UNDP, *"Human Development Report (1994)"*　邦訳は、『国連開発計画人間開発報告書（一九九四年版）』

註27　村山、橋本、小渕各総理の演説は、東京大学田中明彦教授編纂「日本政治・国際関係データーベース、データーベース『世界と日本』」の内閣総理大臣の国会演説および国会外での演説に収録されている。

註28　上田秀明の論文

「『人間の安全保障』のための新たな国際協力」『季刊国連』（一九九八年一三号）
「座談会、国家の安全保障から人間の安全保障へ」『外交フォーラム』一九九九年一月号
「今なぜ、『人間の安全保障』なのか」『外交フォーラム』二〇〇二年二月号
「日本のマルチ外交の最前線―『人間の安全保障』の視点より」『国際問題』一九九九年五月号
註29　ＯＤＡ大綱については、『外交青書』平成十六年（二〇〇四年）版の「分野別外交」「ＯＤＡ」の項参照
註30　ＯＤＡ中期政策については、『外交青書』平成十七年（二〇〇五年）版の「分野別外交」「ＯＤＡ」の項参照
註31　Commission on Human Security, *"Human Security Now"* 邦訳版『安全保障の今日的課題、人間の安全保障委員会報告書』朝日新聞社　二〇〇三年
〈概要〉
・人間の安全保障は、国家の安全保障の考え方を補い、人権の巾を広げると共に人間開発を促進し、多様な脅威から個人や社会を守るだけでなく、人々が自らのために立ち上がれるようにその能力を強化することを目指す
・個人と国家、国家と国際社会を結ぶ制度や政策を改善し、世界規模の連携をはかる
・人間の生にとってかけがいのない中枢部分を守り、すべての人の自由と可能性を実現する
・人間の安全保障なしに国家の安全保障は実現できず、その逆も同様である
・人間の安全保障実現のためには強靭で安定した制度が必要であり、その裾野は一定の現象に焦点を当てる国家の安全保障よりも広い
・暴力を伴う紛争、テロ、犯罪、戦争からの犠牲・難民と困窮、貧困、環境汚染、病気、教育（特に女性）の双方に統合して対処する
〈10項目提言〉
・暴力を伴う紛争下にある人々を保護する
・武器の拡散から人々を保護する
・移動する人々の安全確保を進める
・紛争後の状況下で人間の安全保障移行基金を設立する
・極貧下の人々が恩恵を受けられる公正な貿易と市場を支援する
・普遍的な生活最低限度基準を実現するための努力を行う
・基礎保健サービスの完全普及実現により高い優先度を与える
・特許権に関する効率的かつ衡平な国際システムを構築する
・基礎教育の完全普及により全ての人々の能力を強化する
・個人が多様なアイデンティティを有し多様な集団に属する自由を尊重すると同時に、この地球に生きる人間としてのアイデンティティの必要性を明確にする
註32　首脳会合成果文書仮訳は、外務省ホームページ「分野別外交」「国連」「国連総会」「二〇〇五年首脳会合」の項参照
註33　「人間の安全保障に関する二〇〇五年世界サミット成果文書パラグラフ第一四三のフォローアップ決議」（A/Res/66/290）邦訳：外務省ＨＰ、報道広報、報道発表、平成二十四年九月「人間の安全保障に関する国連総会決議」

（仮訳）

総会は、国際連合憲章及び国際法の目的及び原則への誓約を再確認し、二〇〇五年世界サミット成果文書、特にパラグラフ第一四三、及び二〇一〇年七月二十七日の国連総会決議64/291を想起し、開発、人権並びに平和及び安全は国連の三つの柱であり、相互に連関し補強し合うものであることを認め、

1．人間の安全保障に関する国連総会決議64/291のフォローアップである国連事務総長報告（66/763）を評価しつつ留意する。

2．二〇一二年六月四日に国連総会議長により開催された人間の安全保障に関する公式討論に留意する。

3．人間の安全保障は，加盟国が人々の生存、生計及び尊厳に対する広範かつ分野横断的な課題を特定し対処することを補助するアプローチであることに合意する。これに基づき、人間の安全保障の概念に関する共通理解は以下を含む。

(a) 人々が自由と尊厳の内に生存し、貧困と絶望から免れて生きる権利。すべての人々、特に脆弱な人々は、すべての権利を享受し彼らの持つ人間としての可能性を開花させる機会を平等に有し、恐怖からの自由と欠乏からの自由を享受する権利を有すること。

(b) 人間の安全保障は、すべての人々及びコミュニティの保護と能力強化に資する、人間中心の、包括的で、文脈に応じた、予防的な対応を求めるものであること。

(c) 人間の安全保障は、平和、開発及び人権の相互連関性を認識し、市民的、政治的、経済的、社会的及び文化的権利を等しく考慮に入れるものであること。

(d) 人間の安全保障の概念は保護する責任及びその履行とは異なること。

(e) 人間の安全保障は武力による威嚇若しくは武力行使又は強制措置を求めるものではないこと。人間の安全保障は国家の安全保障を代替するものではないこと。

(f) 人間の安全保障は国家のオーナーシップに基づくものであること。人間の安全保障に関する政治的、経済的、社会的及び文化的な状況は、国家間及び国内並びに時代によって大きく異なることから、人間の安全保障は地域の実情に即した国家による対応を強化するものであること。

(g) 政府は市民の生存、生計及び尊厳を確保する一義的な役割及び責任を有すること。国際社会は政府の求めに応じ、現在及び将来の危機に対処する政府の能力の強化に必要な支援を提供し補完する役割を担うこと。人間の安全保障は、政府、国際機関及び地域機関並びに市民社会の更なる協調とパートナーシップを求めるものであること。

(h) 人間の安全保障は、国家主権の尊重、領土保全及び本質上国家の国内管轄権内にある事項への不干渉といった国連憲章の目的と理念を尊重して実践されなければならないこと。人間の安全保障は国家に追加的な法的義務を課すものではないこと。

4．開発、平和及び安全並びに人権は国連の柱であり、相互に関連し補強し合うものである一方で、開発を達成することはそれ自体が中心的な目標であり、人間の安全保障の促進は、持続可能な開発とミレニアム開発目標を含む国際的な開発目

標の実現に貢献すべきであることを認める。

5．国連人間の安全保障基金によるこれまでの貢献を認識し、加盟国に対し，同基金への自発的な拠出の検討を行うよう求める。

6．国連人間の安全保障基金により支援を受けるプロジェクトは、受益国の同意を得るとともに、国家のオーナーシップを確保するため、国家戦略と国家の優先事項に沿ったものであるべきであることを確認する。

7．この決議の規定に従い、人間の安全保障に関する国連総会での議論を継続することを決定する。

8．事務総長に対し、本決議の履行に関する報告書を第六八会期国連総会に提出すること、及当該報告書に含めるため、本決議の履行や、国際的、地域的、国内的な人間の安全保障の実践から得られた教訓についての加盟国の見解を求めることを要請する。

二〇一二年九月十日、コンセンサスにより採択

註34　開発協力大綱については、外務省ホームページ「外交政策」「ＯＤＡ（開発協力大綱）」参照

基本方針

イ　人間の安全保障の推進

個人の保護と能力強化により、恐怖と欠乏からの自由、そして、一人ひとりが幸福と尊厳を持って生存する権利を追求する人間の安全保障の考え方は、我が国の開発協力の根本にある指導理念である。この観点から、我が国の開発協力においては、人間一人ひとり、特に脆弱な立場に置かれやすい子ども、女性、障害者、高齢者、難民・国内避難民、少数民族・先住民族等に焦点を当て、その保護と能力強化を通じて、人間の安全保障の実現に向けた協力を行うとともに、相手国においてもこうした我が国の理念が理解され、浸透するように努め、国際社会における主流化を一層促進する。また、同じく人間中心のアプローチの観点から、女性の権利を含む基本的人権の促進に積極的に貢献する。

註35　旧敵国条項と言われるもので、憲章第一〇七条で、「この憲章のいかなる憲章の規定も、第二次世界戦争中にこの憲章の署名国の敵であった国に関する行動でその行動について責任を有する政府がこの戦争の結果としてとり又は許可したものを無効にし、又は排除するものではない」とされ、憲章五三条では、地域取極め又は地域機関による集団的自衛権に基づく武力行使は、安全保障理事会の決定に基づいてのみ行い得るものと規定しているが、その規定の後段で、旧敵国の「侵略政策の再現に備える地域取極めにおいて規定されるものは」、国連が「この敵国による新たな侵略を防止するする責任を負うまで例外とする」とされている。

第15章　ポーランドの復活

註36　ポーランドの歴史については、Norman Dvies, *"GOD'S PLAYGROUND, A HISTORY OF POLAND"*, Oxford Unversity Press 1981　が参考になる。

註37　シベリア孤児については、ポーランドの体制変革の後に、再び知られることになり、私の前前任の兵藤長雄大使が、生存していた孤児たちを大使公邸に招いた経緯がある。　雑

誌『歴史街道』二〇一四年三月号に、「ポーランド孤児を救え！」と題する特集が組まれており、兵藤大使がこの間の経緯を記している。

註38 一九九〇年代から二〇一五年までの大統領と首相の組み合わせ

①大統領・連帯（ワレンサ）―首相・連帯（マゾヴィエツキー）

②大統領・連帯―首相・中道（パブラク、スホツカ）

③大統領・左派連合（クファシニェフスキー）―首相・左派連合（オレクシ、チモシェヴィッチ）

④大統領・左派連合―首相・連帯（ブゼク）

⑤大統領・左派連合―首相・左派連合（ミレル、ベルカ、マルチンキェヴィッチ）

⑥大統領・右派（カチンスキー兄）―首相・右派（カチンスキー弟）

⑦大統領・右派―首相・中道（トゥスク）

⑧大統領・中道（コモロフスキー）―首相・中道（トゥスク、コパチ）

⑨大統領・右派（ドゥダ）―首相・中道（コパチ）

⑩大統領・右派―首相・右派（シドゥウォ）

第16章　外交の担い手を育てる

註39 研修所開所の経緯については、外務省百年史編纂委員会編『外務省の百年』（下巻）一九六九年　参照

註40 佐藤尚武『回顧八十年』時事通信社　昭和三十八年四九二～四九七頁

註41 『文藝春秋』二〇〇四年五月号　九二～九三頁

第17章　21世紀の大国オーストラリア

註42 「安全保障協力に関する日豪共同宣言」外務省ホームページ「各国地域情勢」「大洋州」参照

第18章　三つの帽子

註43 「『保護する責任』の履行、リビアの事例」『産大法学』第四五巻第三・四号　二〇一二年一月

註44 「人権理事会ＵＰＲ日本審査」『産大法学』第四七巻第一号　二〇一三年七月

上田秀明

（うえだ　ひであき）

昭和19年11月新潟県生まれ

学歴

昭和38年3月　新潟県立長岡高等学校卒業

42年3月　東京大学教養学部教養学科国際関係論分科卒業

44年6月　ハーバード大学大学院ロシア研究科終了、ＭＡ

45年6月　モスクワ大学歴史学部研究生修了

職歴

昭和41年9月　外務公務員採用上級試験合格

国家公務員上級試験（甲、経済）合格

42年4月　外務省入省

42年6月　在アメリカ合衆国大使館外交官補

44年9月　在ソヴィエト連邦大使館外交官補

45年6月　同上三等書記官

47年9月　欧亜局東欧第一課事務官

49年8月　大臣官房総務参事官室事務官

52年4月　大臣官房総務課課長補佐

53年1月　在オーストラリア大使館一等書記官

55年7月　在ソヴィエト連邦大使館一等書記官

58年2月　防衛庁防衛局運用第二課長

59年7月　同庁教育訓練局訓練課長

60年7月　欧亜局東欧課長

61年7月　大臣官房報道課長

63年8月　在ソヴィエト連邦大使館参事官

平成元年12月　在アメリカ合衆国大使館参事官

3年1月　在アメリカ合衆国大使館公使

4年12月　経済協力局外務参事官

6年1月　経済協力局審議官

7年7月　大使、ＡＰＥＣ大阪会議準備事務局長

7年12月　在香港総領事

10年1月　総合外交政策局国際社会協力部長

12年4月　特命全権大使、ポーランド共和国駐箚

15年7月　外務省研修所長

16年12月　特命全権大使、オーストラリア連邦駐箚
19年11月　依願免本官
20年1月～24年12月　三菱重工業グローバル戦略本部顧問
20年4年～25年9月　外務省参与、人権人道担当大使
20年4月～27年3月　京都産業大学法学部客員教授
27年6月～　公益社団法人　日・豪・ニュージーランド協会会長

著作

〈著書〉

『極東共和国の興亡』一九九〇年　アイペック・プレス

〈論文〉

1 「『人間の安全保障』のための新たな国際協力」『季刊国連』一九九八年　第一三号

2 「国家の安全保障から人間の安全保障へ」『外交フォーラム』No.125　一九九九年一月号

3 「日本のマルチ外交の最前線・人間の安全保障の観点より」『国際問題』No.470　一九九九年五月

4 「今、なぜ『人間の安全保障』なのか」『外交フォーラム』No.138　二〇〇〇年二月号

5 「『人間の安全保障』の観点から見た国連システムの改革」、「21世紀における国連システムの役割と展望」に掲載　日本国際連合学会編　国際書院　二〇〇〇年三月

6 「ヒューマン・セキュリティと日本の国際政策」Human Security, No4　一九九九／二〇〇〇　東海大学平和戦略国際研究所

7 「『人間の安全保障』の発展」『産大法学』第四四巻第二号　二〇一〇年九月

8 「『保護する責任』の履行、リビアの事例」『産大法学』第四五巻第三、四号　二〇一二年一月

9 「人権理事会UPR日本審査」『産大法学』第四七巻第一号　二〇一三年七月

10 「アジア太平洋地域の海洋安全保障―オーストラリアの安全保障政策と日豪協力」『世界平和研究』二〇一六年夏季号

11 *"JAPAN'S AID POLICIES AND INSTITUTIONS"*, JOURNAL OF INTERNATIONAL DEVELOPMENT: Vol.7, No.2, 1995 (London)

現代国際政治私史 ―外交官の回想

2018年4月30日　初版発行
著　者　　上田秀明
発行者　　青山慶示
発行所　　株式会社岳陽舎
〒150-0002　東京都渋谷区渋谷1-10-7
グローリア宮益坂Ⅲビル北館9階
電話　03-3486-1290
振替　00180-2-96678
URL　http://www.gakuyosha-p.co.jp
注文専用電話　03-3928-6411（岳陽舎発送センター直通）
印刷・製本　株式会社東京印書館
編集・デザイン　青山郁子

ISBN　978-4-903942-13-1　C0031
